高校野球 弱者が勝つ方法

強豪校を倒すための戦略・心構え・練習法

田尻賢誉
Masataka Tajiri

廣済堂出版

序章
本気の目標設定がチームを変える〜花巻東の取り組み

日本一——。

この3文字の目標を掲げることから花巻東は始まった。佐々木洋監督が就任した当時の岩手県は弱小県の1つ。完全なる「弱者」だった。神奈川県の横浜隼人でコーチをしていた佐々木監督が地元の岩手に帰る際には、周囲にこう言われた。

「岩手というだけでバカにされるぞ」

事実、佐々木監督が初めて甲子園にチームを導いた2005年、組み合わせ抽選で花巻東と対戦することが決まった樟南（鹿児島）の選手たちは、拍手をし、歓声を上げて喜んだ。試合は1、2

回で5失点するなど4対13の大敗。何もできないまま終わった。

バカにされた挙げ句、試合でも圧倒されて帰る悔しさ。佐々木監督は、この屈辱を忘れることはない。監督室の冷蔵庫には、監督対談時に撮った樟南・枦山《はぜやま》智博監督（当時）との写真が貼ってあった。そして、その写真には太い黒マジックでこう書かれていた。

「情けない」

そんなチームが「日本一」と口にするのは簡単ではなかった。樟南戦の大敗がもとで、当時中学生だった菊池雄星（現埼玉西武ライオンズ）に「花巻東に行くと伸びない」と言う者もいた。「甲子園で1勝もしていないチームが、全国優勝なんてできるわけがない」と頭から否定する声もあった。それでも、佐々木監督の目標は変わらなかった。甲子園で大敗した悔しさのエネルギーを自らの原動力にした。

「日本一になるために、日本一の取り組みを目指そう」

もともと力を入れていた心の教育に、よりいっそう力を注いだ。

「野球のうまいロボットを作っているわけではありません。野球もできる立派な人間を作るのが指導するうえでの信念。選手たちには『6時間の授業のあと、野球の練習が7、8時間目の授業のつもりでやりなさい』と言っています」

そう話す佐々木監督が徹底したのは「当たり前のことを当たり前にやる」ことだった。

まずは、あいさつ。花巻東の選手たちは、立ち止まったうえで、正しい日本語であいさつをしてくれる。

「おはようございます」「こんにちは」「ありがとうございます」

現代風の短縮語や「ちわっす」などの簡略語は使わない。

次に、整理整頓。道具はきちんと並べてそろえるのは当たり前。並べる向きにもこだわる。グラウンド整備をはじめ、グラウンド周辺のごみ拾いなどの環境整備も徹底してやる。雄星が掃除を担当していたグラウンド脇のトイレも、いつもきれいに保たれていた。3年間のトイレ掃除を雄星はこうふりかえる。

「もちろんキツかったですし、やめたくなったこともありました。やっぱり、人の使ったトイレは汚いじゃないですか。ただ、何でも貫くことが大事だと思ったので、それを続けたことによって得られたものは大きかったと思います。

例えば、**人のために何かをすることによって、人の立場で考えられるようになれました。**誰かがトイレを汚く使ったりすれば自分は嫌な気持ちになります。だからこそ、逆に自分はやらないようにしようとか、こういう大人にはなりたくないという気持ちになれる。精神的に成長できたのかなと思います」

雄星は大会中などに、データ班や打撃投手を務めてくれる控え選手たちに栄養ドリンクの差し入れをしていた。相手の気持ちを考えられるからこその行動だ。エースがこうだから周りの選手たちも自然とそうなる。甲子園では、控え選手たちの驚くべき姿を目にした。

試合前には報道陣に室内練習場で10分間の取材が許されている。選手たちがいる場所へはネットを持ち上げて入らなければいけないのだが、花巻東の取材時に限ってはネットを持ち上げる必要がない。なぜなら、背番号のない控え選手たちがネットを持ち上げていてくれるからだ。こんなことをしてくれるチームに出会ったのは、花巻東が初めてだ。しかも、このことを佐々木監督に伝えると、「本当ですか？」と驚いていた。選手たちの自発的な行動だったのだ。相手の立場になって考えられるからこその気づき。これが野球にもつながっているのは間違いない。雄星はこんなことも言っていた。

「（トイレ掃除は）人に見せるためにやっているわけではないですけど、そういう姿を3年間見せたことによって、仲間が（試合で）逆転してくれたりとか、助けてくれたのかなと思います。信頼というのは、1日や2日でできるものではないので」

最も人の嫌がるトイレ掃除を毎日続けることがどれだけ大変なことか。チームメイトたちはそれがわかっていた。だからこそ、スーパースターの雄星が浮くこともなく、むしろ一体となり、日本一のチームワークを生み出すことができたのだ。

当たり前のことを徹底することが気づきを生み、信頼感を生み、自信を生む。その自信が強い心を作り出す。センバツの南陽工（山口）戦、夏の長崎日大（長崎）戦、明豊（大分）戦……。花巻東ナインが幾度も終盤に奇跡的な逆転劇を演じることができたのは、この強い心と無関係ではない。

プレーで徹底したのは全力疾走とカバーリング。野球の技術にかかわらず、誰もができることだからだ。一塁ベースを越えて外野の芝生までスピードを落とさない全力疾走は見事のひとこと。だが、それ以上にこだわっていたのがカバーリングだった。

走者が1人でもいれば、捕手の返球ごとにセカンド、ショートが投手の後ろにカバーに入る。投手が一塁に牽制《けんせい》球を投げれば、セカンド、ライトはもちろん、センターとレフトまで動く。悪送球のあとの悪送球、カバーに入った野手の悪送球にまで備えているからだ。それも、ただ入るだけではない。どの方向に球がこぼれても即座に対応できるように、腰を落とし、捕球姿勢までとる。一塁手の横倉怜武《さとむ》は、こう話していた。

「カバーリングは自分たちが一番大事にしていること。花巻東といえば、何よりもカバーリング。それが花巻東野球の真骨頂だと思います」

言葉で言うのは簡単だが、実際にやるとなるとかなりきつい。常に全力で走っていなければ追いつけないからだ。しかも、カバーリングはあくまでカバーリング。何十回に1回のエラーに備えるのが目的であるため、全力疾走が無駄に終わることのほうが多い。それでも、手を抜かないのが花巻東だ。普段の練習から、「全力でカバーに走ったうえで、捕球姿勢までとる」というのがチームの徹底事項。少しでも緩めようものなら、他の選手から「ふざけるな」「さぼってるんじゃねぇ」といった厳しい言葉が浴びせられる。指導者からではなく、仲間からの言葉。それだけに、手を抜くことはできない。

実は、このカバーリングが09年の花巻東の快進撃のスタートだった。センバツの初戦・鵡川《むかわ》（北海道）戦の初回のこと。先頭打者のショートゴロを捕った川村悠真の送球はワンバウンドになった。微妙なバウンドだったが、ファーストの横倉は後ろにそらすリスクを承知で勝負に出た。結果的にうまくすくい上げて事なきをえたが、こういった思い切ったプレーができるのも後ろにカバーがいるから。横倉の後ろには捕手・千葉祐輔、セカンド・柏葉康貴、ライト・佐藤隆二郎の3人がカバーに走っていた。

「みんな自信と責任を持ってやっています。思い切ってさばきにいけるのは、カバーのある安心感があるからです」（横倉）

このアウトをきっかけに、雄星は8回2死まで完全試合という快投を演じ、波に乗った。カバーリングに自信と責任を持ち、それを誇りにしてきた成果が、甲子園の大舞台で春準優勝、夏ベスト4の結果となって表れた。

「相手よりカバーリングがしっかりできていれば、気持ちで優位に立てます。それに、相手ができていなければ、相手がミスしたら（次の塁を）狙える。攻撃面でそこを突くことができます。カバーリングを大事にする考えはいろんなところで役立っています」（レフト・山田隼弥）

花巻東の代名詞ともなった全力疾走とカバーリング。これだけ徹底しているからこそ、それを怠ったときには厳しいペナルティーが待っている。センバツ決勝の清峰（長崎）戦で捕手の頭上へフライを打ち上げながら、見失って走らなかった佐藤隆二郎は、大会後、レギュラーから外された。しばらくは練習試合ですら出場の機会を与えられなかった。徹底事項を守れなければ、たとえ必要な戦力であっても試合には使わない。佐々木監督の厳しい姿勢、妥協を許さない姿勢もまた徹底力を高めている。

そしてもう一つ、他のチームを圧倒しているのがベンチの雰囲気だ。とにかく拍手が途切れない。声も途切れない。07年に駒大苫小牧（北海道）と練習試合をした際には、香田誉士史監督（当時）が「あの雰囲気をマネしろ」と言ったほどの盛り上がり。投手の投球練習の1球から、ベンチ前は拍手と大声に包まれる。

中でも、特筆すべきはピンチのときやチャンスを逃したあとのベンチだ。暗くなり、声もなくなる場面でこそ、花巻東ベンチは盛り上がる。夏の甲子園の横浜隼人戦では、7回に1死からセンターオーバーの当たりを放った雄星が三塁を欲張って憤死。もったいない走塁にスタンドからはため息がもれたが、花巻東ベンチはまるで得点を挙げたかのような笑顔で雄星を迎えた。そして、その直後に柏葉が勝ち越しの本塁打。柏葉は「アウトにはなったけど、雄星のあの走塁で流れが来たと思った」と言った。普通では考えられないとらえ方かもしれない。だが、暴走も花巻東のベンチにかかればプラス材料。前を狙う積極的な姿勢ゆえの好走塁に変わってしまう。こんなチームは他にない。

「本塁打で盛り上がるのはどこでもあることですよね。**流れが悪いときにこそ、流れを悪くしないようにしないといけない。流れが悪いときこそベンチの出番だと言っています**」（佐々木監督）

だからこそ、わき腹を痛めてマウンドを降りた雄星も懸命に声を出した。ベンチから盛り上げることが、チームに流れを呼ぶ方法だとわかっていたからだ。降板を余儀なくされ、暗い気持ちになりがちなところで、チームのために声を出す、伝令に走る、捕手の防具つけを手伝う、走者に出ていた投手に水やグラブを持っていく……。全力疾走やカバーリングに加え、こんなひたむきな姿が共感を呼び、スタンドからの拍手を呼んだ。

本気で日本一を目指した。その第一歩が取り組む姿勢で日本一になることだった。日本一のあいさつ、日本一の整理整頓、日本一の気づき、日本一の全力疾走、日本一のカバーリング、日本一のベンチワーク……。日本一の項目が増えていくことによって、野球でも日本一に近づいていった。手を抜かずやりきったという自信と誇りが、日本一を信じる力になった。花巻東が目指した取り組む姿勢には、地域も、温度も、環境も、選手層も、技術も関係ない。どこにいても、誰もができることだからだ。当然ながら、「岩手のチームだからできた」という言葉を口にする者はいない。目標設定について、雄星はこう言っていた。

「日本一といっても、夢のような世界で半信半疑でした。でも、**気持ちややる気はあとからついてくる。かたちから入ることが大事かなと思います。日本一と口に出して連呼すること、日本一になるシーンを見てイメージを湧かせることによって、できるんじゃないか、やれるんじゃないかという気持ちに徐々になっていきましたし、実際に近づくことができた。**やっぱり、ワクワクしないと結果はついてこない。**結果が出たからワクワクしたんではなくて、日本一と言うことによってワクワク状態を作ったから結果も出たんだと思います**」

これまで言われてきた「岩手だから」「後進県だから」というのは言い訳にすぎない。できない理由を探しているだけだからだ。

可能性を狭めるのは自分。可能性を広げるのも自分。本気で日本一を目指せば、行動も言葉も日本一になる。チームとして、何を目指すのかを決めることが大切であり、第一歩。本気の目標設定がチームを変える。

日本一——。

すべてはこの3文字を口にすることから始まる。

弱者が勝つために その1

あいさつ、環境整備、気づき、全力疾走、カバーリング、ベンチワーク……。すべての面で本気で日本一を目指す。

高校野球　弱者が勝つ方法　目次

第2章　守備

第3章 カバー

第4章 左投手

第6章　捕手

第8章　JK＜準備・確認＞

第9章 監督

第1章

基本

思わず知らず応援されるようなチームにする

07年夏、佐賀北はなぜ勝てたのか?

百﨑敏克

ももざき・としかつ

佐賀北高(佐賀)元監督。1956年4月4日生まれ。佐賀県出身。佐賀北高－國學院大。高校時代は外野手としてプレーし、3年夏は県大会4強入り。主将も務めた。大学時代は野球から離れたが、卒業後、80年に佐賀農芸高(現高志館高)監督就任。88年から90年は佐賀東高監督。92年夏、同校の甲子園出場時は部長。94年、神埼《かんざき》高に異動し、監督に。2001年には春夏連続甲子園出場。04年から母校・佐賀北高の監督に就任し、07年夏に全国制覇。国語科教諭。17年夏で監督を勇退。

身の丈野球——。

2007年の夏の甲子園を制した佐賀北の戦いぶりはまさにこれだった。自分たちの実力を把握し、実力以上に背伸びをしたことはしない。一方で、実力の範囲内でできることは100パーセントやりきる。投手陣は徹底して外角低めにボールを集め、打てない打者は2ストライクまで待ち、スペシャリストは自分の持ち場を心得ていた。どうしても背伸びをしてしまいがちな大舞台で、ぶれることなく最後までその姿勢を貫き通した集中力には脱帽させられた。

夏の甲子園優勝チームとしては、1974年の金属バット採用以降最も低いチーム打率2割3分1厘だった佐賀北。全国的に見れば明らかに「弱者」と言っていい。だが、その内容を見てみると決して勝ち方は偶然ではない。「勝ちに不思議の勝ちなし」だったのだ。日々の練習、生活から積み重ねてきた準備力が甲子園の舞台で発揮された結果だった。

佐賀北には弱者が学ぶべき考え方、方法論が満載。その中には〝すぐできる〟ことも少なくない。その中身を惜しみなく披露してくれた百﨑敏克元監督の言葉をヒントに、弱者の成長する糧《かて》としてもらいたい。

全国優勝後の講演などで、百﨑監督がしばしば口にしていた印象的な言葉がある。それは「**思わず知らず応援したくなるチーム**」。07年夏の佐賀北はまさにその通りだった。準々決勝の帝京（東東京）戦しかり、決勝の広陵（広島）戦しかり。選手たちが「完全にホームでしたね」と口をそろえたように、アルプススタンドだけではなく、甲子園球場全体の観客が佐賀北に拍手を送っていた。声援がバックネット裏の銀傘にこだまし、地響きをたてる。記者席にいて、甲子園が揺れているような錯覚に陥るほどだった。スタンドですらそう思うのだから、グラウンド内への影響は計り知れない。大歓声の効果は抜群だった。声援が佐賀北ナインを後押しし、審判までも味方につけてしまった。どちらの試合も、百﨑監督も認める微妙な判定が勝敗の行方を左右したが、それもスタンドの大声援があったから。佐賀北ナインを応援したいと思わせる何かがあったからこそ、すべては生まれた。

思わず知らず応援したくなるチーム——。

百﨑監督がこんなチームを目指すようになったのは、部員が13人しかいない神埼《かんざき》を率いていたときのことだった。

「中学時代に野球経験があるといっても、控えだった子ばかり。力がなく、1回戦ボーイでした。僕自身も『これじゃ勝てない』と言い訳にしていることもありました。それで『選手がいないから勝てない』とグチを言っていたんですが、あるとき鳥栖（佐賀）の平野（國隆＝監督、当時）さんに言われたんです。『そんなこと言ったって、プロじゃないんだからいる選手でやるしかないじゃない』と。それがものすごく頭に残ったんです。そうだよな、いる選手でやるしかないなと」

実際に当時の鳥栖は、好選手こそいたものの、部員が少なく、新チームで臨む秋には18人のベンチ入りに満たないこともあった。それでも九州大会に進出するなど、部員数の少なさを感じさせない活躍を見せていた。

「いる選手たちでやるしかない」

そんな思いでいた百﨑監督の目に止まったのが、ゴールデンウィークに見た宮崎の県立校・大宮だった。練習試合会場で自分たちの前に行われていた試合だったが、福岡の強豪私学を相手に大宮はチーム全員で戦っているように映った。

「福岡のチームのほうが、どう見ても体つきもいいし、選手もそろっている。でも、試合は互角なんです。それで宮崎のベンチワークを見ていると、**1人も座ってないんですね。全員立ち上がって、大声で声援を送り、1つのプレーに拍手をしている。**かたや、監督がしかめっ面して頭ごなしに叱って、ロボットみたいに動いて、つらそうに修行僧みたいにやっている。ネット裏で、どっちのチームを応援するでもなく見ていたのに、気づいたら宮崎のほうを応援していたんです。そのときに、これだな！　と。野球ってそういうものだよなと思いましたね。

ひいきのチームを応援するなら別ですけど、**好きで野球を見に行ってたら、一生懸命やってるチームを自然と応援したくなりますよね。元気があったり、全力で走ってたり、笑顔が絶えなかったり、1つのアウトに大喜びしてやってたり……。それを見てから、自分もこんなチームを作ろうと思うようになりました**」

それ以来、神埼のベンチでは座る者がいなくなった。投球練習でストライクが入れば拍手、打者が打席でボールを選べば拍手……。一つひとつのプレーに拍手をして、声援を送るスタイルを作った。

「ピッチャーは座ったりできますけど、ベンチは休むヒマがないんです。彼らはずーっと立ったまま。だからベンチの連中はきついんですよ。『ウチの子は試合に出てもいないのに、家に帰るとものすごくぐったりして死んだように寝てるんです』と心配する父兄もいたぐらい。そのときは、『お母さん、違うんです。ベンチもスタンドも全員で戦ってるんです。試合に出てる子だけじゃなくて、みんなが全力でやっている。だからくたくたになる。むしろ、サポートしてる子がよっぽど疲れるんです』と言って納得してもらいましたけどね」

控え選手たちが全力を出しているのだから、代表として試合に出ている選手が手を抜くことは許されない。レギュラーには常に責任感を持たせた。

「『ベンチがお前たちをこんなに支えてるんだよ』と。試合中に闘志あふれるプレーをしなかったら、ベンチの連中に『お前たち、一切声出すな。あいつらなんか声援しなくていい。黙って点取られとけ』ということもさせました。どれだけ周りの応援や支えが必要なのかをわからせたかったんですね」

ベンチが休まず声援を送り、レギュラーがそれに応える。どんな展開でもその姿勢を続けて明るいムードを作っていくと、不思議なことが起こってきた。

「球場全体のムードが変わっていくんです。そうすると、打球が（野手の）間に落ちたり、逆に相手の打球が正面を突いたり、偶然と思えないようなことが起こる。球運というか、野球の神様まで味方してくれることになるなぁと試合のたびに体験していきました。

自分たちの流れのときに明るく元気なのはどこでもできますけど、劣勢のときに点を取られても、うまくいかなくても、ミスをしても、チャンスを逃しても、そういう気持ちでいると、やっぱり展

開も全然違ってくるんです。窮地を脱したり、またチャンスが訪れたりする」

負けているときにベンチが沈んでいては、一生流れは巡ってこない。悪いムードのときこそベンチの出番。ベンチで流れを持ってくるのだ。そういう気持ちでいると、ピンチでもプラス材料を探すようになる。「このピンチを乗り切ったらこっちに流れが来るからな」というような声も出る。あきらめず、前向きな気持ちを維持することができる。

「ボールになっても、ヒットを打たれても拍手をする。相手からすると『何で？』となるわけです。いいプレーやチャンスを生かしたときに拍手や笑顔が出るのはわかるのに、『おかしい、不思議だな』と怪訝《けげん》な顔をしている。そのうちに向こうがミスをしたり、思うようにチャンスをつかめなかったりすると、怒鳴ったり、暗くなってくるんです。それで、ますますこっちはいいムードになって、流れまで来たりするんですね」

そこまで徹底していると、やる意味や価値が出てくる。

「仮にそれで負けても、全力でやりきったという満足感が次に生きていくんですね。『勝った、負けただけで一喜一憂するんじゃない。勝った、負けただけだと、最後は全部負けるよ』と。（トーナメントでは）最後には1チームしか残らない。どうかすると負けるためにやっているんだから、勝ち負けだけ追ってもしょうがない。それぞれが、チームの勝利に貢献するためにできることをやろうと言い続けました」

そんなチーム作りを心がけ、率いて3年目の96年夏に神埼は佐賀県大会ベスト4進出を果たす。

7年目となる00年の秋には県大会初優勝し、九州大会では寺原隼人（現福岡ソフトバンクホークス）のいた優勝候補筆頭の日南学園（宮崎）までも破って準優勝。01年春、初めての甲子園出場を果たした。同年夏も佐賀を制して春夏連続出場。ムードを作り、運を呼ぶことで結果までもついてきた。

そして、同じようなスタイルを貫いた佐賀北でも勝利の女神が振り向いてくれた。あの帝京戦。市丸大介キャプテンが「大差で負けないようにと思っていた」という大横綱相手に金星を挙げられたのも、一生懸命なプレーが観客の心をとらえたからだ。特待生問題が話題になった直後の大会。試合前から公立校の佐賀北寄りのファンがいたのは事実。そんな雰囲気にもかかわらず、この試合の帝京には内野ゴロで全力疾走を怠っただけでなく、一塁ベースまで到達せずにベンチに帰った選手が3人もいた。ただでさえ、判官びいきのファンが佐賀北の健闘に熱くなるような展開。帝京の選手たちのプレーが、ファンも野球の神様も遠ざけてしまった。

当時、市丸はこんなことを言っていた。

「声援はパワーが出ましたね。『何でウチがこんなに応援されるんだ?』というぐらいだったので。監督が『思わず知らず応援されるチームになれ』と言うんですけど、こういうことなんだなと。『野球の神様はボール一つグラウンドに落としていたら、それだけで見放すぞ』と言われていたので、日ごろの生活から、すべてを味方にするという意識でやっていたのがよかったんだと思います」

10回表1死二、三塁でのスクイズも、12回表1死一、三塁でのスクイズも判定は微妙だった。だが、審判にそれをアウトと言わせるだけの何かが、佐賀北にはあった。

「県内で私学や実業高校に勝つには、これしかなかったんですよね。そういうチームを目指してたんですけど、甲子園であれほどまでのことがあるとは……。あそこまでとは思いませんでした」

当の百﨑監督も目を丸くするほどのスタンドの力。どちらかがセーフならば、優勝はもちろん、ベスト4もなかった。

思わず知らず応援されるチーム——。

力で勝負しても勝てない。真っ向勝負をしても勝てない。勝つとしたら、見えない何かの力をもらうしかない。流れを呼び、声援を呼び、運を呼ぶ。弱者の目指すべきはそんなチームだ。

弱者が勝つために その2

思わず知らず応援されるチームを作る。

その3

劣勢のときこそベンチの出番。ベンチワークで勝負する。

監督の言いたいことはわかる。理屈もわかる。だが、神埼の選手たちが初めから実行できるかといったら難しかった。やろうとしてもできない。気の利いた言葉も出てこない。だから、当初はこのベンチワークも監督命令による強制だった。

「**最初はできませんから強制ですね。**拍手させたり、声を出させたり、誰かにプラスの言葉を大きな声で言わせたり……。僕が一緒に集団に入って、『ヤジはいらない。オレが言うように言え』と実際に言ってみせたりもしました。

『声を出せ』と言うと、『ストライク入れろよ』とか『打たせろよ』というヤツがいる。でも、ピッチャーは、入れよう、打たせようと思ってるけど入らないんですよ。そんな声を出して、自分がピッチャーなら励ましになるか？　ということですね。『ナイスボール』とか『ど真ん中でも打ち損じがあるぞ』とか『打っても3割だよ』とか『ヒットならOKだ』とか励ます声を出せよと」

やはり、最初からできる子はいない。なぜやるのか、どのようにやるのかを監督自ら示してあげることがチーム改革の一歩になる。

「監督の導きですか？　それは絶対必要ですよね。『勉強しなさい』と言って、子供に立派な部屋と机を与えてもできません。勉強させたかったら、リビングに来させて、テレビを消して、親はそこについて、新聞や本を読んで、勉強させるしかない。習慣をつけるしかないですよね。そうやって、やり方を教える。そういうことをしていたら、中学生、高校生になれば自分で勉強するようになります。**『勉強しなさい』と言ったって、勉強の仕方を教えないとわからないですよね。最初はやっぱり、教育じゃないですかね。**

よく、**のびのび、自主性と言われますけど、放任と自主性は違う。僕は自主性と管理のほうがイコールに近いと思うんですよ**。ただ、本人たちがやらされてるなと思ったり、周りから見てやらされてると思われたりする雰囲気じゃダメですけど。それでも、本当に自分たちが思い、周りから見て（自分たちで）やってるなというようにするには、まずはやっぱり管理からだと思います。どこの学校でも、監督は『勝てばいいというもんじゃない』とか『野球とはこうなんだ』とか人生訓をたれたりしますよね。そうやって監督の考えを話して、それが浸透していくんじゃないですかね」

初めから目配り、気配りできる高校生などそうはいない。彼らがいろんなことに気づけるように仕向けるのもまた監督の仕事だ。

「**気づきの能力を養わせるのも半ば強制でしょうね。**例えば、練習前に掃除などの環境整備を15分やらせる。そうすると、言われたことしかしないんです。グラウンドの掃除と言われたら、かたまって一部だけやってる。『あそこは？　ここは？　外を歩いている人にはグラウンドはどう見えるんだ？』ということですよね。グラウンドの中はきれいにしていても、フェンス沿いにはごみが落ちている。『そういう見方しかできなかったら、自分の車をピカピカに磨いて、車の中はきれいにしてるけど、平気で車からタバコを捨てたり、そんな人間になるよ。グラウンドはきれいにしていても、校舎内のごみに気がつかない、または気づいても見て見ぬふりをする人間になるよ』と。逐一そういう話をしてわからせたり、そういうことのできるヤツの話をしますね」

教室でプリントを配るだけでもいろいろなことが見えてくる。自分の分だけ取り、そのまま後ろに回す者、プリントの数を数え、枚数があることを確認して、欠席者の机の中にプリントを入れてあげる者……。百﨑監督はこういった実例を挙げて、選手たちに話をする。

「**『こういうヤツがいたよ』と言えば、恩着せがましく言わなくても、そのひとことでそうなった**

りするんです。そういうところに目がいくようになるんですね。

今の子は子供が1人とか2人。親に大事に育てられているから、どの学校でもマジメな子が多い。その半面、親が何でもしてあげてるから目配り、気配りができない子が多いですね。われわれも、気づかせることが必要です」

そういう考えだから、選手たちが自分で考えてやったことに対しては評価をする。

「『先生が不在でしたが、今日はこういう天気でこういうグラウンド状況だったので、このメニューをこう変更しました』というのであれば、二重丸ですよね。それが素晴らしい」

07年の優勝メンバーで、決勝で劇的な満塁本塁打を放った副島浩史は、サードを守る際に、独特の構えをとっていた。左足を一歩、大きく前に出す。本塁に正対するというよりは、ややファウルグラウンドを向く感じだ。なぜ、そのような構えをするのか。副島にはちゃんと理由があった。

「春ぐらいですかね。(エースの)久保(貴大=現佐賀北監督)に『三塁線を抜かれるのは嫌だ』と言われたんです。それで、三塁線を抜かれないようにするにはどうしたらいいか考えたら、ああなりました。最初は冗談気味でやってみたんですけど、バント処理の前の打球にも対応しやすい。あの構えにして、三遊間の守備範囲は狭くなりましたけど、三塁線と前の打球には強くなりました」

この構えに関して、百﨑監督はまったく口を挟んでいない。副島が自分で考え、自分でとった行動だった。

「**自分で考えてやればOKなんです。**自分がこういう考えだからというなら、それが少々間違っていようが構いません。ときどき、『何でそうしてるの?』と聞くことがあるんですが、そういうときに『人から言われた』とか、答えられなかったら、烈火のごとく怒ります。『じゃあ、オレが言ったら何でもするのか?』と」

一方で、百崎監督は技術面に関しては強制はしない。ヒントや選択肢を与えてあげるだけだ。

「**『~しなさい』ではなく、『こういうのもあるよ』とアドバイスはします。でも、『先生からはこう言われたけど、自分はこっちがいい』というのならそれでもいいんです。**バッティングなら、どんな構えをしていてもいい。最終的にトップの位置に無駄なくいければいいんです。自分はこう打ちたいのにこうしろと言われたら、その人の前ではそうするでしょうけど、いないところではわかりません。

プロなんかでも、コーチが言ってることを無視すると、『あいつは言うことを聞かない』となりますよね。無視しても認められるのは、イチローみたいに能力があって、結果を出した場合だけ。結果が出ないと『ほら見ろ』となるじゃないですか。でも**僕は、本人が迷ったり、結論が出ないときに『~したらどう?』『~をやってみたらどう?』と言うのが指導者なのかなと思うんです**」

気の利いた言葉が言える、目配り、気配りができる……。人間的な成長や気づく力は強制がなければ生み出しにくい。逆に技術的な部分は本人の考えや気持ちを尊重し、ヒントやアドバイスを送るだけで強制はしない。指導には必要な強制と不必要な強制がある。意識の高い選手が少ない弱者には、絶対に強制は必要。「自主性」の言葉にかまけて待っていても、永遠に選手たちから気づくことはないからだ。だからといって、すべて強制ではない。考えて、工夫することで技術は上がってくる。強制の使い分けこそ、弱者のリーダーに求められる条件だ。

弱者が勝つために その4

強制、教育。進むべき方向性、やり方は指導者が自ら手本を示して導くことが必要。

その5

明らかな間違いは除き、技術指導に強制はタブー。迷ったときにヒントや選択肢を与えるのが指導者の仕事。

準備力――。

弱者が強者に立ち向かうために絶対に必要なものだ。百﨑監督は、以前からこれを徹底して磨いてきた。

「投げるとか打つとか、一人ひとりの能力で負けてる部分をいくら言ってもしょうがない。チームとして勝つためにはどうしようかと考えたのが、相手より早くできることは先にやろうということだったんです。相手より1歩でも早くグラウンドに入って、1秒でも早くあいさつして、とにかく相手より先にキャッチボールをする。速い球は投げられない、強い打球は打てないかもしれないけど、先にやることはできるだろうと。元気を出すのも、全力疾走をするのもこれと同じ考えです。

そのためにはどうするのか。グラウンドに入る練習からしよう、役割分担をしておこうと。誰と誰は道具の係、キャッチャーはプロテクターをつけておいて、あいさつしたらすぐキャッチボールできるようにしようということですね」

強豪校と対戦するときにありがちなのが、相手のユニフォームや体の大きさ、余裕しゃくしゃくの表情や態度の大きさなどを見て、びびってしまうこと。戦う前から圧倒され、雰囲気に飲み込まれ、気持ちで負けてしまう。それでは勝ち目がない。それなら、自分たちでも上回れる部分を探し、それを相手に見せつけてやればいい。「オレたちも負けてはいない」。そういう姿勢を見せることで、戦いの準備もできてくる。どんなにチームが弱かろうと、百﨑監督は常にこれを甲子園レベルに想定しながらやってきた。佐賀東時代の92年夏、部長として甲子園を経験していたこともあり、試合前の段取りや役員の動きなどはわかっていた。

選手たちには、「県大会ならお前たちが準備して、ノッカーが打ち始めてから7分と言うけど、甲子園はそんなことしないよ。甲子園は道具を持っていって、運んで、並べてる間に『○○高校ノック始めてください』と言うよ。相手のノックの終了と同時とか、向こうのペースだよ」と言い続けた。

「甲子園は『まだレガースつけてませんとか、紐《ひも》といてません』と言ったって始まる。それで舞い上がるんです。じゃあ、それを練習しようと。そうなると、必然的に普段の練習からきびきびやろうとなります。ダラダラ時間無制限でやってたって、そういうスピードのある野球はできませんから。もちろん、そのための練習もしなきゃいけないので、練習より前に入場の練習、ノックも7分

間でこうやるというものをやります」

1日に3〜4試合組まれている甲子園はとにかく急《せ》かされる。それを想定して練習開始を可能な限り早めた。4時からできるなら4時を厳守。4時5分では許さなかった。

「4時も4時5分も一緒じゃない。4時に始められるなら4時にしなさいと。『ウチのクラスはホームルームで先生の話が長い』というのなら、怒られるかもしれないけどソックスぐらい履いとけよ、他の連中も掃除が早く終わるようにみんなで協力しろよと。

4時から練習だというのに、だらーっと来たりするヤツがいるんです。そういうときは僕がパーッと着替えて一番にグラウンドに来る。それで、『お前、オレよりも先に教室出たじゃない。オレは職員室に行って日誌にコメントひとこと書いてきたよ。何でオレより遅いの？　着替えって、何百枚着てるの？　何で座ったまま着替えてるの？　オレは座ったことないよ。何で座ってスパイク履くの？　立ったまま履けよ』と。そう言ったら、座るヤツはいなくなりますよね。練習がなかなか始まらないときもそうです。『何で遅いヤツに合わせるの？　3人そろったら3人でやれよ。そうしたら他のヤツがあわてて来るよ』『何で1年が来るの待ってるの？　お前が一番に来たら道具並べろよ。準備しろよ』と。

プロに行った野中信吾（神埼OB、元オリックス・バファローズ）なんかは、遠征でも、甲子園に行っても、一番早く部屋から下りてきて荷物を運んでました。バスが到着しそうになると、僕が言う前に『降りたら時間ないからさっさとやれよ』とか言うんです。普段はものを言わないのに、野球に関しては全部そういうことができていた。そういう話をしたりもします。

弱いチームって、練習でできて試合でできないんです。練習ではリラックスしてるけど、試合になると緊張する。それは、練習が練習になってしまっているから。だから、練習では緊張感を持たせます。厳しい言葉も言いますし、追い込んで試合のつもりでやります。試合が始まったら発表の場だからミスしようが、何しようが構わない。負けたらそれだけだったということですから。

その代わり、練習では試合でいかに力を発揮させるかを訓練する。それと同時に、**甲子園はこうだよ、県大会はこうだよとイメージさせる。『こんなことで注意されるよ。だから、こういうことをきちっとしとかなきゃいけないよ』と。話せばイメージができます。そうすれば、試合で『百﨑が言った通りだ』となる。緊張するより、イメージした通りだとなるんです。甲子園を狙うどころか、1回戦で負けてる弱いチームであっても、こっちが知りうる限りの知識を使って甲子園の話をしてました。**

選手がそろわないと勝てないというのでは、監督の仕事は選手を集めるまででおしまいですよね。それじゃあ、情けない。『あそこを倒したら新聞にどれだけ大きく載るかわかるか？ 友だちも絶対勝てると思ってないよ。びっくりするだろう。ひと泡吹かせてやろうよ』という感じで普段から話をしましたね」

全国レベルに合わせていれば、県大会レベルでこなすのはたやすい。常にトップをイメージしていれば、そうでないものを見たときにたいしたことがないと思える。きびきびした動きは練習をスムーズに効率よくできることにつながる。甲子園を想定することは、あわてず、自分たちのペースでやれること以上にプラスアルファも多かった。そんな練習を毎日続けてきた選手たちだから、グラウンドで強豪校を見てもひるむことはなくなった。

試合で考えられることはすべてシミュレーションをし、準備しておく。細かい部分までとことん準備をしているから、試合では普段と同じようにすればいい。「練習通りやろう」「いつも通りやろう」というのは、そこまで突き詰めて準備をしたチームだからこそ言える言葉。逆にいえば、そこまでの準備をしていないチームに「いつも通り」と言う資格などない。弱者こそ、準備が大切。全国レベルを見据えて、考えられる限りのシミュレーションを行う。すべては想定内、イメージ通り。そこまで持っていってこそ、強者と戦える自信や資格が得られる。

準備こそすべて――。

弱者はこれを肝に銘じておきたい。

弱者が勝つために その6

先手必勝。すべて相手より先んじる。

その7

甲子園のスピードに戸惑わない時間感覚を身につける。

その8

甲子園をイメージしたシミュレーションですべて想定内と思える準備をする。

ちなみに、時間と戦う練習は、別の力を生むことにもなった。目配り、気配りする能力を育てることにつながったのだ。例えば、グラウンドに入場するシミュレーションをするとする。その際、百﨑監督と選手の間ではこんなやりとりが交わされる。

「自分のヘルメットとバットは入ってる？」

「1年生がしてます」

「1年生が出るの？　お前が出るんだろ？　入ってなかったらどうするの？　1年に文句言うの？　負けたらどうするの？」

何かあれば、百﨑監督から矢継ぎ早に質問が飛ぶ。監督に何も言われないよう完璧にやるのが選手たちの仕事だ。

「**人数が少ないうちはいいけど、多くなってきたら誰かがやると思ってやらなくなる。それなら、みんながやればいいんです。道具係は誰とか関係なく、自分で確認する。みんなが確認、確認、確認すればいい。そういうことをしょっちゅう言ってると、誰かがしてますよね。慣れてきたら、自然とできるようになって、他のことにも目がいくようになります。**それが教育なんでしょうけどね。させられてるのではなく、自分たちでする。統制がとれていて、監督の言いなりになってるけど、一歩校舎の裏に行ったらあいさつもしないというのでは困ります。あくまで、自分たちでやっているという域。最終的には、教室でも目配り、気配りができて、担任から『野球部は応援したくなる』と言ってもらったり、いろんな人から『みんな積極的ですね。自分でやりますね』と言われたら、指導者としてニンマリですよね。やっぱり、そういう雰囲気になるには、自主性をいつまでも待っていても生まれないと思います」

弱者が勝つために
その9

人任せにしない。常に確認する習慣が目配り力、気配り力を育てる。

野球の試合において、投手の占める割合は7～8割だと言われる。投手が最高の投球をすれば、どんな打者でも打つことが難しいからだ。〝打撃は水物〟と言われるゆえんでもある。だからといって、140キロを投げるような好投手でなければいけないかというと、そんなことはない。事実、佐賀北にはそこまでの投手はいなかった。先発を務めた馬場将史は左の軟投派。サイドからの直球は120キロ台中盤で、スライダーとチェンジアップ系のフォークを操る。エースナンバーを背負ったリリーフの久保貴大はオーソドックスな右の上手投げ。最速でも130キロ台後半で、典型的なスライダー投手だ。走者がいなくてもセットポジションから投球するなど、制球重視を自覚してもいた。

両投手とも、驚くような球は持っていない。だが、2人には驚くべき能力があった。外角低めに愚直なまでに集められる制球力と精神力だ。再試合を含む7試合すべて、色気を出さずに丁寧に投げ続け、決して大量点を許さなかった。馬場は36イニングを投げ、防御率2・00。37イニング2失点の久保は、なんと決勝の7回に失点するまで34イニング3分の1を連続無失点。佐賀県大会から通算すると56イニング無失点だった。金属バットのうえ、打撃の技術が向上している今の時代に、140キロの出ない右投手がこれだけ得点を許さないのは驚異のひとこと。それもすべて、外角低めに投げ続けられたからこそだった。百﨑監督は言う。

「**弱いと思ったら、そこを徹底して突けばいいんです。**裏をかいてとかではなく、アウトローならアウトロー、変化球に弱ければ変化球。それで打たれたらしょうがないですよね。そういう考えで最後に行き着くのがアウトロー一辺倒。あの球、この球を練習するより、まずはそこに投げられる練習をする」

いろいろな球種をコーナーぎりぎりに投げられれば最高だが、それはなかなか難しい。それならば、できることを確実に、精度を高めていくほうが得策だ。

「久保はもともとアウトローにきちっと投げられる子でした。ところが、インコースはどうしても甘くなる。人がいいのか、えぐるようなボールがなかなか投げられませんでした。インコースにいくと、ど真ん中に入ってよく打たれてましたね。

アウトコースにまっすぐと変化球を混ぜるのが彼の投球。もっと四隅を幅広く使えればいいと思ってましたけど、吉冨（壽泰）部長（当時）は『アウトローにきちっと出し入れすれば通用する』と。そんなに球威はないですけど、そのへんに投げられるコントロールは持っていました。2年の夏まではスライダーも曲がらなかったのが、秋ごろからスライダーも曲がるようになった。そうなると、まっすぐとスライダーでもある程度一級品のチームも抑えられる。9回は無理でも、5～6回は投げられるなという感じはありました」

投手の基本である外角への制球力。これがあることである程度の計算が立つ。それとともに、久保にはもう一つ長けていたものがあった。

「精神力ですね。打たれ強かったじゃないですか。予選から打たれてるんです。でも、最後、得点までには至らない。それはやっぱり精神的なものが大きいでしょう。練習でも、彼はひたすら走っているんです。アメリカンノックを4班でやったら、4班とも全部入る。『もういい加減、肉離れを起こすから無理するな』と言っても、足をひきずりながらでもやるんです。決して体にはプラスではないでしょうけど、そういうことをすることによって、自分に対しての戒めじゃないですけど、心の弱さや大会で一番大事なところで打たれたというエースとしてのふがいなさを払拭《ふっしょく》するというかね。**自分にムチ打つようにして走ってました。そういうことの積み重ねで、精神的にも少々のことでは動じなくなった。修羅場をくぐってきてるから、ランナーが出ても、打たれてもびくともしないですよね**」

もちろん、内角に投げる練習をしなかったわけではない。練習試合では、すべて内角で勝負する投球も試した。だが、結果はめった打ち。自分が抑えるには外角低めに投げるしかないとわきまえたうえでの投球でもあった。外角低めに投げることと走ること。これが、久保が確実にやりきれる最大限のことだった。

「バックがしっかり久保の投球パターンを頭に入れてるからミスが少なかったんでしょう。そこに投げられるから、守れる。1、2年生のときに、先発でいきなり3失点、4失点して試合を決めさせてしまったり、9回2死から逆転されたりということを経験してきている。自分の責任、能力のなさを感じて、それを克服するためにどうしたかというとひたすら走ることなんです。気づいたら走っている。ピッチャーとはいえ、バッティングとか他の練習もしたいですよね。走るのは楽しくないじゃないですか。筋トレや科学的なトレーニングだってたくさんあるはずですけど、彼は走るんです。朴訥《ぼくとつ》に『自分は自分の投球をする。それで打たれたらしょうがない』というのが、練習のときからあったのかなという気がしますね」

一方の馬場も、投手としてずば抜けた能力があったわけではない。むしろ、投手としても登板できるかどうかの危機にあった。164センチ、63キロと小柄な馬場は「3年間でベンチに入れるかどうか」(百﨑監督)という平凡な外野手。投手経験は中学のときに投げたことがあるという程度だったが、左だから投げさせてみようという理由で投手に転向した。当初はストレートとカーブだけの普通の左投手。左投げにもかかわらず、左打者を苦手にする。歩かせたり、打たれたりということも多かった。これではどうにもならないということで、腕を下げてサイドにしたのが3年生の4月だった。

「牽制《けんせい》のときはサイドハンドみたいに横回転で投げてたんです。それで『サイドから投げてみろよ。牽制と同じように投げてみろ』と。背もないし、いつかはと思ってましたけどね。そうしたら、手投げみたいだけど力みがなく、バッターからすると伸びてくるようなボールを投げる。それでいいよと」

翌日の練習試合でさっそく登板。久保がノックアウトされた第1試合の日南学園戦で最後の2イニングを完璧に抑えると、続く2試合目では自由ケ丘（福岡）を相手に5安打1失点で完投。自責点ゼロの快投だった。

「1日で別人みたいになりました。投げ方がハマったんでしょうね。じゃあ、横から投げたらみんなよくなるのかといってもそうじゃない。たまたま、資質に投げ方が合っていた」

このころにはスライダーを覚えていたこともあり、左打者に対してはある程度の自信を持って投げられた。問題は右打者に対してだった。

「横から投げるから左バッターは嫌ですよね。スライダーで腰を引いたりしますから。でも、まっすぐとスライダーだけでは右のいいバッターは抑えられない。どうしても外に逃げるボールがほしかった。吉冨部長がいろいろ教えた中で、フォークが一番投げやすいと。挟むといってもスプリット系でしょうけど、うまく外にシンカー気味に沈んでいた。ストレートの腕の振りで沈むからいいボールになりましたね」

この球をマスターしたことで、馬場が外角低めに投げられる球種が複数になった。左打者にはスライダー、右打者にはフォーク。左右どちらの打者に対してもストレート以外の球種で外角低めに投げられるようになったことが、馬場が結果を残せた要因だった。

そんな外角攻めの真骨頂だったのが、帝京戦。杉谷拳士（現北海道日本ハムファイターズ）、中村晃（現福岡ソフトバンク）と、のちにプロ入りする打者2人を擁し、帝京打線の東東京大会のチーム打率は3割1分3厘。6試合で5本塁打と破壊力満点だった。甲子園でも初戦の駒大岩見沢（北海道）戦で13安打7点、2回戦の神村学園（鹿児島）戦で13安打9点、3回戦の智弁学園（奈良）戦で10安打6点と強打を発揮。3試合で三振はわずか1だった。そんな帝京打線を佐賀北投手陣がどう抑えるか。バッテリー指導を任され、データ分析も担当する吉富部長の指示は「いつも通り」の外角攻めだった。

この試合、帝京打線は8個の三振を記録している。そのうちの6個が外の変化球、1つが外のストレート。中村には全球外角一辺倒が通用せず2二塁打を含む3安打を許したが、杉谷からは久保が外角のスライダーで見逃し、空振りの2三振を奪っている。全21球中、内角へ行ったのは2打席目、馬場が投げたスライダーが逆球となった1球だけだった。

リードする市丸は言っていた。「甲子園はアウトコースが広いので、そこにきっちり投げていればわかっていてもそう簡単には打たれないと思います」。帝京戦に限らず、佐賀北投手陣の外角攻めについて、吉富部長はこう話す。

「アウトコース低めまでは要求してません。とにかくコースですね。高さまでは要求しない。高さを要求するのはチェンジアップだけです。コースに関しては、そこ（外角）に投げる練習はたくさんさせました。

どのピッチャーも140キロ投げろというと厳しいものがありますけど、ああいうタイプのピッチャーなら作っていける。馬場なんて、決勝は120キロ出てないですもんね。それでも、左バッターに逃げていくスライダーなんかは、やっぱり高校生ではなかなか打てないですね」

ちなみに、久保同様、馬場もメンタル面は安定していた。常にポーカーフェース。開幕試合であろうと決勝戦であろうと、ひょうひょうと投げる。まったく力みがなかった。2人とも、7試合を投げる体力があったことは大前提として見逃せないが、安定した投球を支えたのはやはり制球力と波のない精神面。この2つがあったからこそ、外角低めに投げ続けられた。

三冠王3度の大打者・落合博満（元中日ドラゴンズ監督）はこう言っている。

「バッターが一番嫌なのはアウトロー。自分の目から一番遠いストライクゾーンなんだから打ちにくい」

当たり前のことだが、意外と見落としがちな部分でもある。技に走り、あれも、これもと追い求めるよりも、まずはシンプルに基本である外角低めの制球力をつけること。弱者なら、まずこれを目指すべきだ。

弱者が勝つために その10

打者が一番打ちにくいのは外角低め。そこに投げ続けられる制球力、精神力、体力をつける。

スペシャリスト――。

強豪校とは違い、弱者に三拍子そろった選手が入ってくることは少ない。というより、ほとんどないといっても過言ではないだろう。その中で、いかに勝負するか。そのためには、短所に目をつぶり、長所で勝負するしかない。

その意味で、佐賀北には何人かのスペシャリストがいた。その代表格が代走の内川聖弥だ。甲子園でもその俊足を遺憾なく発揮した。

圧巻だったのは長崎日大（長崎）戦。2対0で迎えた7回裏、無死から代打で四球を選んだ重松翔の代走として出場すると、次打者の2球目に盗塁。犠打で三進後、1番の辻尭人のレフトフライで本塁に突っ込んだのだ。かなり浅めのフライで、タイミング的には難しいと思われたが、内川はタッチをかいくぐってホームイン。貴重な追加点をもたらした。

「**チームの勝利に貢献するために、自分のできることをやる。**内川なんかそうですよね。自分はこれでいくと決めている。だから1カ所バッティングとか、練習のときからそういう練習をしてますよ。無謀なホームスチールとか、キャッチャーがピッチャーに返す間に行くとか、1つのベースだけじゃなく2つ行くとか、挟まれたときにどうやってくぐり抜けるかとか、自分で真剣にやってるわけですよ。普段からそういうことをしてると、あいつを代走に出したら必ずホームにかえってくるっていうのが定着してくるんですよね。ほらやっぱり、あいつが出たら走ってかき回してくるんだよなって」

代走のスペシャリストとして試合に出る以上、走るのが仕事。相手が警戒していようが走るし、多少厳しそうなタイミングであろうと走る。走るために試合に出ているのだから、普通の走者と同じでは困るのだ。だから、あのタッチアップを見て、佐賀北ベンチで驚く者は1人もいなかった。

「当然ですね。フォアボールでランナーが出て、ピッチャーが左から右に代わった（四球後に投手交代）。左のままだったとしてもそうですけど、代走に出したということは走りなさいということ。それも2球目までに走りなさいですね。バッターは2球目（2ストライク）までしか待てないですから」

内川の盗塁と犠打で理想的な1死三塁ができた。本来ならここでスクイズ、なのだが、辻の2球目に仕掛けたスクイズはファウル。ここで百﨑監督は作戦を「打て」に変更した。

「相手もうまくて、雰囲気的にここは失敗するなと。作戦的には窮地ですよね。打たせるしかない状況ですから。あとはバッターがうまく犠牲フライを打って、ランナーがうまくかいくぐってくるしかないという状況。フライも非常に浅かったですから、普通の野手だったら止まって次の2番に期待でしょう。

でも、**内川を出した時点で、あいつはホームにかえってくる、あいつを出したら、あいつがホームを踏むんだよというのがチームの中に浸透している。そういうムードがあるんです。**あいつだったら、ピッチャーゴロでも戻ってくるはず。アウト、セーフは別にしても、自分はアウトになっても後ろのランナーをサードに持ってくるとか、何かしらのことはしたはずです。だから、**あの走塁を無謀とはチームメイトも誰一人思わなかったと思います。たとえアウトだったとしても、全然問題ないですね**」

チーム内でそれだけの信頼を得ているから、根拠があるからここはGOなのだ。逆にいえば、普段から認められるだけの努力や工夫をしているということでもある。自分の特長、役割をわかっているからできることだ。

実は、サードコーチャーの野中将司もスペシャリストの1人だった。だが、野中の場合はすんなりとそのポジションにおさまったわけではない。3年生の春までは、投手として試合で投げるチャンスをうかがっていた。

「僕たちは（投手としての）能力を見切ってる。コーチャーとしての能力はあるから、それを徹底させたいんだけど、まだ本人には未練があるという状況でした」

そこで、百﨑監督は手を打った。5月の試合でいきなり先発させたのだ。しかも、先頭打者に四球を与えるとすぐさま交代を命じた。

「彼は出るとしたらつなぎのピッチャー。打者1人限定みたいなピッチャーなんです。それがいきなりフォアボールですから。『もうこれで終わりだよ』と。本人は納得してませんよ。もっと投げられると思ってる。だけど、われわれとしては、その1人だけ。やっぱり結果はこうだよなと。今までもそうだったんだから『もうピッチャーはダメ、コーチャーに専念しろ』ということ。もちろん、最初は競争させますけど、最終学年の4月以降になってある程度見えてきたら、『お前はこれに徹しなさい』ということもします」

だが、コーチャーに専念したあとの野中の働きは見事だった。春の大会以後の公式戦は、佐賀市長旗、NHK杯、そして夏の佐賀県大会、甲子園と負けなしだったが、野中の判断ミスはゼロ。勝利の陰の立役者だった。

「コーチャーも専門職ですから、こっちも任せる以上はこいつしかいないと思いました。それぐらい信頼しましたね。任せてからは、一度も何であそこで回したの？　止めたの？　ということがなかった。1つもミスがない。すべて正解。スペシャリストですよね。ただ、春（の県大会、3～4月）だったらあそこまでできてなかったでしょうね。まだコーチャー兼ピッチャーでしたから」

この他、佐賀北にはベンチワーク専門でベンチ入りする選手もいる。県大会ベンチ入り20人のうち18人を選手間投票で選ぶが、そのうちの1人は「頑張っている人、尊敬できる人」という理由で選ばれた選手。野球の技術とは関係なく、その得票が一番なら無条件でベンチ入りが決まる。

「生徒たちは僕たちが見てるものとは違う部分を見てますよね。教室とか勉強とか、嫌な顔一つせず人のためになることをしてるとか、朝早く来て道具の手入れをしてるとか、陰で努力してるとか。そういう理由で入った子はベンチワークができます。

誰より声を出して、目配り気配りができて、勝利に貢献できるムード作りができる。試合には出ないけど、元気で誰より明るい。控えなのに中心選手にも緩慢なプレーや気を抜いたプレーを叱ることができる。神埼のときは2年で選ばれた子もいました」

スペシャリストにはスペシャリストの責任がある。スペシャリストとしてベンチ入りする以上、普段の練習や練習試合からその準備が試される。

「『お前はバッティング練習やらなくていいよ。出番ないんだから』って言うこともあります。『お前はベンチ入りで選ばれてるんだから、とにかくその仕事をしてくれ』と。『ピッチャーがランナーで走ってるのに誰もグローブを持っていかない、お茶を持っていかない、そういうのをちゃんと指示してくれよ』とか『ベンチが沈んでるよ。お前声出してくれよ。お前その仕事なんだよ』とか。その代わり、そういうのをちゃんと立てるように、（他の選手の前で）『あいつがこうしてくれたから』というのは言いますけどね」

ある意味、非情な部分もあるかもしれない。だが、スペシャリストとして結果を出すためには、その分野に特別秀でていなければいけない。だからこそ、あえて百﨑監督は厳しく接するのだ。裏を返せば、そこまでしないとスペシャリストは生まれにくいということ。それだけ準備が必要であり、チームメイトからの信頼も必要だということだ。

「こうなったらお前しかいないよということです。こいつが出たらオレの番だ、あいつがケガしたらオレの出番だと、こっちが言う前から準備している。そういう関係になってますね」

最終的には、そこまでにならないといけない。そこまでできてこそ、本物だ。弱者にとって、スペシャリストは不可欠。そして、スペシャリスト養成に必要なのは徹底。その環境を作るのもまた、指導者の役割だ。

弱者が勝つために その11

長所を見つけ出し、スペシャリストを養成する。

その12

スペシャリストは持ち味を自覚し、練習から周りを納得させる準備をする。試合では求められた役割を100パーセントやりきる。

主役、わき役、裏方——。

スペシャリスト同様、他の選手たちも一人ひとりが自分の役割を心得ていなければいけない。自己中心的な考えで、自分のやりたいようにプレーする選手がいては、チームは成り立たないからだ。百﨑監督はそこを明確にし、その役割に撤することを求めた。

「神埼のときに日誌にこう書いてきた子がいたんです。『中学では4番だったのに、2番を打たされてバントばっかりさせられる。あいつは3—0からでも打たせてもらって、自分は2—1からでもウェーティングのサインが出る。バントミスしたら外されるし、何でだ?』と。だから言いました。『お前は打てないからだよ』って」

その選手に対し、百﨑監督はこう説明した。

「打てるなら3—0からでも打たせるよ。お前は打てないからバント。主役、わき役、裏方と一人ひとり役割がある。全員が4番ならチームは成り立たない。お前は2番打者として接着剤になりなさい。つなぎの役割に徹しなさい。そのほうが相手は嫌なんだよ。それができなければオレは使わ

ない。お前はそういう役割なんだから、できなければ交代だ」

高校生には、しばしば自分の実力を過信している選手がいる。中学時代の〝過去の栄光〟のイメージを捨て切れない選手もいる。そういう選手に、自分の役割を理解させていく。

「そういうことをくり返していくと、しまいにはこっちが打てと言ってるのに、相手をかき回すようになるんです。その喜び、楽しさがわかるんでしょうね。自分のバント一つで流れが変わるというか、試合が動くのがわかってくるんですね。

相手はバントしてくるってわかってる。そういう完全マークの中で飛びついてやる、決めることが楽しくなり、喜びになる。相手をイライラさせるとか、自分の役割に徹することが楽しいと、いつのまにかなるんです」

佐賀北で、そんな状態だったのが2番の井手和馬だった。百﨑監督は井手にも制限を与えた。主砲の副島は3—0からでもヒッティングだが、井手は2—1からでもウェーティング。打つならセカンド方向にゴロのみと指示したこともある。2アウトからでもセーフティーバントがあるとも伝えていた。

「最初はありましたよ。『何で打っちゃいけないんですか?』って。でも、変わったんです」

そう言って百﨑監督が真っ先に例に挙げたのが決勝の広陵戦。8回裏1死満塁で回ってきた打席だった。微妙な判定が話題を呼び、押し出しの四球を選んだ打席だ。

「あの打席でも、僕は『打っていい』と言ってるんですよ。点差がある(0対4)んだから、もう打つしかないんです。フォアボールを選んでくれなんて思ってません。とにかく打ってつないでくれと思ってるんです。

だけども、彼は打たない。**3―1からでも自分でウェーティングです。たぶん、3―2まで打たないと決めてたんでしょう。伸び上がったり、腰をかがめたり、いろんなことをしながら、とにかく何とかボールにしようと工夫してました。**あの打席以外でも、立つ位置を変えたり、構えを考えたりしてましたよ。姑息《こそく》なやり方かもしれませんけど、とにかくつなぎに徹した。そんなことしながら、結果的には、打率はよかった（3割2分）し、（帝京戦のサヨナラ打など）いいところで打ったりしてるんですよね。

思わず知らず応援したくなるチームを作るためにも、一人ひとり全員が役割を担う。エースが偉いわけじゃないし、4番が偉いわけじゃなくて、一人ひとりの役割がすべてなんだと。そういうチームを作るのが僕の基本ですね」

自分の役割を理解し、それに徹した井手。それが奇跡の逆転劇の呼び水となった。もちろん、井手以外の選手たちの働きも見逃せない。井手同様に「接着剤」と言われた9番の馬場崎俊也は7試合で4本のバント安打を決め、主砲の副島は3本塁打を放つ一方でこの大会最多の10四死球を記録。1番の辻も試合数を上回る8四死球を選んでいる。

この大会で佐賀北打線は大会史上最多の48四死球を記録した。1試合平均に直すと5・9個。安打数は54本で1試合平均6・7本だから、ほぼ同数だ。優勝校史上最低打率にもかかわらず勝てたのは、こんなところにも秘密があった。

各自が自分の実力を把握し、役割に徹したからこその数字。打てなくても、何とか出塁する。ここでも、身の丈をわきまえたプレーが光った。

弱者が勝つために

その13

主役、わき役、裏方。選手それぞれが自分の役割を自覚し、それをまっとうする。

その14

自分の役割に徹することができない選手は使わない。

驚くほど冷静だった。

準々決勝の帝京戦の12回表。佐賀北は絶体絶命のところまで追い込まれていた。1死一、三塁からのスクイズは久保の絶妙なグラブトスで防いだものの、次打者に四球を与えて満塁。打席にはその年のセンバツで広陵の野村祐輔（現広島東洋カープ）から満塁本塁打を放っている杉谷翔貴を迎えていた。カウント2―2と追い込んだ5球目の前。捕手の市丸はタイムを要求すると、立ち上がり、足下を丁寧にならした。

12回に入り、打順は6巡目を迎えている。すぐ前にはスクイズによる本塁でのクロスプレーもあった。各選手の足跡などで、ホームベース付近はボコボコだ。投球がワンバウンドになり、そのくぼみにはまったら、球はどこへ跳ねるかわからない。そんなことを考え、少しでも平らになるようにしたのだ。この行動について、市丸はこう言っていた。

「春先ぐらいからやり始めたんです。それまでは、**よくパスボールとかしていて、ふと考えると、イレギュラーしてるんじゃないかと。それでならすようにしたら、パスボールも全然しなくなったんですよね。**それからずっとやっていました」

このあと、市丸は2球続けて左打者の泣きどころでもある内角低めのスライダーを要求。空振り三振に斬って取った。ワンバウンドで捕逸の危険がある球種だったが、周到な準備とそれに支えられた強気でピンチを脱することに成功した。

「市丸は周りを見る冷静さを持っていたと思います。そういう資質はありましたね。ただ、資質はあっても磨かなきゃ一緒なんですよね。**玉も磨かざれば石。教えないと磨かれないんです。**『こういうときはちゃんとならすんだ』というようなことを吉冨部長が言っているんですよね。でも、そうは言ってても、ああいう場面ではやっぱり本人の資質がないとできないんですよ」

市丸について、百﨑監督がもう一つ感心したのは2対0とリードした長崎日大戦の5回。先頭打者を死球で出す嫌なパターンだったが、市丸は次打者の初球のバントの構えを見た2球目にピックオフのサインを送った。ファーストをダッシュさせ、投球を外角に外して、一塁ベースカバーのセカンドへ送球。見事に飛び出した一塁走者を刺した。

「その1点でゲームが変わるという窮地を救ったプレーでした。もちろん、こういうランナーで、こういうスキがあったら、こういう牽制をするんだよと教えたのはわれわれです。でも、ああいう場面で出せるかどうかは本人。（スキのある走者だと）わかってもやれというサインは出せないかもしれない。『あの場面でよくやったな』って僕たちが驚きますよね。

習ったことを自分なりに吸収してそこで出すのは本人。単純な話ですけど、教えなければ、磨かなければ玉にならない。ただ、磨くのは指導者だけじゃない。**教えられたことを、より自分で考えていかないと本当の選手にはならない。**だから、いくら教えてもダメなヤツはいます。教えればできるけど、教えられてないヤツもいる。これは指導者の責任ですけどね」

いずれも、市丸のファインプレー。弱者でもすぐに取り入れられるマネしたいプレーだ。だが、それも玉を磨き続ける指導者なしにはなかったかもしれない。気づかせ屋の指導者と選手本人の資質。それが見事に融合したプレーだった。

弱者が勝つために
その15

イレギュラーもエラー。考えられる最大限の準備をする。

意図の見えるプレー――。

なぜ、こうするのか。何をしたいのか。それをわかるようにやるのが佐賀北だった。2回戦の宇治山田商（三重）戦（15回引き分けの試合）。2回無死二塁でのこと。投手の久保がモーションに入ると同時に、ファーストの辻が猛然とダッシュ。大きな声も出すことによって打者にプレッシャーをかける。そこで久保は右打者への内角ストレートを投げ、三塁側にダッシュ。自ら駆け下りた三塁前にバントさせ、二塁走者を三塁でアウトにするという狙いだ。

投球する前には、久保が目で牽制をする。ショートの井手は、いかにも牽制があるというそぶりで二塁走者のリードを小さくする。井手の二塁ベースに入るような動きにつられ、二塁走者が二塁ベース寄りに一歩戻るか、体重が二塁ベース寄りに傾いたところで久保が投球する。このプレーには、そんな目に見えない部分も含まれている。

この狙いは見事的中。打者の中野宏康は三塁側に下りてきた久保の前にバントし、二塁走者の西田拓郎は三塁で刺殺。もくろみ通りの結果になった。このプレーについて、ファーストの辻はこう言っていた。

「いつも練習しているプレーです。もし、一塁側にやってきても刺す自信はあります。あれは僕たちが得意にしていること。決まると（気持ちが）乗ってくるし、決まるということはピンチを防ぐこと。ピンチのあとにはチャンスが来ますから」

プレーにかかわる選手全員が意図を理解して動く。だからこそ、成功しやすくなるのだ。百﨑監督は言う。

「サードにやりたくない。本当に1点を防ぎたいからこのプレーを選択する。じゃあ、やらせないためにはどうするかということですね。ピッチャーはランナーがリードしたときに投げたらダメ、ファーストのプレスが緩くてもダメ、ストライクが入らないのもダメ。そこは練習してきたことの徹底ですよね。

もちろん、相手が打ってくることもあります。でも、それはしかたがない。両方は防げませんから。それよりも、**一番いけないのはそういう処理をしてるのに、それが緩くてセーフにすること。ちゃんとやらせて殺す。『やろうとしているのはこうなんだ』というのは練習で徹底すればできますよね**」

シフト自体は弱者でも練習すればできる。それよりも大事なのは、なぜこの場面でこのプレーを選択するのか。監督の狙いは何なのか。そのために自分がやるべきことは何なのか。意図を持った動き、プレーこそが成功の確率を高める。弱者は、そこまで学ぶことが必要だ。

弱者が勝つために その16

意図を理解し、意図が明確にわかるプレーを徹底する。


シフトを成功させる以前に、練習でやるべきことがある。それは、バント守備。いくら狙い通り三塁側にやらせたとしても、しっかり捕球し、送球できなければ何にもならないからだ。シフトを敷いた実戦練習をやる機会はそう多くはない。佐賀北では、月に何回かやる程度だ。とはいえ、シフトを成功させるために必要な基本を習得するための練習は毎日ある。

佐賀北では、通称〝ポジ別〟と呼ばれるポジション別練習がそれにあたる。走者なし、無死一塁、無死二塁、1死三塁の4つの状況別のバント処理を5分ずつ、合計20分間行う。この練習の優先順位は高く、ほぼ毎日行われる。

ポジ別はあくまで基本練習。走者をつけるわけではなく、淡々と打球処理をくり返す。実戦形式ではないため、問われるのは各自の取り組む姿勢、意識だ。

「ポジ別は毎日20分やってます。やってるけど、ちゃんとやってるかやってないかで差が出てくる。だから、練習試合のときに（バント処理が）できないと烈火のごとく怒ります」

毎日やっているにもかかわらず、できない選手は、ただメニューをこなしているだけのことが多い。送りバントの処理と言っているのに、走者なしでセーフティーバントが正面に来たような動きをする。それでは、まったく練習にならない。何のために毎日時間を費やしているのか。ことの重大さを認識させる意味でも、百崎監督は厳しく注意する。

「**お前は練習のための練習になってるよ。３６５日、冬場もやってるじゃない。その球が来て殺せないって、お前の練習が遊びになってるんだよ。本気でやってないんだよ。**お前はランナーを見てない。想定してないんだよ。ただ格好だけして下りてきてるだけ。かたちだけでやってるからキャッチミス、送球ミスをするんだよ。**練習をおろそかにするな。練習で１００回できても、本番はミスするんだよ**」

たとえ走者をつけていなくとも、走者を目で牽制し、リードをさせないようにしてクイックで投げることはできる。実際にボールを投げないにしても、本当に投げるかのようにしっかり腕を振るかたちをとったうえで守備体勢に入ることもできる。そこまでして、初めて実戦を想定していると言えるのだ。毎日のくり返しになると惰性でこなしてしまいがちだが、少ない練習時間で最大の効果をあげようと思えば、そこまで意識を高くやることが求められる。

「そういうことから練習で徹底しなければいけない。試合でちゃんとできるヤツは、そういうところで真剣にやってるんですよ。久保なんかも、イメージしながらやってたから、動きがスムーズだったと思います」

百﨑監督も手放しで褒める久保がその練習の成果を見せたのが帝京戦。10回1死二、三塁、12回1死一、三塁と二度の投前スクイズをいずれもグラブトスで処理して本塁でアウトにした。百﨑監督自身「2本目はスロービデオの判定ならセーフだった」と認める通り、どちらとも、微妙なタイミング。少しでも無駄な動きがあれば完全に間に合わなかった。試合後、久保はこうふりかえっていた。

「グラウンドが荒れていたし、イレギュラーがあるかなと思ったので、最後までボールを見て捕りました。あれは毎日練習しているプレー。ぎりぎりのプレーでしたけど、自信はありました」

あの土壇場まできて、「イレギュラーがあるかもしれない」と考えられる。そして、いつも通りやれる。その冷静さは、毎日の練習で積み上げてきた自信があるからこそだった。

練習のための練習はしない——。

当たり前だが、これをどこまで徹底しきれるか。妥協せず、流さずにやれるかどうかが弱者の今後を決めるはずだ。

弱者が勝つために その17

練習のための練習はいらない。本物の練習をして、本番でやりきる自信を得る。

試合前の過ごし方――。

弱者ほど、ここを軽視していることが多い。これから試合だというのに、前の試合の3回ぐらいになって、まだ食事を摂っているチームもある。どのようにして試合に臨むのか。極端にいえば、試合が始まる前から試合は始まっている。

その意識の差が顕著に表れたのが、宇治山田商との再試合だった。実はこの試合も、延長15回、3時間5分を戦い抜いた当日の夜から、プレーボールはかかっていた。

引き分けとなった場合は、通常再試合は翌日に行われる。だが、このときは翌々日に3試合日があったため、異例の中1日を挟んでの再試合となった。間の1日をどう過ごすかがカギになってくる。実際、引き分けた試合当日の夜の過ごし方は同じようなものだった。18時に試合が終わったあと、宿舎に帰って、食事をし、風呂に入って就寝。両校ともに宿舎はホテルで大浴場がないため、風呂といっても各自の部屋のユニットバスでシャワーを浴びるだけだ。ただ、この日の佐賀北は、トレーナーの指示により20分間の半身浴をした。浴槽にお湯をため、上半身にタオルを巻いたまま下半身だけ浸かる。普段からやっているわけではないが、長時間ゲームのあとだけに少しでも疲れをとろうと思ったのだ。代打で出場した新川勝政はこう言っていた。

「普通にシャワーを浴びるだけよりは、疲れもとれたと思います」

翌日の過ごし方は対照的だった。佐賀北は通常より30分遅らせて7時起床、7時半に朝食。これに対し、宇治山田商は午前中は完全オフだった。12時の昼食に集合すれば、午前中は何をしてもO

K。例えば、5番・サードでフル出場した中野宏康は10時過ぎまで寝ていたし、延長15回に代打出場した広出裕希は9時に起きてコンビニで朝食を買い、洗濯などをして過ごした。

練習も対照的だった。甲子園期間中は各校とも高野連によって2時間の練習が割り当てられるが、佐賀北はアップからダウンまで1時間半程度にとどめた。打撃練習は減らし、ノックは試合前のシートノックと同じ7分間だけ。最も時間を費やしたのは、スピードボールを見る練習。前日の試合で、140キロを超える速球のボール球に手を出し、バントも決まらなかった反省からだった。一方の宇治山田商は、2時間しっかりと体を動かした。守備に自信を持ち、「守備はもうできている」という理由から守備練習は行わず、「引き分けた試合で打てなかったので」（中居誠監督、当時）打撃練習に時間を費やした。

内容もさることながら、両校で最も異なったのが練習開始時間。通常、高野連からは8時半開始の第1試合にあたっているチームは9時から、といったように試合開始時刻と同じ時間帯にグラウンドが割り当てられる。ところが、再試合になり急遽《きゅうきょ》スケジュールに組み込まれたため、佐賀北は11時から、宇治山田商は15時からと差が出てしまった。

12時半過ぎに練習を終えて宿舎に戻った佐賀北は、18時半の夕食まで各自部屋で休養。ここで百﨑監督は選手たちにこんな指示を出している。

「昼寝はするな」

翌日は第1試合のため、朝4時半起床。その分、消灯も9時半と早いため、昼間に寝てしまうと夜に寝られない可能性があった。夜ぐっすりと寝て、すっきりと朝を迎えるための指示だった。この休養時間を利用して、選手たちは近くの銭湯に行き、ゆっくり風呂に浸かって疲れを癒やした。希望者のみだったが、「レギュラーはだいたい行っていました」(新川)。

一方の宇治山田商は17時まで練習。宿舎に戻って18時半に夕食を摂り、20時半にミーティングをした。どちらも通常より30分開始時間を早めて寝られる状態にはしたが、決まった消灯時間はなし。「早く寝ろよ」という言葉があっただけだった。ちなみに、広出は22時半ごろ就寝。「周りもそれぐらいの時間には寝ていました」(広出)。

午後をゆっくりと休養に充てられた佐賀北と、夕方以降どこかバタバタと過ごさざるを得なかった宇治山田商。この差は大きい。

当日の朝もまた対照的だった。佐賀北は4時半起き。慣れない早さに、「食事中も寝てる感じ」(新川)だったが、球場に向かうバスの中では睡眠禁止令が出た。ちなみに、佐賀北では普段の遠征から徹底しているいつものことだ。これに対し、宇治山田商は5時の朝食に間に合えば何時に起きても構わないというスタイル。球場に向かうバスの中でも「寝てる人が多かった」(広出)。ちなみに、佐賀北は2日前の試合で延長に入った後半に疲れを感じる選手が多かったという理由で、前回は持ち込まなかった栄養補給ゼリーとバナナをベンチに持ち込んだ。

試合は1回戦から登場で3試合目となる佐賀北が、6回以降8点を奪い9対1で大勝。前回は4度失敗した送りバントも失敗ゼロで6個決めた。一方の宇治山田商は、7安打を放ったものの4本は内野安打と前回対戦の経験を生かせず。前の試合で１４０キロ台を連発した中井大介（現読売ジャイアンツ）、平生拓也の2投手も、疲労からほとんどが１３０キロ台にとどまった。2回戦から登場で2試合目だった宇治山田商ナインのほうが、動きに精彩を欠いていた。5回までは1対1だっただけに、余計にその差による影響が感じられた。

すべてはこの試合を迎えるまでの過ごし方。選手たちのコンディションが試合を左右した。だが、百﨑監督はただ体をケアしたスケジュールで行動させただけではなかった。締めるところは、しっかりと締めていた。

「さすがにウチの選手も疲れ切ってました。暑くて、バテちゃって。体力がないヤツは医務室で点滴を打ったりしてましたし。僕も準備が悪くて、補食を用意してなかった。試合が終わったら食べさせればいい、ぐらいに思ってたんですね。

疲労困憊《こんぱい》で再試合はどうかなと思ったら、試合は翌々日。ラッキーですよね。1日でどうやって回復させようか考えました。正直、翌日は練習しなくてもいいと思いました。朝の散歩も30分遅らせましたし、だらーっとさせていいんじゃないかって。そういう監督の気持ちって、すぐに選手に浸透しますよね。こいつら疲れてるだろう、リラックスさせようと思ってるから、彼らも『疲れてる』という顔をしてました。

でも、僕は翌日起きたらシャキッとしてて、疲れがなかった。それより、明日の試合のことを考えてるんです。前の日の試合は後半ミスが出て、勝てた試合を引き分けたと思っていたんですが、

1日たったらその悔しさが出てくる。それなのに、選手は『疲れてます』って顔をしてたから『オレは疲れてない』って感情的になりましたよ。前日と豹変《ひょうへん》してるわけですから、選手は大変ですよね（笑）。

練習では最初に集めて、『疲れてる者は？』と聞いたら、ほとんどが手を挙げた。それで、『もういい。疲れてるヤツは試合に出さない』と言いました。そしたら（選手は）ピッとなりましたね。前日は持ち味のバントができてなかった。見たことないぐらい球が速かったこともあって、ボール球をバントしにいってできなかったんですね。今日の練習ではその見極めをしようと。1日でやることは限られてますから、マシンを速くして見極める。見るだけでいいからと。とにかくベルトより下の球を狙う。その確認だけしました。**一番はピリッとさせること。何が疲れてるんだって、ぬるま湯を一掃することでしたね**」

リラックスさせるだけでは、気持ちも緩んでしまう。やはり、起床、就寝をはじめとした生活管理、精神的に緊張感を持たせることは必要だ。もちろん、それは普段から徹底することが必要。佐賀北では、試合に向かうバスでの睡眠禁止が当たり前になっているが、07年の5月にはこんなこともあった。

愛媛・松山への遠征中。朝早かったこともあり、主砲の副島ら3人が行きのバスで寝てしまった。ここで、百崎監督のカミナリが落ちる。3人はグラウンドに入ることを許されず、フェンスの外から応援を余儀なくされた。ちなみに、その日はわざわざ佐賀から副島の親や祖父もやってきていたが、そんなことはお構いなしだ。

「行くときは眠いはずなんですよね。朝4時、5時起きだったりしますから。それでも、眠いはずだけど目を開けとけと。**『戦いに行くのに寝られるのか？　今日死ぬかもわからんのに寝られるのか？』**って。寝られないですよね。練習試合だから寝てるんです。甲子園なら寝られませんよ。だから、**『普段ペラペラしゃべってリラックスしてたのが、グラウンドに入った途端、ガチガチになったのいっぱい見てきたよ』**といった話を普段からしてるんです。

そのときは、たまたま後ろを見たら副島他何人かが寝ていた。ずっと負けてたのが、市長旗とかで、ようやく勝って自信を得たころだったんです。僕も四六時中、生徒に注意するわけじゃない。疲れてるなと思ったら、わざと見ないふりをしたりもします。もちろん、帰りのバスは寝させます。逆に、寝てないと説教するんですよ。『お前余力残してるな。疲れたら寝るだろ』って。極端な話ですけどね」

秋は佐賀県大会で初戦敗退、春は3回戦敗退。勝てなかったチームが佐賀市長旗を制したことによって生まれたスキ、それも主力選手のスキを百﨑監督は見逃さなかった。ちなみに、百﨑監督には、こんな技もある。

「ルームミラーを見て寝てるなと思ったら、ブレーキを二度も三度もがっくん、がっくんかけるんです（笑）。そうしたら説教しなくてもわかるんです。そんなことしてたら、誰かが寝始めても、他のヤツが『おいっ』って起こすようになりますよね」

敗北は死なり。

そう思えば、戦《いくさ》に向かうときに寝ていられるわけがない。佐賀北ナインは試合に臨む準備とともに、意識も大きく上回っていた。１４５キロを投げる投手が２人もいた宇治山田商に比べれば、佐賀北は弱者。弱者が強者を上回れる部分は、見えないところにたくさんある。

弱者が勝つために その18

試合前日の過ごし方、宿舎での過ごし方、試合当日の過ごし方などすべてが試合に直結する。見えない部分でこそ強者を上回る。


弱いチームには、いいことなんてない。そんなふうに思ってはいないだろうか。弱者というと、マイナス要因ばかりが目につくが、発想を転換させてみればプラス材料もある。

「**試合に出続けることができる。それが弱いチームの強味じゃないですかね。**弱いチームは部員がいないから、ちょっとうまかったら1年のときからレギュラーで3年間使ったりする。試合に出続けると、だいたい（監督と）あうんの呼吸になります。

1学年20人以上いると、よほどのスーパースターでないと上級生が出るから出られません。そうなると、**新チームからの1年間ですから、監督の考えを学ばないうちに終わってしまう。『お前、**

普段から先輩に言ってるだろう』と言うけど、当事者にならないと聞いてないんですよね。教えてるつもりでも、そいつが選手にならないとダメ。1年のときは単なるお客さんで見てるんです。だから、イチからまたちゃんと教えなきゃいけない。わかってるだろう、わかってるはずだ、じゃ絶対ダメなんですよね。

体力やいろんな技術、素質で劣る部分は経験値で補えると思うんです。あうんの呼吸で、監督の思うことは全部わかるというところまで3年間で教え込んでいけばいいんですよね」

弱者が勝つために その19

発想の転換。弱者ゆえのプラス面を探す。

自分たちが弱者であることを自覚し、弱者としてやるべきことを完璧に近いぐらいやり遂げた。どんなに勝ち進んでも、最後まで身の丈をわきまえ、身の丈通りのことをやり続けた。だからこそ、野球の神様も佐賀北に味方したのだ。優勝は決してミラクルではない。根拠のある必然のこと。佐賀北から学び、弱者らしい身の丈野球を目指そう。

第2章

守備

守備は誰でもうまくなる!

佐賀商・森田剛史監督の「守備ドリル」

森田剛史

もりた・たけし

佐賀商高(佐賀)監督。1971年8月19日、佐賀県生まれ。佐賀商高ー亜細亜大ー日本石油(現JX-ENEOS)。高校時代は投手、内野手として春夏計3回甲子園出場。亜細亜大では大学選手権優勝に貢献。二塁手としてベストナインに3回選ばれる。日本石油では都市対抗優勝に貢献。現役引退後、母校・佐賀商高で6年間部長を務め、2008年春から監督。08年夏、同校を甲子園に導く。10年春に神埼清明《かんざきせいめい》高に異動し、13年春から再び佐賀商高監督。駒大苫小牧高・香田誉士史元監督とは佐賀商高の同期。商業科教諭。

点数をやらなければ負けない。「弱者」が目指すのは失点を1点でも少なくすることだ。なぜなら、打率は3割打てば一流。強打のチームでもチーム打率は4割台におさまる。さらに、いくら強打線といっても、好投手相手に毎試合打つことは難しい。2017年夏の甲子園でも、栃木大会でチーム打率3割9分3厘を誇った作新学院がわずか2安打しか打てず初戦敗退(1対4盛岡大付=岩手)。岡山大会で打率3割8分6厘を記録したおかやま山陽も初戦で5安打完封負けを喫した(0対5聖光学院=福島)。打撃は、あくまで相手があってのこと。相手投手の出来に左右されるものなのだ。

一方、守備は限りなく10割を目指すことができる。練習すればするほどうまくなりやすい分野だ。しかも、基礎練習だけなら場所をとらない。雨天時、室内練習場を持たない学校でも、体育館やピロティで練習することも可能だ。弱者の負けるパターンは大量失点。その場合のほとんどに四死球やエラーが絡む。打ち取った打球でアウトを取れなければ、試合にならない。弱者が強豪を破るためには、「思うように点が取れない」と相手の焦りを誘うことが必要。相手の精神面をいつも通りでなくすためには、無駄な失点は禁物だ。接戦に持ち込むため、勝つためには、守備の強化は不可欠。失点を計算できる守りが必要なのだ。

13年以降の5年間で、都道府県大会でのチーム打率が2割台で夏の甲子園に出場したチームは32チームある(P75の表)。そのうち、1試合の平均失点が2点以下のチームは全体の約84パーセントにものぼる27チーム。1試合の平均失策が1個以下のチームは全体の約69パーセントとなる22チームだ。1試合平均失点2点以下、1試合平均失策1個以下の両方をクリアしたのは20チーム、い

■2013年以降、都道府県大会のチーム打率が2割台で夏の甲子園に出場したチーム
※太字は1試合平均失策が1個以下と、1試合平均失点が2点以下

年度	学校名	都道府県	試合数	失策数	総失点	1試合平均失策	1試合平均失点	打率
2013	秋田商	秋田	6	10	6	1.67	**1.00**	.289
	日本文理	新潟	6	8	14	1.33	2.33	.294
	上田西	長野	6	7	5	1.17	**0.83**	.275
	常葉学園菊川	静岡	6	3	7	**0.50**	**1.17**	.263
	大垣日大	岐阜	6	4	10	**0.67**	**1.67**	.292
	桜井	奈良	5	5	8	**1.00**	**1.60**	.282
	瀬戸内	広島	7	5	6	**0.71**	**0.86**	.289
	岩国商	山口	5	6	3	1.20	**0.60**	.275
	明徳義塾	高知	5	1	9	**0.20**	**1.80**	.261
2014	佐賀北	佐賀	5	7	8	1.40	**1.60**	.270
	大分	大分	5	2	10	**0.40**	**2.00**	.295
	日南学園	宮崎	4	0	1	**0.00**	**0.25**	.246
2015	霞ヶ浦	茨城	6	6	6	**1.00**	**1.00**	.288
	遊学館	石川	5	3	3	**0.60**	**0.60**	.255
	明豊	大分	5	2	7	**0.40**	**1.40**	.260
	鹿児島実	鹿児島	6	6	9	**1.00**	**1.50**	.295
	興南	沖縄	5	3	4	**0.60**	**0.80**	.284
2016	大曲工	秋田	5	6	12	1.20	2.40	.197
	前橋育英	群馬	6	3	9	**0.50**	**1.50**	.257
	木更津総合	千葉	7	3	11	**0.43**	**1.57**	.275
	関東一	東東京	6	4	14	**0.67**	2.33	.267
	東邦	愛知	6	5	4	**0.83**	**0.67**	.286
	中京	岐阜	6	4	9	**0.67**	**1.50**	.269
	北陸	福井	5	4	16	**0.80**	3.20	.289
	市尼崎	兵庫	8	5	11	**0.63**	**1.38**	.237
	鳴門	徳島	4	6	7	1.50	**1.75**	.294
	長崎商	長崎	5	4	5	**0.80**	**1.00**	.225
	樟南	鹿児島	7	1	6	**0.14**	**0.86**	.296
2017	滝川西	北北海道	6	7	9	1.17	**1.50**	.298
	日本航空石川	石川	5	8	13	1.60	2.60	.283
	坂井	福井	5	5	5	**1.00**	**1.00**	.289
	東筑	福岡	7	9	12	1.29	**1.71**	.289

ずれかをクリアしたのは29チームにもなる。ちなみに、1試合平均失点が3点以上だったのはわずか1チーム。やはり、チーム打率2割台では3点以上取られると厳しい。打てないならば、失策は最低1試合1個にとどめ、失点を2点以下に抑えるのが甲子園への道だ。

弱者が勝つために その20

点数をやらなければ負けない。1試合平均失策は1個以下、1試合平均失点は2点以内が必須。

現役時代、佐賀商の二塁手として春夏計3度の甲子園を経験、その後も亜細亜大、日本石油で活躍した佐賀商の森田剛史監督は、守備の中でも、特に基本を重視して指導する。その基本をわかりやすく、反復練習できるように考案したのが守備のドリルだ。金属バット時代の社会人野球で、打ち合い、点数の取り合いを経験している森田監督が、なぜ守備の基礎、基本にこだわるのか。守備で重要なことは具体的にどんなことなのだろうか。

「当たり前のゴロをアウトにするのがどれだけ大事かというと、野球には流れというものがあって、やはり三者凡退で帰ってきた次のイニングは点数を取る確率が高くなるんです。ところが、**四死球とかエラーとか、ミスで取られた点数は絶対に返ってこない**。打たれた点数は返ってくるんですけどね。となると、絶対に返ってこない点数をいかに防ぐか。当たり前のプレーを当たり前にできる選手がいい選手ということになります。必要なのは、上手な選手ではなくて、いい選手。**いい選手とい**

うのは、ここでアウトにしてほしいというところで、派手さはないけどアウトにする選手です。上手な選手はいりません。ここ一番でエラーしますから。

点数を与えないことも大事ですが、相手に流れを与えないということも非常に大事。攻撃に流れを持ってくることもできますし、そういう意味でも守備は大事になってきます」

森田監督自身、日本石油時代に公式戦でサードフライを落球。その直後の1球目に本塁打を打たれた苦い経験がある。取れるところでアウトを取れないと痛い目に遭う。1球で流れが変わる怖さを身にしみて感じている。

「アウトにするためにどうすればいいかを考えれば、何をすべきか出てくると思うんです。ゴロ捕りをする、基本をやる、足を使う……。じゃあ、足を使うためにはどうすればいいかと考えていくと、行き着くところがドリル形式になるんです」

森田監督自身、現役時代にできなかったことがたくさんあるという。特に社会人では、力不足を痛感し、やればやるほどわからなくなった経験もある。

「答えが見つからないというか、どうすればいいんだよとか、そういうことが非常に多くて。たぶん高校生も同じ悩みがあるだろう、その手助けができればと。答えを見つけるというより、こういったやり方もあるよとか、方法論を数多く植え込みたい。彼らが壁にぶち当たったときに『いつか先生はこんなこと言ってたな、やってみようかな』とヒントになればいい。たとえそれが高校時代でなくても、野球を続けるうえで、そういうことが出てきてくれればいいと思っています。僕の場合、なぜできないかと考えたとき、全部やろうとして頭の中で整理整頓ができていなかったんです。『こうやってやれ』とか『人のやるのを見とけ』ではなかなかつかめない部分がたくさんありました。今までできたことでも、意識すると人間は不思議とできなくなるんですね。そんなときに、ドリル式というか、一つひとつ分けてやったほうがわかりやすかった。一つひとつ区切って、理詰めでやったほうがいいなと。結局、わからないということは、できていなかったということ。そういう選手を作らないためにも、長く野球を続けられる基本、将来指導者として教えられる基本を、きちっと身につけさせたいと思っています」

ノックで失策をしたら、なぜしてしまったのかを考えることが大事。結果ではなく、原因を考えることが上達につながる。

「今は情報が多すぎるのか整理できていない子が多いような気がします。プロのプレーを見ていても、捕ったところしか見ていない。そのプレーにいくまでに、どういうスタートを切ったとか、どういうポジショニングをとっていたとか、どういう練習をしたのかとか、そこを考えてほしい。表のプレーではなくて、そのプレーを生むための奥深い考えができるようになってほしいですね。

今の子は単純なことを嫌うような気がします。だから1＋1ができない。守備でいえば、落としたけどアウトにするのが1＋1だと思います。日本では1＋1＝□と教えますが、外国では□＋□＝2と教えるところもある。要するに、答えが2になる例はいくつもあるんです。落としたとしても、アウトを取ればいい。落としたあとにどうアウトを取るかということですね」

弱者の戦いを見ていると、落としたうえに、さらに悪送球でダブルエラーというパターンをよく見かける。エラーした時点で焦り、頭が真っ白になってしまっているからだ。落ち着いて素手で拾って送球するだけではなく、オーバーランをしている走者を狙うなど、プレー前から状況を把握し、イメージができていれば、選択肢は1つではないはず。アウトにするための無数の方法を考えておくことが必要だ。もちろん、それが練習なら、足を使っていたか、捕球時の姿勢はどうだったか、捕球時のグラブを出すタイミングはどうだったか、ハンドリング、スローイングはどうだったかなど、いくつものチェックポイントがあるはず。結果だけではなく、過程、原因を探すことこそ上達への近道だ。

弱者が勝つために その21

ミスからの失点は返ってこない。取れるアウトは確実に取る。

ひとくちにエラーとはいっても、そのほとんど、7~8割は悪送球だ。高校生だけでなく、それは大学、社会人になっても同様。特に人工芝の球場になると、悪送球によるエラーが明らかに多くなる。だからこそ、キャッチボールは重要。スローイングのドリルが大事になってくる。

ここで注意したいのが受ける側の意識。スローイングのドリルとはいえ、受ける側も練習なのだ。

「投げるのも重要ですが、**受けるほうも足を使って胸で捕ることが大事です。『胸に投げる』ではなく、『胸で捕る』という意識づけをしなければいけない。**ドリルばかりやっていると、どうしても投げる練習と思ってしまいますから。お互いの意識のキャッチボール。受けるほうもしっかり呼んで、**ダメだったら足を動かして捕ったあとに必ずひとこと『胸に投げろ』と評価しないといけな**

い。**そういうプレーを流してはいけないんです。**どんなにちゃらんぽらんにやっても、キャッチボールは遠投までやれば、どのチームも1日50球は投げます。50球でも×365日なら何球になるのか。いきなり上手になるのは絶対にありえません。1日、1日、日々のキャッチボールをいかに考えてやれるか、実戦を想定してできるか。これが大事になってきます」

弱者が勝つためにその22

キャッチボールは捕る側の練習でもある。足を使って胸で受ける。

ある程度キャッチボールができてきたら、小さいダイヤモンドを使ってのボール回しがおすすめだ。「大事なことはあれに全部集約されていると思います。高校生だと長い距離は投げられませんから、小さいダイヤモンドで短い距離が最適でしょう」。捕球すると同時に右の股関節に乗るかどうか。グラブの芯で捕らないとしっかりと体重は乗らない。右足で捕って乗せて、左足で投げる。佐賀商では、右足で「イチ」、左足で「ニィ」と声を出すようにしている。バリエーションはさまざまだ。①普通に捕球して投げる②わざとエラーして拾って投げる③回転して投げる④捕球後に前転して投げる⑤捕球後に後転して投げる⑥ジャンプして降りて投げる……など実戦を想定して行う。ちなみに前転や後転してから投げるのは、目が回っていようが投げる相手をすぐに探して投げる練習、ジャンプして降りて投げるのはライナーを捕球後に飛び出した走者を刺すことを想定した練習だ。

「自分で挟殺を想定するなど、いろいろやっていいと思います。やったことに対しては何も言いません。逆に、アイディアを出したということで褒めるようにしています」

ドリルでもボール回しでもそうだが、弱者によく見受けられるのがミスをした瞬間にプレーが止まってしまうこと。それでは練習のための練習にすぎない。

「**あーあという感じで、失敗してやめる子がいるんですが、プレーを途中でやめないことが大事です。失敗しても、そこから立て直して最後まで続ける。**ノックでもボール回しでも悪送球したら、追いかけて、誰かが中継に入って続けてもいいと思います。実戦ではあることですからね。その中で、間に合うなら投げる、間に合わないなら投げないと分けてみる。それをわからせるためにストップウオッチでタイムを計って、今のは間に合うぞとか、エラーしてもこのタイミングならぎりぎりだとかをわかっていけばいい。とにかく最後のプレーまで続けることが大事だと思います」

ちなみに、タイムつきでノックをする場合は高校生の俊足選手を想定。中継リレーがきっちりつながったからOKではなく、それに間に合うタイムを目指す。タイムの目安は内野ゴロ3・9秒、二塁打7・8秒、三塁打11・8秒あたりだ。

弱者が勝つために その23

ミスをしてもプレーは中断しない。タイム設定は常に最も速い走者を想定して行う。

多くのチームで練習中にトス打撃をするのを見る。だが、その大部分はただこなしているだけ。高い意識で取り組んでいるチームは少ない。だが、トス打撃もしっかり目的を持ってやれば、短時間でノックを受けるよりもいい練習になる。バリエーションとしては①足を使ってリズムよくやる一般的なやり方②両足を固定して捕球し、スナップスロー（二遊間の併殺をイメージ）③すべて逆シングル捕球④後ろに下がって捕球し、捕りながら右足に乗せて投げる⑤一、二塁間のゴロを想定し、捕球したら回転して投げる⑥あえて距離を遠くしてやる⑦すべてダイビングして捕球→起き上がって投げる（右方向、左方向ともに）⑧投げる手を後ろに置いて、すべてシングルハンドで捕球⑨カエルのように股を割ってグラブを下に下ろして捕球⑩3人組で横の選手にバックトス⑪3人組で縦に並んで中継をイメージ……など試合でありそうなことを想定していろいろな動きをする。

ちなみに、打者もすべて①クローズドスタンス②オープンスタンス（両目で見る）③スクエアスタンス④ワンバウンド、ツーバウンドで返す⑤ライナーで返す⑥フライで返す⑦足を上げて打つ⑧バットを止めて打つ……などさまざまな打ち方で打つ。①〜③は目のトレーニングにもなる。

弱者が勝つために その24

常に試合を想定。そうすればバリエーションは無数に出てくる。

ここで紹介するドリルの他に、これらのことを意識して練習に取り組んでほしい。守備は誰でもやればやるほどうまくなる。意識すればするほど上達は早まる。失点を防ぐことこそ、勝利への第一歩。守備を強化して強者に挑もう。

※ドリル説明の（　）内はかけ声。かけ声をかけてリズムとして覚える。

十字立ち受けジャンプ

全方向、順周り、逆周りともに行う。捕球体勢→軸足を乗せて（イチ）（写真①）→送球方向にまっすぐ踏み出し→腕を振る（ヨーシ）（写真②）。投げ終わった体勢のまま3秒間キープ。

ポイント
①しっかり軸足の90度を作る→これがのちのちのドリルに出てくる。
②前の股関節に体重を乗せる。
③軸足の踏み替え→この切り返しができないと、悪送球につながる。

跳ね上げ片足受け
×5セット

投げる方向に踏み出し足(左足)を向けて捕球体勢(写真①)→上半身は割ってトップを作り、下半身も投げる手と同じ足を同様に割る(足をどこかに乗せて投げるイメージ)。捕球と一緒に送球体勢まで作る(イチ)(写真②)→腕を振り、骨盤を押し込む(サン)(写真③)。投げ終わった体勢のまま3秒間キープ。

ポイント ①上半身を割ったら、下半身も割る。上半身を絞ったら、下半身も絞る。下半身の絞りが上半身の絞りにつながることを意識する。
②腕はXをイメージ。肩が前に出てくるように。
③スローイング時にひざが折れないように。右足が左足より前に出ないように注意。

①

②

③

ノンステップスロー (0−1−3) ×5セット

かかとから4足半の位置に前足を合わせる。腕を振る位置に第3線を引く。
体の内側に割る(ゼロ)(写真①)→ズボンにしわを作る感じで寄せ、トップを作る(イチ)(写真②)→軸を保ちながら体重移動(ニィ)(写真③)→骨盤を押し込むイメージで回転、第3線上に腕を振る(サン)(写真④)。投げ終わった体勢のまま3秒間キープ。

ポイント ひざが割れないように。ひざが落ちたり、肩が落ちたりしないように注意。

ノンステップスロー
(1−3)
×5セット

ドリルCと同じ要領で、
捕球体勢から（写真①）→ズボンにしわを作る感じで寄せ、トップを作る（イチ）（写真②）→骨盤を押し込むイメージで回転、第3線上に腕を振る。スローイングでズボンのしわが移る感じ（サン）（写真③）。

ポイント 実際の動き、球を意識して行う。ドリルCのニィを飛ばしてイチからサンへ。実際のプレーはこうなるため。スローイングドリルA、B、Cの応用。

①

②

③

軸足捕球～立ちジャンプ 3歩×5方向、それぞれ3秒キープ

投げる方向の正面（0度）、45度、90度、逆45度、逆90度にラインを引く。
捕球姿勢から→投げる方向に軸足を90度に向ける（ゼロ）（写真①）→投げる方向に3歩ケンケンで進む（イチ、ニィ、サン）（写真②、③）→送球方向にまっすぐ足を踏み出し、腕を振る（ヨーシ）（写真④）。投げ終わった体勢のまま3秒間キープ。

ポイント 野手も投手と同じように立つ〝間〟がある。ちゃんと立つことを意識、理解する。ケンケンでしっかり軸足に体重を乗せる（乗らないといい球が行かない）。このとき突っ込まないように注意。後ろから前へを意識しながらスローイングし、投げ終わったあとは前足の股関節にしっかり体重を乗せる（乗らないとキープもできない）。

セット
（絞り・面立て・割り）
×5セット

捕球体勢時ぐらい足を開き、両手を挙げる（写真①）→両ひじを絞りながら、体重を落としつつ、胸の前にグラブを持ってきて捕球姿勢を作る（イチ）（写真②）→胸を地面と平行に近いかたちにし、グラブを立て、捕球体勢を作る（イチ）（写真③）→トップを作り、投げる体勢を作る（イチ）（写真④）→腕を振る（ヨーシ）（写真⑤）→左足一本で立つ（ヨーシ）（写真⑥）。

ポイント 野球の動きには割りと絞りが重要。割りと絞りのくり返しであることを理解する。ひじを絞ったまま、グラブは円運動で捕球体勢を作る。捕球後はまた割り、スローイングへ。割り（両手を挙げ）→小さく（胸の前にグラブを構え）→絞り（ゴロ捕球姿勢）のイメージ。

①

②

③

④

⑤

⑥

⑦

正面の移動(左右)×5セット

正面のゴロ捕球体勢(イチ)(写真①)→右方向にグラブと体重を持っていく(イチ)(写真②)→正面のゴロ捕球体勢(イチ)(写真③)→左方向にグラブと体重を持っていく(イチ)(写真④)→くり返し→ラストの5回目のみ右足に乗せて(ヨーシ)(写真⑥)→腕を振る(ヨーシ)(写真⑦)。投げ終わった体勢のまま3秒間キープ。

ポイント
◎自分の捕れる範囲を知るため、腕は目いっぱい伸ばす。
◎目線がぶれると失策につながるため、腰の高さが変わらないように我慢する。頭を上げず、股関節の移動で体の中心に軸を持っていく。

※写真よりもグラブを立てるイメージで。

交互の踏み込み ×5セット

フィールディングドリルBの応用
股を割ったゴロ捕球の体勢から→左足方向に股関節を2回押し込む（イチ、イチ）（写真①）→右足方向に股関節を2回押し込む（ニィ、ニィ）（写真②）→くり返し（写真③④⑤）→ラストの5回目のみ右足に乗せて（ヨーシ）（写真⑥）→腕を振る（ヨーシ）（写真⑦⑧）。投げ終わった体勢のまま3秒間キープ。

ポイント
◎グラブは面を見せる（立てる）。
◎腰の高さを変えないよう我慢し、頭をしっかりと上げる。
◎地面と胸は平行に近いかたちにし、足はかかとから入る。
◎かかとからつま先への体重移動を意識する（行きすぎないよう注意）。
◎沈み込むのではなく、ひざで受けて上げる。ひざが割れないように注意。

ケンケン〜ゴロ捕球〜45度送球×2セット

左足でケンケンしながらグラブを捕球方向に向ける（向けて〜）（写真①）→右足着地、左足踏み出しで捕球体勢を作る（右、左）（写真②③）→右足に乗せてトップを作って（右）（写真④）→進行方向左斜め45度の方向へ腕を振る。（写真⑤）投げ終わった体勢のまま3秒間キープ。

ポイント あくまでも球を待つのは左足で、捕球は右足。スムーズなスローイングに移るため、タイミングを合わせるために左足が重要。「右足で捕れ」というが、左足で準備ができていないと絶対によい捕球姿勢はとれず、スローイングにもつながらない。「来た、来た、来た」→「捕るぞ」というイメージ。捕球後は捕ったところに右足を持っていくが、その際に体が起き上がらないように注意。起き上がると、スローイングがぶれる原因になる。また、頭が突っ込まないようにも注意。右足への乗りが甘いと、突っ込むことになる。

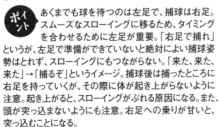

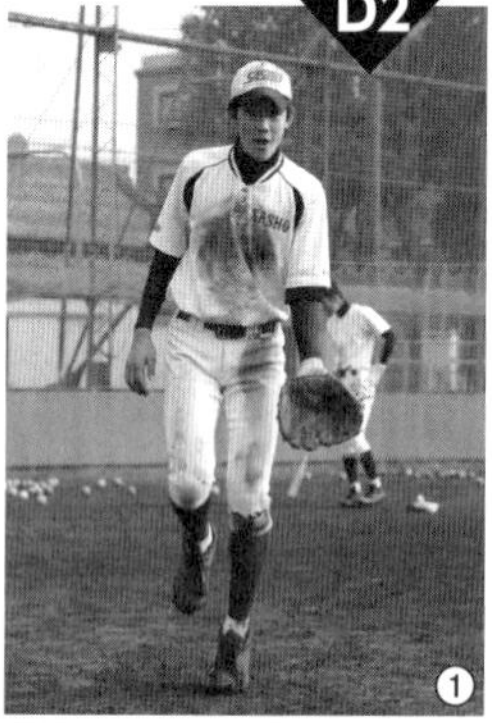

ケンケン～ゴロ捕球～フリー送球×2セット

フィールディングドリルD1の応用。最後の送球を左斜め45度ではなく、360度全方向へ（方向は自分で選択）。投げ終わった体勢のまま、3秒間キープ。

ポイント スローイングドリルAの十字での切り返し（P83）をイメージし、軸足を投げる方向に90度に向ける。

①
②
③
④

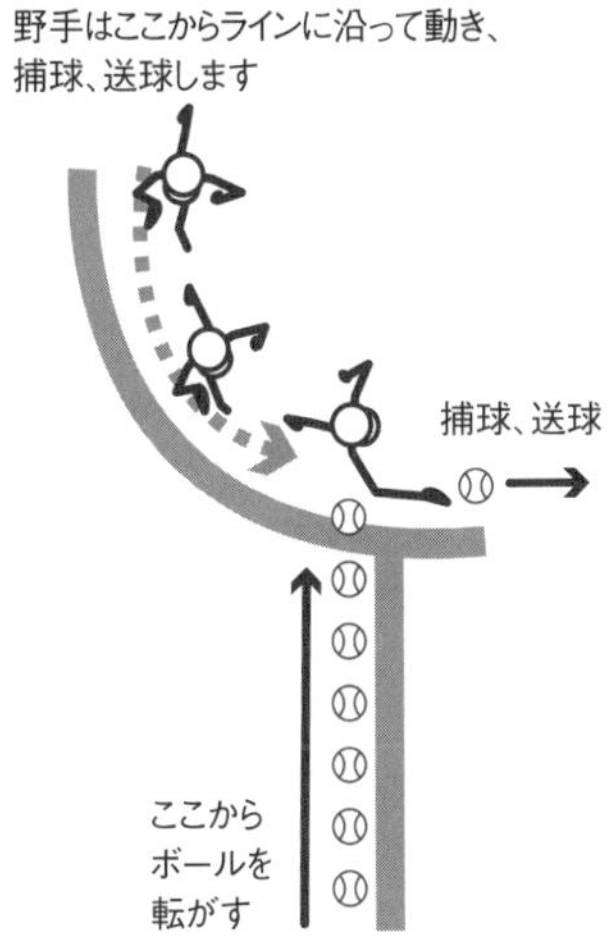
野手はここからラインに沿って動き、
捕球、送球します
捕球、送球
ここから
ボールを
転がす

トップ〜ハーキー〜スロー〜ゴロ捕球〜送球×くり返す

正面のイージーゴロをイメージ。
コーナーまでトップスピードで入り(写真①)→コーナーでハーキー(小また)に(写真②)→スロー(ゆっくりと)で打球に合わせて→捕球(写真③)→送球(写真④)。投げ終わった体勢のまま3秒間キープ。

ポイント 正面のゴロは一番難しい。正面の打球に対し、まっすぐに入るとボールとぶつかるため、いったん右に出る。打球が速いときは一歩でも、右側に一瞬重心をかけるだけでもよい。そういう動きを入れることが必要。

トップ～ハーキー～スロー～ゴロ捕球～割り×3セット～送球

フィールディングドリルE1の応用。捕球後、3回割り（写真④）の動作を入れる。捕球後→割り（イチ）→割り（ニィ）→割り（サン）→送球姿勢（トップ）を作ってスローイング（シィ）。投げ終わった体勢のまま3秒間キープ。

ポイント ◎割りを3回入れ、体重移動の確認をする。割る位置は低く。頭の位置を変えないように。

◎割る位置はなるべく下。下で粘って頭の位置をキープする。ショートの三遊間のゴロなど、遠投の場合でも低く（ワンバウンド、ツーバウンドでOK）。野手に高投はいらない（高投はカバーできないから）。

◎捕球姿勢を作ると、前に突っ込む場合が多い。スローイングのためには、乗せることが必要。割ることによって乗せるイメージをつかむ。

右側ゴロ
軸足乗せ

ポイント ◎ボールまで速く行くことが大事。左足でボールを捕りにいく。左足の着地と同時にボールを捕りにいき、グラブに入ったときに右足股関節に乗せる。左足で準備し、ボールを待つ。右足で待つと、体重が傾いてしまう。
◎右足に乗るときはひざが割れないように我慢して、伸び上がらないように注意。
◎送球時は肩が上がらないように、肩を抑えて、低投を意識する。

右側へのゴロ。

捕球→軸足に乗せてトップを作る(イーチ)。

スローイング(サン)。
投げ終わった体勢のまま3秒間キープ。

1日ひと箱、毎日やることが大事 はしごをラインで引く (ラダーでも可)

ポイント ◎細かいステップでまっすぐ入る(その目安となるように、はしごを描く)。
◎引いてボールを待ち、ボールを捕りにいかない。
◎捕球時に右足に体重が乗り、割れている状態を作る。
捕球時にボールから顔が遠くならないように注意。
◎捕球後はグラブを下げず、捕ったところで割る。ワンバウンドの送球の場合、下から投げてもよい(わざわざ体を起こして投げる必要はない)。素早く投げてアウトにしないと、意味がない。少しでも早く送球する。
◎足を使って胸で捕球する。捕球後、回転して投げるのは、足を使って捕りにいっていない証拠。
◎うまくできるようになってきたら、ネットまでの距離を伸ばす(二塁手でも40メートルを投げられるように)。最終的には正規の距離でタイムを計ってやるのがベスト。

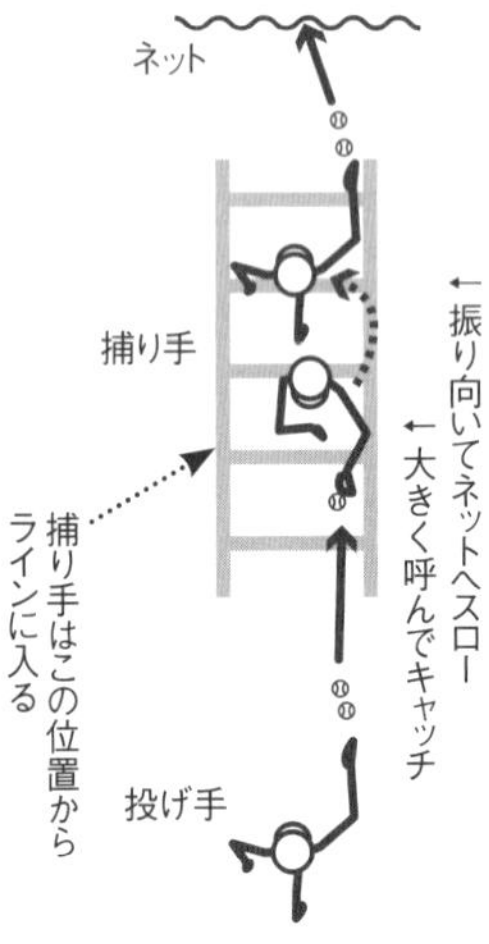

ライン上に入る→大きく呼ぶ。

小さく小またで送球方向へ引く。→捕球。

スローイング。

股を割り(つま先は逆ハの字)、地面と胸を平行にし、顔をしっかり上げて行う。

ポイント
◎人が乗り、股割りの姿勢ができるまでやる。
◎人が乗るだけではなく、その体勢でボールを投げるまでやることが大事。体が起き上がらないまま投げるイメージをつかむ。(写真②)

うつ伏せに寝て、頭の方向から来るゴロを捕球する。

ポイント 正面のゴロが一番怖い。恐怖心をなくすために行う(小中学生にもおすすめ)。恐怖心からだんだん斜めにボールを見るようになる。ボクシングも同じだが、斜めから見ることで距離感をつかむことができる。緩いゴロから慣れてきたら、だんだん強いゴロで行うとよい。
「最近は腰が高く、胸が上がる選手が多い。イレギュラーしたら、頭の上を通るぐらいでないといけない。顔に当たるのはだいたい下手な子です。この練習をして、ノックをすると、より遠くから来るので、バウンドの跳ね方がわかるようになります」(森田監督)

第3章
カバー

駒大苫小牧・香田誉士史元監督が解説
これが〝本気のカバーリング〟だ！

香田誉士史
こうだ・よしふみ
西部ガス監督。1971年4月11日、佐賀県生まれ。佐賀商高（佐賀）ー駒沢大。高校時代は、外野手として3度甲子園に出場。大学では2度、大学日本一を経験。大学卒業後の94年夏、コーチとして佐賀商高の全国制覇に貢献。駒沢大・太田誠監督（当時）の勧めで、95年より駒大苫小牧高（北海道）監督に。13年間の監督在任中、春2回、夏6回、甲子園出場を果たす。うち2004年、05年夏の甲子園を連覇し、06年夏は準優勝。出場8回の甲子園で、15勝6敗1分。退任後、鶴見大コーチ、西部ガスコーチを経て、17年11月より西部ガス監督。

発祥の地は、北海道だった。2009年の花巻東（岩手）、10年の八戸工大一、13年の弘前学院聖愛（ともに、青森）。主に東北地方に多い徹底したカバーリング（バックアップ）も、元をたどれば苫小牧に行きつく。香田誉士史監督（当時）が率い、04年から06年にかけ夏の甲子園で3年連続決勝に進出した駒大苫小牧。3年連続夏の甲子園で決勝に進んだのは、桑田真澄、清原和博のKKコンビを擁した1983〜85年のPL学園（大阪）以来だ。この間に在籍した選手のうち、プロ入りした選手の数はPLの7人に対し、駒苫は1人だけ（田中将大＝現ニューヨーク・ヤンキース）。駒大苫小牧は、飛び抜けた選手がいなくても勝てることを証明した。

では、なぜ勝てたのか。それは、スキがなかったから。全力疾走を怠らないばかりか、1つでも前の塁を奪おうとする積極的、かつ巧みな走塁。そしてカバーリング。打つこと、投げることばかりに目がいきがちの風潮の中、誰もができることにこそ徹底的にこだわった。レギュラーも控えも関係ない。誰が試合に出ても同じような動きができる。強いうえに、こういうことができているから駒大苫小牧は負けなかった。自分たちから崩れることがなかった。

その中でも、間違いなく日本一だったのがカバーリング。駒大苫小牧が成功しなければ、花巻東、八戸工大一、聖愛の躍進もなかったと言えるだけのホンモノは、野球不毛の地と言われた北海道から起こした一大ムーヴメントでもあった。自ら「マニア」と認めるほどカバーリングにこだわった香田誉士史元監督の考えには、弱者のためのヒントがたくさん詰まっている。57年ぶりの夏連覇を達成した名将の言葉から〝本気のカバーリング〟への想いを感じ取ってほしい。

カバーリングといえば駒大苫小牧。駒大苫小牧といえばカバーリング。カバーリングが代名詞になった駒大苫小牧も、香田体制初出場となる01年夏の甲子園では、それほど目立ったカバーリングはしていなかった。

「自分自身、高校のときはカバーリングの意識はなかった。意識させられたのは大学のときですね。でも、苫小牧を持ったときは、やっぱり〝北海道の野球〟みたいな感じで、結局打つことを意識したりしていました」

それが、初めて出場した甲子園で意識が変わる。多くの学校を見る中で、〝気づき〟があったからだ。

「公式練習や割り当て練習を見させてもらって、能力はすごく高いなというのはあったけど、『あれっ?』というのもあった。ガバーンと打つけど、てくてく走ってるし、カバーリングもやってるのかやってないのかどうか。**強豪ほどやってないというか、まったくやってないところもありました。ウチは北海道でまさに弱者。ウチが勝とうと思ったら、レベルを上げることも大事だけど、よそがやってないことが必要。そこで見えてきたのが、カバーリングとか走塁という部分だったんです。よそはやってないけど、ウチはすごく意識してやってるんだと。そういう部分で相手より優位に立ちたかった**」

打つことや投げることなどの技術的なこととは違い、カバーリングは〝すぐやれること〟。甲子園から帰ると、さっそく練習を始めた。

「初めは、『いいからやれ』という感じでやってました。選手たちには、『小学校から高校まで野球をやってきて、キャッチボールで暴投放ったことないか？　1回もないヤツいたら手を挙げてみろ』と。いないんですよ。『〝あっ〟っていうことあるだろ？　だからカバー行くんだよ。回り込むんだよ』って」

そうしているうちに、カバーリングに対する考えが固まってくる。

「**ボールを投げる行為があるということは、カバーはしなきゃいけないんじゃなくて、当たり前、つきもの。みんなそこに目がいってないけど、送球とカバーは100パーセントペアでないとおかしいだろうと。**そういう気持ちがあるから打線がつながると思うんです。バッティング練習と違うことをやったかといったら、やってないんですけどね」

送球をすれば、必ずカバーリングがある。選手たちには、常に100パーセントを求めた。

「**構えて入るのか、走りながら入るのか。100回その想いでできるのか。100回そのプレーが起きたら、100回同じプレーができなきゃダメ。50メートルを6秒5で走るなら、全部の球に対して6秒5のスピードでカバーに行かなきゃいけないんだと**」

そこまで求めるから、サボる選手に対しては容赦ない。カバーを怠った瞬間に即刻交代ということも珍しくなかった。

「『なんだ今の？　あんなのでいいの？』と。なんぼヒット打ってようが、ホームラン打ってようが、4番だろうが、余裕で交代させました。『そういうヤツは大事なところでどうせ4タコになったりするんだから。いらないよ』と。『チームに対しての気持ちがないんじゃない？　野球は個人競技じゃないんだから。お前みたいなヤツは個人競技やれ』とみんなの前でズバッとやりました」

一方で、懸命にカバーリングに走っている選手は最大限に評価した。練習試合では、あえて起こっているプレーを見ず、カバーリングに関するプレーだけをチェック。いいカバーをした選手には「それだ！」「ナイスカバー！」と声をかけるだけでなく、試合後のミーティングでも「あれは画面の外だけどファインプレーだよ」と評価して、やる意義を持たせた。

「**チームに対しての尽くす気持ちが出てこないといけない**。その気持ちがあるかないかなんだという話をして意識づけをしました。試合のときは褒めて、どんどんそこに対する意識を上げさせる。やっぱり、『こーしろ、あーしろ』だけではね。『あいつは（捕球）姿勢までやってたよ』とか、気持ちやプレーを評価することによる意識づけをしていきました」

送球＝カバーリング。カバーリング＝全力疾走。徹底した意識づけによって、駒大苫小牧ナインには自然とそういう意識が刷り込まれていった。ボールが動けば、全員が必ずどこかへ全力でカバーに走る。日本一のカバーリングの基礎はこうしてできあがった。

弱者が勝つために
その25

強豪や能力のある選手がバカにしてサボることにこそ力を入れる。その部分で相手を圧倒して、気持ち的に優位に立つ。

その26

全員がチームに対して尽くす気持ちを持つ。100回すべて全力でできるまで徹底する。

ノックでは、送球をわざとスルーしてカバーリングの練習をする。1日をカバーリングの練習だけに費やすことも珍しくなかった。

だが、いくら練習しても、一筋縄でいかないのがカバーリング。決まりきったケースや想定できる状況ならいいが、練習をくり返していくうちに、思いもしない、考えもつかないようなカバーリングが必要な場面にも出くわした。

もちろん、すぐに答えは出ない。その場合は、香田監督を含め、選手全員で話し合った。

「『オレもカバーに対して100パーセントはわからない。でも、日本一のカバーをするようにチームで考えようじゃないか』と。『**ここまで意識して、ここまで気を遣って、気配りしてるのかというのを、言葉で言うんじゃなくて、カバーリングで示す。**スタンドから見てたらすぐわかるから、そういうところをやろうじゃないか』と言いました。

ときには、選手たちに『悩むようなケースを考えてこい。難しいヤツ持ってこいよ』と言ったこともあります。それを一個一個みんなで考えて、『行けますね』『いや、難しいですね』というやりとりをして、みんなでやってみる。そうした結果、こういうふうにしよう、チームの決め事としてやろうとなったら、そこに対する意識は強くなりますよね。そうやって、どんどん『これはオレらのブランドだ』みたいな感じになっていったところはありますね」

チーム全体で話し合った結果、駒大苫小牧オリジナルとなるカバーリングがいくつも生まれた。例えば、走者一塁で送りバントのケース（P134）。打球が投手、捕手、サードの間に転がり、最終的に投手かサードが処理する場合、三塁ベースがあく。このとき、駒大苫小牧では捕手が前に出た流れでそのまま三塁ベースへ走るようにした。空いた本塁にはファーストが入る。レアなケースではあるが、起こり得るプレー。こういうところまで突き詰めて練習していた。

「そういう練習だけでもしておくんです。それに、**キャッチャーが防具つけてあそこまで走ると（見ている人は）『おっ』と思いますよね。特異性のあることをやっていると、『おっ』と思われることがある。**そういうことを考えるのが楽しくなるんです。

ある程度自分らに力がついてきているとなんとなくわかれば、そういうところで『おっ』と思われたい。『こいつら、北海道だけどやるじゃん』と。土のある時間が短いから、オーソドックスに投げて、打ってしかやってないみたいには思われたくない。**『いつそんな練習してるの？』『そこまでやってるの？』みたいなのがほしかったんです**」

それが、甲子園で勝つたびに取り上げられる。「苫小牧のカバーはすごい」「ぜひ、勉強したい」そんな声が全国から聞こえてくるようになる。これがチームにプラスになった。

「**弱い北海道のチームが、北国のチームがそこまでやってると言われるのが誇らしげでしたね。ブランドになり、選手たちもプライドを持って臨むようになりました。**そうなれば、キャッチャーもダダダーッと走っていく。幸坂（好修）なんかはそうやってくれた。あれもプライドを持ってやってくれたからでしょう。防具をつけてるヤツが軽快に走ると目につきますからね」

内野ゴロで一塁に送球が行くたびに猛ダッシュしていたのが07年の捕手・幸坂。一塁ベースを通りすぎ、勢い余ってスライディングして止まることも珍しくなかった。

「さすが駒大苫小牧。あれこそがホンモノのカバーリングだ」

その言葉が選手を後押しする。やらされている者は誰もいない。ボールも持っていないのに、ここが見せ場だという意識で全速力で走っていく姿は、感動的ですらあった。チームのために、自発的に行くカバーリングか、そうでない義務的なカバーリングか。走る姿を見れば一発でわかる。誰もがやることを究めて、ブランド化するまで徹底したことが、弱者だった駒大苫小牧を強者に変貌させた要因だった。

弱者が勝つために

その27

意識、気遣い、気配り……。チームとしての想いをカバーリングで表現する。

その28

いつそんな練習をしているのか、そこまでこだわってやっているのか。相手やスタンドを驚かせるぐらい徹底する。

その29

周囲の評価が自信になり、プライドになる。ブランド化されるまで徹底する。

投げる、打つが勝敗に直結するのが野球。どんなにカバーリングを徹底しても、試合に勝てるわけではない。だが、たとえ誰もができることでも、誰もができないぐらい究めれば、それは大きな武器になる。実際、駒大苫小牧がそうだった。まだ甲子園で勝利を挙げていなかった04年の夏。公式練習をスタンドで見ながら、選手たちはこんなことを言い合っていた。

「カバー全然やってねぇじゃん」

「全力疾走してねぇよ」

「ガタイはいいけど、てきとーだな」

弱小北海道の代表が何を生意気なと思うかもしれない。だが、選手たちにはそう思える根拠があった。根拠とは、自分たちがどこにも負けないぐらいカバーリングにこだわってやってきたという事実。そんな選手たちを見て、香田監督は頼もしく思っていた。

「**（強豪校でも）たいしたことねーじゃんみたいな雰囲気になっていける。そこって大事だと思うんです。**あのときのヤツらは、調子こいて言ってるんじゃなくて、自信満々の表情で言ってる。あやって出る言葉が、みんなの総意だったんです。オレたちはどこに対してもひけをとらないみたいな意識になったのは間違いない。それって、やっぱり気持ちのうえで優位に立っていく一つの材料だと思います」

初優勝を果たしたこの大会で駒大苫小牧が破ったのは佐世保実（長崎）、日大三（西東京）、横浜（神奈川）、東海大甲府（山梨）、済美（愛媛）。日大三、横浜、済美と3校の優勝経験校を破ったのは、決して勢いだけではない。カバーリングをはじめ、全力疾走など、凡事徹底から生まれた自信が選手たちを支えていた。

弱者が勝つためにその30

とことんやり込み自信を持てば、相手の弱さに気づく。

ボールの動きとともに、動く位置も変わるのがカバーリング。単純なようで簡単な作業ではない。だからこそ、〝ここまでやるか〟というKY精神が必要。香田元監督にカバーリングを徹底する際の注意点を挙げてもらった。

カバーリングに入る際の理想は走りながらではなく、捕球姿勢まで取ること。なおかつ、送球に対して、カバーに入る野手が2枚いること。例えば、走者なしでのサードゴロならセカンドとライト（角度的に厳しいが捕手も）。走者なしでのセカンドゴロなら投手と捕手の2人がカバーに入るといった感じだ。

そのときに気をつけなければいけないのが、カバーに入った2人の位置関係。悪送球には、捕球するはずの野手がスルーすることもあれば、グラブに当たって角度が変わる場合もある。

例えば、ライトから三塁に返球される際、カバーに入るのは投手とレフト。だが、2人が同じような場所にいたのでは、せっかく2枚入っている意味がない。

「コロコロと転がるケースもあれば、スパーンと抜けていくケースもある。角度が変わることもあ

れば何でもある。それに全部対応できるようにやります。だから、どっちが前で、どっちが後ろでという位置関係も含めて何回もやることが必要。もちろん、送球の距離が遠ければピュッと来るから（ボールとの）距離をあけて（フェンス際に行き）ベンチに入らないようにする。逆に、セカンドやショートの二塁送球とか、ファーストからピッチャーへのトスなどは（距離を）詰めてこないといけないでしょう」

もう一つ大事なのは、遅れてでも行かなければいけないカバーがあると理解させること。

「**（グラブ、走者などに当たり）カバーの行き先が変わるケースもあります。その他にも、一塁への悪送球でフェンスに跳ね返ったボールを捕ることで、オーバーランはしたけど二塁には行かせないというカバーも出てくる。だから遅れてでも行かなきゃいけない**」

ボールが転がっている間は、走者はいくらでも走ることができる。だが、ボールに追いつきさえすれば、走者は走ることが難しくなる。だから、遅れてでもカバーに走らなければいけないのだ。駒大苫小牧では、投手ゴロで併殺を狙う場合にも、投手は二塁に送球したあと、一目散に一塁ベースの後ろへカバーに走らせていた。

弱者が勝つために その31

送球の強弱、角度の変化にもすべて対応する。2枚カバーの位置関係まで必ず確認する。遅れてでも必ずカバーに行く。

送球が速いほど、カバーリングに入る野手もスピードが求められる。走る距離が長い外野手は間に合わないケースもあるため、まずは状況別に誰がどう動くかをチームで決めること、マニュアルを作ることが必要だ（詳しいカバーリングの動きはP119～134の別図を参照）。だが、想定外のことが起きるのが野球。決まっている動きをして満足するのではなく、その場その場での対応も求められる。

「（カバーの基本の動きとなるマニュアルを）決めていながら、臨機応変さが大事かなと思います。『あっ』というときに、誰かがスッと行くようなね。**やっぱり予想だにしないプレーが起きるので、（スペースが）あいたときに、誰かが行くという感性も身につけさせたほうがいい。**苫小牧では、こういうケースはこういうカバーだと、ほとんどのことをつぶしていきました。それでも、満塁とかになればボールが行く場所が多くなるので、そのケースはどうするんだというのは、何回もやって、話し合って、一個一個（各選手の動きを）決めてつぶしていきました」

内野手の動きはある程度決まっているが、対応力を求められるのが外野手と投手だ。

「外野は予測して動かなければいけない部分が出てくるかなと思います。先を考えて、こう行って、その後にランナーがここにいるからあそこに投げるかもしれないと予測して先に動いておく。例えばショートゴロのときのレフトにしても（P124）、まずはショートのカバーに行くけど、ショートが捕った時点でそのカバーは終わるわけだから、次にこうなったらこうなると先取りして動く（この場合は二塁ベース後ろのカバー）。全員がそこまで、先、先を読む。

ランナー一塁でライト線を抜かれた場合はピッチャーの感性になってきます。４つ（本塁）と思ってカバーに行ったけど、４つをあきらめて３つ（三塁）を狙うこともある。鈍感なヤツは間に合わないで全然違うところにいることもあります。キャッチャーも指示を出すし、その時点で**早めに感じて、早めに動いていく。そこでマニュアルだけじゃダメということが出てくるんです。決め事はそうでも、流れがある。**クロスプレーになるからボールが来るのであって、クロスプレーにならなければ（守備側は）次を狙っていくでしょと。そういうのをいっぱいやって、感性を磨いていくんです」

弱者が勝つために その32

マニュアルを作って基本的なカバーリングの動きを確認し、かつ臨機応変に対応できる感性も磨く。

そしてもう一つ、カバーリングの話になると必ず問題になることがある。それは、スタミナ。特に投手がカバーに走ることを嫌がる指導者は多い。横浜高などは、外野から三塁への返球の際など、本来なら投手がカバーに行く動きを捕手に任せ、投手はゆっくりと本塁に入る方法を採用している。もちろん、スタミナの消耗を防ぐためだ。

だが、香田監督の考えは違う。全員が常に全力でカバーに走るのが理想だ。

「**ヘバるなら、それを見越した体作りをすればいい。練習の中でカバーに走るのは、それも体力作りと思ってる部分があったからです。『公式戦では１００球来たら１００回カバーをやるんだから、**

100回できないんだったら、君はそのポジションは無理』という考え方でしたね。それが野球なんだから、100回できなきゃいけない。それも準備でしょう。ただ単に走るだけの体力じゃなくて、やっぱり100本カバーに走れる体力作りが必要だと思います。

それに加えて、**高校野球では攻守交替の全力疾走だって求められるわけですから、それも含めて、軽快にできなきゃいけない。カバーに行って、ハァハァしてるようなのは見栄えがよくない。**『ウチが求めているものではない』と言ってやっていました」

こういう考えだから、投手にもカバーに走れるだけの体力を求めた。

「**ピッチャーだって、カバーに行って、息が乱れて、次のボールがどうのこうのなんていうレベルじゃ話にならないんだと。**ピッチャーだから疲れるのは……というけど、それは違うと思う。それも準備だと思います」

その言葉通り、香田監督はブルペンでこんな練習をさせた。カバーに行くことを想定して、投球練習を途中で中断。ダッシュして戻ってきて、再び投球練習をするのだ。息が上がっている状態で、いかに投げられるか。たとえ困難に思えることでも、準備次第で対応できる。

準備で補えるという考えの他に、香田監督には投手を特別扱いしない理由もちゃんとある。それは、投手がカバーに走る姿を野手に見せるためだ。

「**『あいつ、あんだけ投げてカバーもやってるよ』と思えば、そういうピッチャーの気持ちに対して野手もカバーしてやろうという思いが出てくると思うんです。**『お前のフォアボールは何とかこっちが助けてやるぞ』というね。『打って、打線でカバーしてやるぞ』というのもそう。そういうつながりは出てくると思います」

体力的に投手が一番つらいのは誰もがわかっている。だからこそ、サボらせず、頑張らせる。それが他の選手たちの気持ちに火をつける材料になる。あくまで野球はチームスポーツ。誰かのミスをミスにしないように、被害を最小限に抑えるのがカバーリングの意義。その精神は仲間と仲間を気持ちでつなげる道具にもなる。カバーをサボらない投手をカバーする。かたちは違えど、これも立派なカバーリングなのだ。

弱者が勝つために

その33

カバーリングの徹底にはスタミナが必要。練習中のカバー一つから体力強化を意識する。

その34

投手にも特別扱いは不要。投手の頑張る姿が野手の思いを生み、チームのつながりを生む。

走者が強引に突っ込むこともあれば、トリッキーな走塁をすることもある。野手もあわててとんでもないところに送球したり、手が滑ってわけのわからない送球になる場合もある。とにかく〝これでいい〟というものがないのがカバーリングだ。だからこそ、〝ここまでやるか〟というＫＹ精神が求められる。

「**指導者もマニアにならないとダメでしょうね。それに、選手とのやりとりを大事にできないと成り立ってきません。**（練習中は）自分も内野のあたりにいて、一緒になって『このへんじゃないか？　あのへんじゃないか？　キャッチャーどうだ？　外野はどうだ？』と話し合っての結晶ですから。それだって、個人差もあるから、『あいつはこのへんだと言ってるけど、お前はどうだ？』というくり返し。それを何回も徹底してできるかでしょうね」

もちろん、話し合っていく中で常識的とされているカバーリングの動きとは異なる動きも出てくる。新たに必要な動きも出てくる。そこは「これはウチの決め事だ。（大学など）次に行くところではわからないよ」と断ったうえで徹底させていた。そういう徹底事項を増やしていくことで、チーム力を上げていった。

「**一個一個教えていくしかないでしょう。**少年野球からやってきたセカンドとなれば、『ここはオレが動くところはない』と体に染みついてる。脳が決めつけてるから。一個一個、違うよ、ここはこう動くんだよと。**ずーっと同じポジションをやってれば、小さいころからのマンネリが大きいと思う。ある意味常識を決めつけちゃってるんです。**逆に高校からセカンドになったヤツのほうが、新鮮で余計にいろんなことをやるかもしれない。そもそも定位置はここだというけど、定位置なんてないんですから」

固定観念に縛られた動きしかしない選手、マニュアル通りの動きしかしない選手……。それでは実戦で使えない。先の先を読み、今起こっているプレーの次のプレーまで予測して動けるかどうか。それがスキのないカバーリングにつながる。カバーリングには、先を読み、かつ臨機応変に対応する能力が必要。それができる選手が増えれば、間違いなく洗練されたチームになる。

弱者が勝つために その35

指導者がマニアになることが必要。わからないことは選手と一緒になって考える。

その36

カバーリングを徹底するほど想定外の動きや新しい動きが必要になる。固定観念、常識を捨てさせ、チーム内の常識を作る。

最後に、香田元監督の考えるカバーリングとは――。

「**野球ってこんなに難しいんだ、こんなに深いんだと気づかされるものですね。**苫小牧ではかなり詰めてやりましたけど、まだ知らないことも、わからないこともいっぱいある。これから先もまた、えっと思うようなことが絶対起きる。だから、それを求めていくんだということです。

それと、**(カバーリングを)みんなで創作というか、作り上げていくような活動がすごくよかった。**自分もわからないのが前提だから、偉そうにしてても詰まるだけ。みんなで考えるという感じ、(練習を)やってるときの会話してる感じがすごくよかった。**コミュニケーションをとることで和がで**

きたり、『ちょっと待って。明日までにいろんな人に聞いてみるわ』ということがあったりして、『監督もこういうところはわからないんだ』と（**選手と**）**近づけた部分もあります。**打ち方がどうとかより、難しいことがいっぱいありますからね。**打線のつながりも、こういう活動をチームで徹底してやったことによって生まれたものだと思っています。**

百発百中ならカバーはいらない。プロがおろそかにしてるのは、ある意味そういうことかもしれない。だからこそ、**弱者ほど重要。打球が行ったら、止まってるヤツは1人もいないという状態にしないと。やっぱり、ある程度のマニュアルを決めて、そこから臨機応変な部分を鍛えていけばいいと思います。細かい部分まで徹底することによって、『こういうことまでやってるの？』と思わせれば、相手も絶対嫌だと思う。自分が敵だったら嫌ですからね。だから、花巻東を見たときに、『なんかいろんなことやってるな。このチーム、嫌だな』と。**北海道の中では申し訳ないけど、嫌だなと思うチームはあまりなかった。ポコーンと打つけど、『こういうときにここに行ってないんだ。ウチのほうが上だな』と思えるようになりましたから。

弱者が勝とうと思ったら、カバーリングはやるのが当たり前。やらない意味がわからない。やり方はチームによって考えればいいと思います。でも、やっぱり『そんなこともやってないの？』と思われるような部分があってはダメ。**どうせやるなら、〝ここまでやってるのか〟と思わせるぐらいやらなきゃいけないと思いますね**」

弱者にはエラーはつきもの。それなのに、カバーリングをやらないのは勝つ気がないとしか思えない。カバーをやることで、3失点が1失点になるかもしれないのだから。しかも、カバーリングに技術や能力は関係ない。誰でもできる。

カバーリングについて、セントルイス・カーディナルスとフィラデルフィア・フィリーズでワールドシリーズ制覇を2度経験した外野手・田口壮（現オリックス二軍監督）もこんなことを言っている（著書『脇役力』より）。

「ぼくが一番重要だと考えるプレー、それが逸れてしまった送球を想定して、ベースの後方にまわりこんでおくなどの『バックアップ』です。**おそらく100回バックアップに走っても1回も意味はなく、何百回に1回しか報われない仕事。最近では、バックアップに走らない若い選手が増えていますが、『何百回に1回』でも報われるならば、つねに走っていなければならないはずなのです。**

正直に告白すると、プロになってから2回ほど、バックアップに行かなかったがゆえにチームに迷惑をかけたことがあります。たとえば、僕がライトを任されていた場合、サードゴロとショートゴロは一塁に送球されるわけですから、必ずバックアップに走らなければならないわけです。かなりの運動量です。ところが、**『今日はしんどいなぁ』などと、バックアップをサボったときにかぎって、内野手の送球が逸れたりするもの。**二度のミスは、そういった自分勝手な気持ちからチームに迷惑をかけてしまった苦い経験です。だからこそ、何百回に1回のために走り、それが報われたときには、なんともいえない仕事をした充実感があるのです」

さらに、田口はこうもつけ加えている。

「かつての苦い経験がもとで、**『バックアップに走ることで試合で動けるキレをつくる』と考えるようになってきました。何事も気の持ちようです。自分のためにもなってチームのためにもなるのであれば、バックアップに走らないことの意味がわからない。**ぼくはそんなふうに考えています」

メジャーリーガーでさえこう考えているのだ。なのに、なぜもっとミスの多い高校生がやらないのか。仲間のミスを救えるうえ、野球を読む力も養える。チームの和、打線のつながりも生まれる。相手に嫌な印象を与えることができる……。メリットは数知れない。

カバーリングは、カバーリングではない。勝つための武器、勝つための手段なのだ。カバーリングを究めて、弱者らしからぬ雰囲気を作り出そう。

弱者が勝つために その37

弱者が勝つにはカバーリングをやるのが当たり前。どうせやるなら、〝ここまでやるか〟というレベルまでこだわる。

その38

サボったときに限ってエラーが出るのがカバーリング。何百回に1回のために常に全力で走る。

その39

チームのためになり、自分のためにもなるのがカバーリング。やって損することは一つもない。

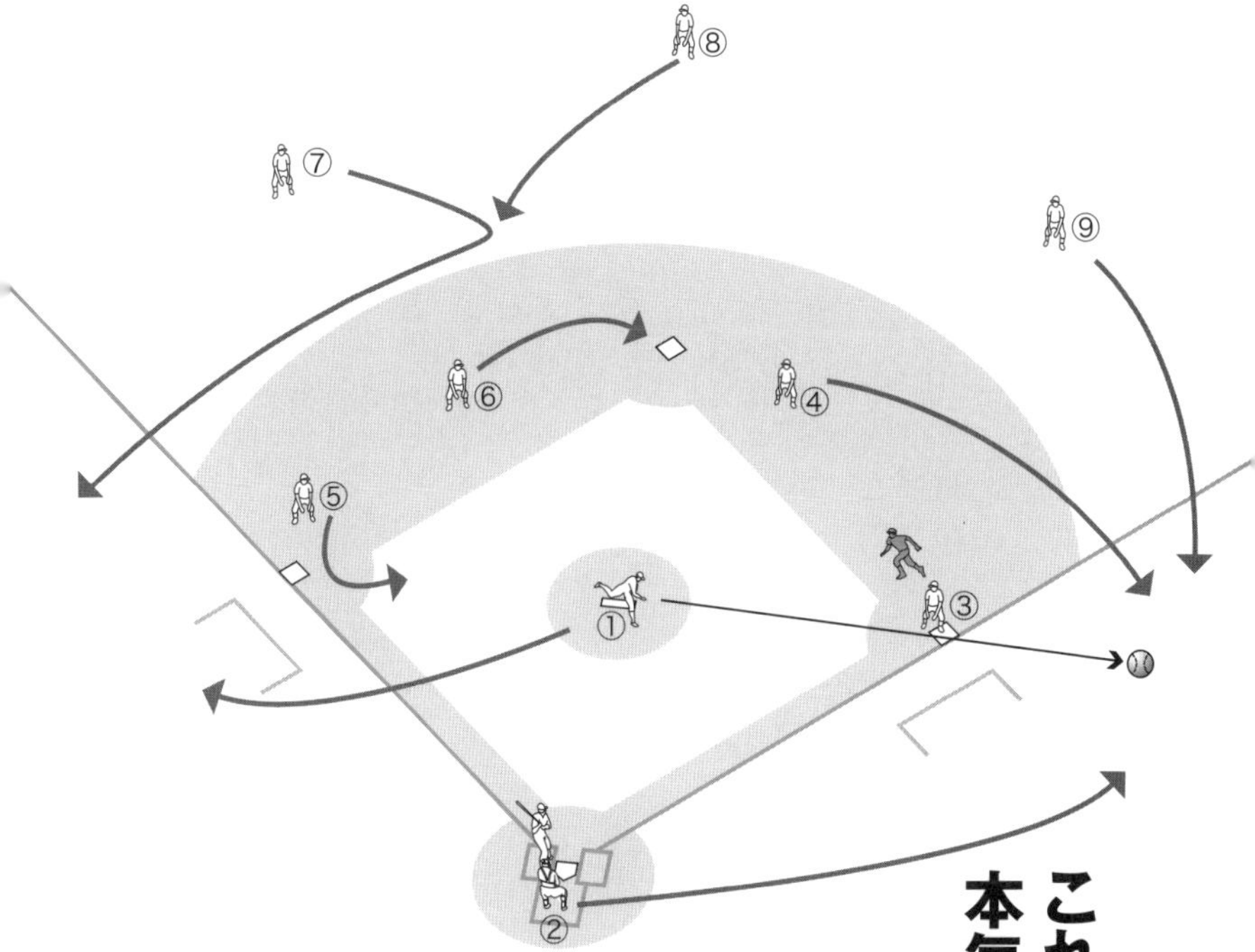

これが駒大苫小牧本気のカバーリングだ!

一塁牽制《けんせい》

投手の一塁牽制が悪送球になった場合、ボールを捕った⑨が三塁に送球する可能性がある。⑦は二塁のカバーに入りながら、三塁カバーにも対応できるように逆L字の動きをする(※外野はL字、逆L字の動きが多いので注意)。①は三塁送球に備え、三塁のカバーに動く。⑤は悪送球しない場合の③→①の返球のカバー。

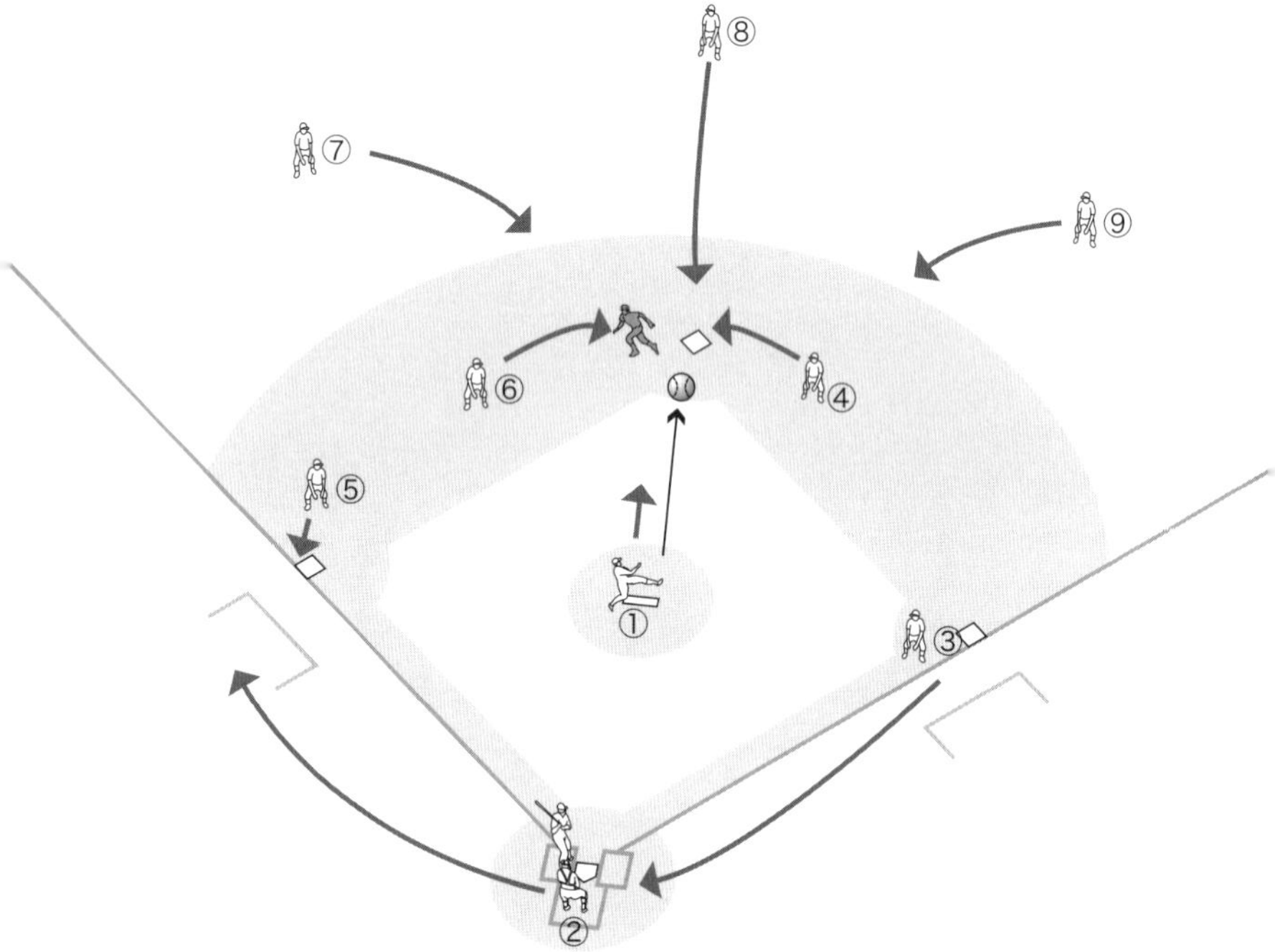

二塁牽制

（一塁走者の二塁盗塁時も同じ）

⑦は①からの牽制球を④または⑥が捕るまでは⑧（二塁後ろ）のカバーへ。⑧から三塁への送球は、角度的にベンチのほうへ行ってしまうので、⑦は間に合わないため②が三塁カバーへ動く。あいた本塁には③がカバーに入る。①は⑧→④⑥のこぼれ球に備える。クロスプレーでのケガを避けるため、本塁カバーは③に任せる。

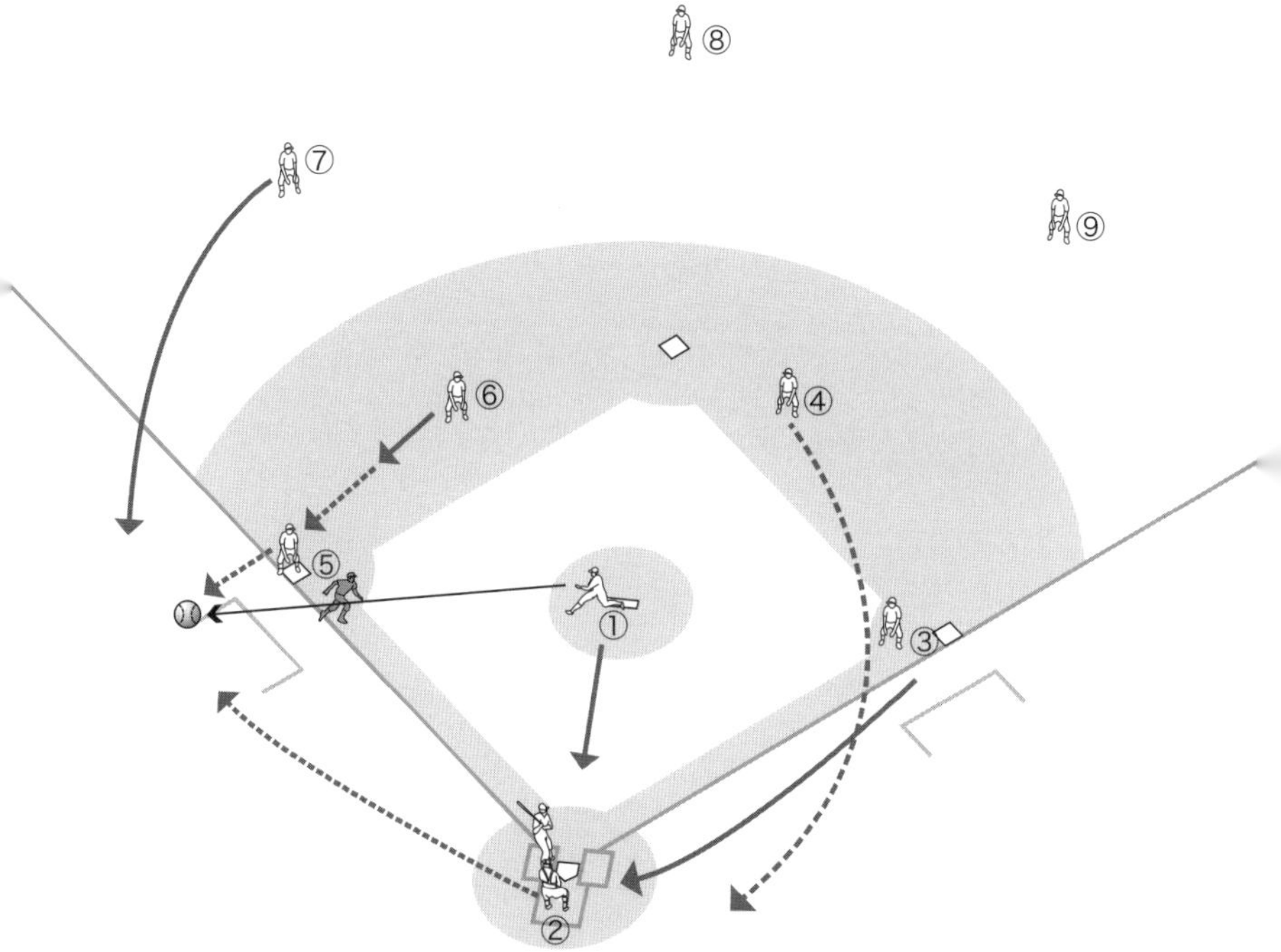

三塁牽制

①からの悪送球を⑤が捕りにいく場合は⑥が三塁ベースに入る。①からの悪送球を②が捕りにいく場合は①または③が本塁カバーへ。④は本塁への悪送球に備えてカバー。

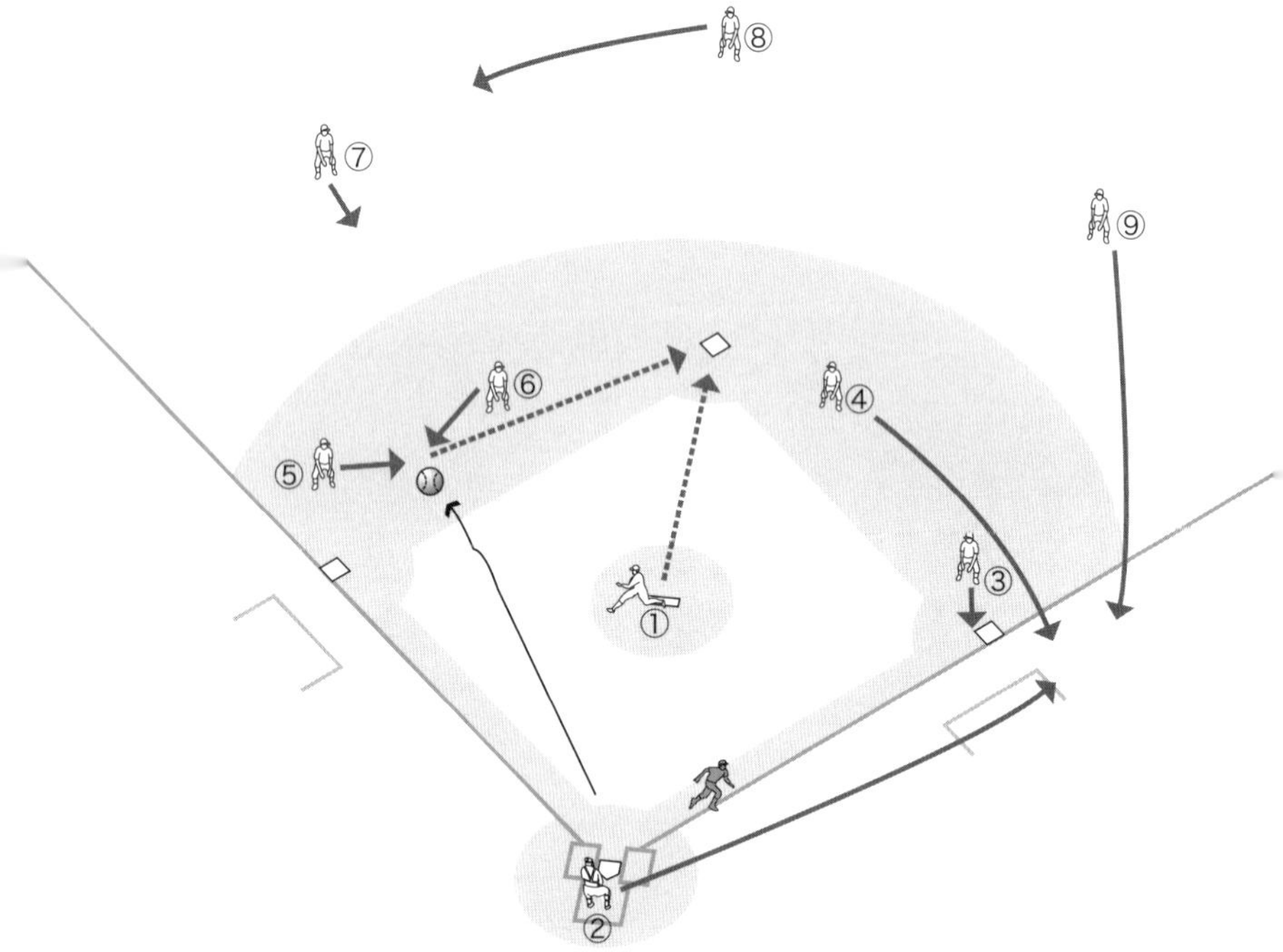

走者なし三遊間ゴロ

打球を⑥が捕りにいく場合、⑤は反応した流れで二塁ベースへ入る。⑥が二塁ベースへ戻ったら、入れ替わればいい。
②は⑤⑥または安打になった場合の⑦からの送球に備え、一塁ベースを通過するぐらい深い位置へ猛ダッシュし、③のカバーに。
①は⑤⑥がいずれもダイビングするなど遅れる場合、二塁ベースへ入る。

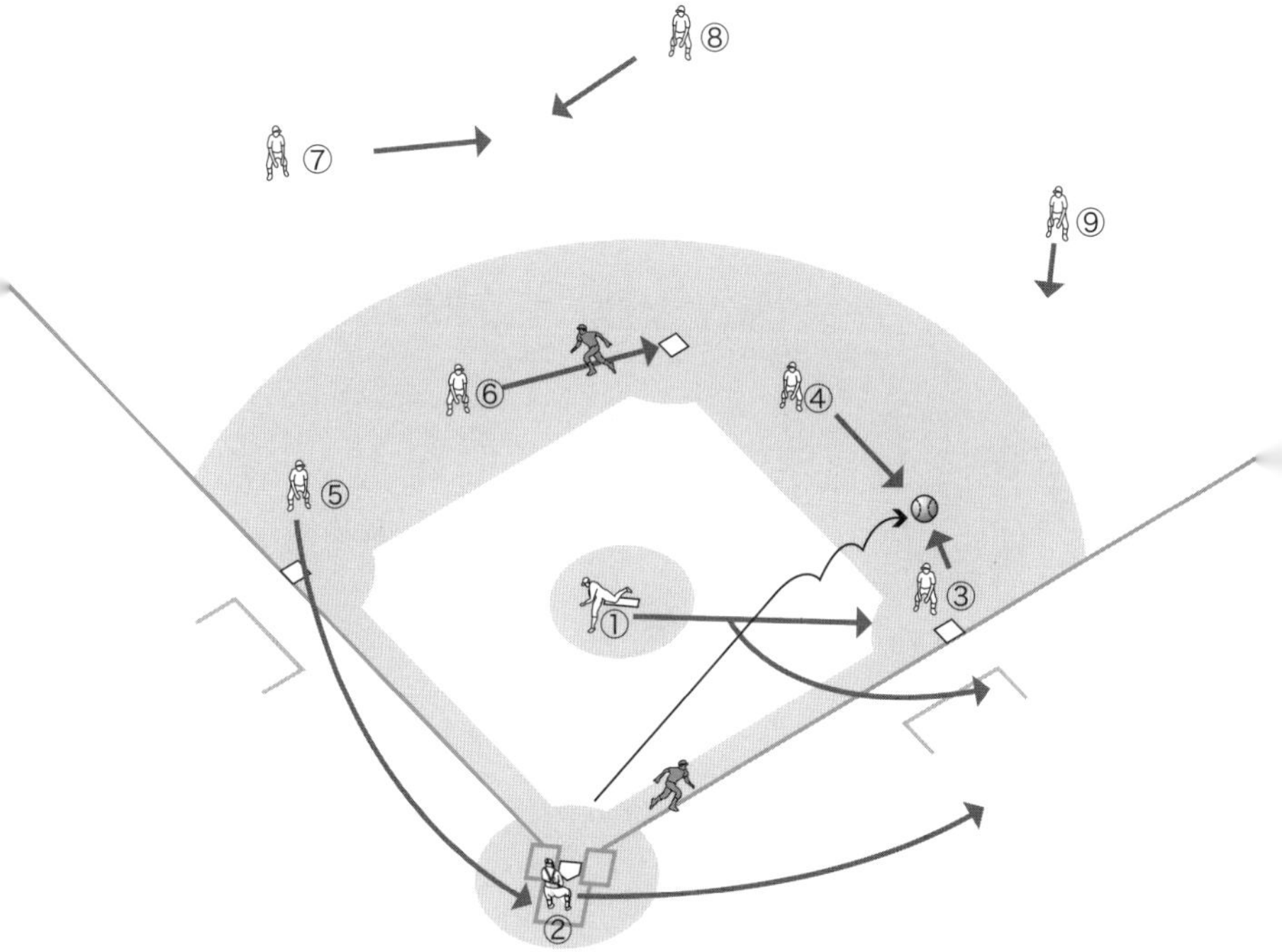

2死二塁(or一、二塁)セカンドゴロ

③がダイビングで出てしまう場合、①は一塁ベースカバーへ動き、④からの送球を受ける(③がダイビングせず戻れる場合、①は一塁ベース後ろのカバーへ)。一、二塁間寄りで①が角度的に難しい場合は②が一塁ベース後ろのカバーへ。⑤は本塁ベースカバーへ。※プロでは②がやや一塁寄りにいて一塁後ろ、本塁ベースカバーどちらも行けるように対応する。だが、これを香田監督が試したところ、角度的に間に合わないことがわかった。④が悪送球した時点で二塁走者の三塁進塁は確定する。この走者にどれだけオーバーランされても本塁を踏まさなければいいので、三塁ベースをあけてでも⑤が本塁ベースカバーへ。②が押さえれば、走者は本塁には来られない。

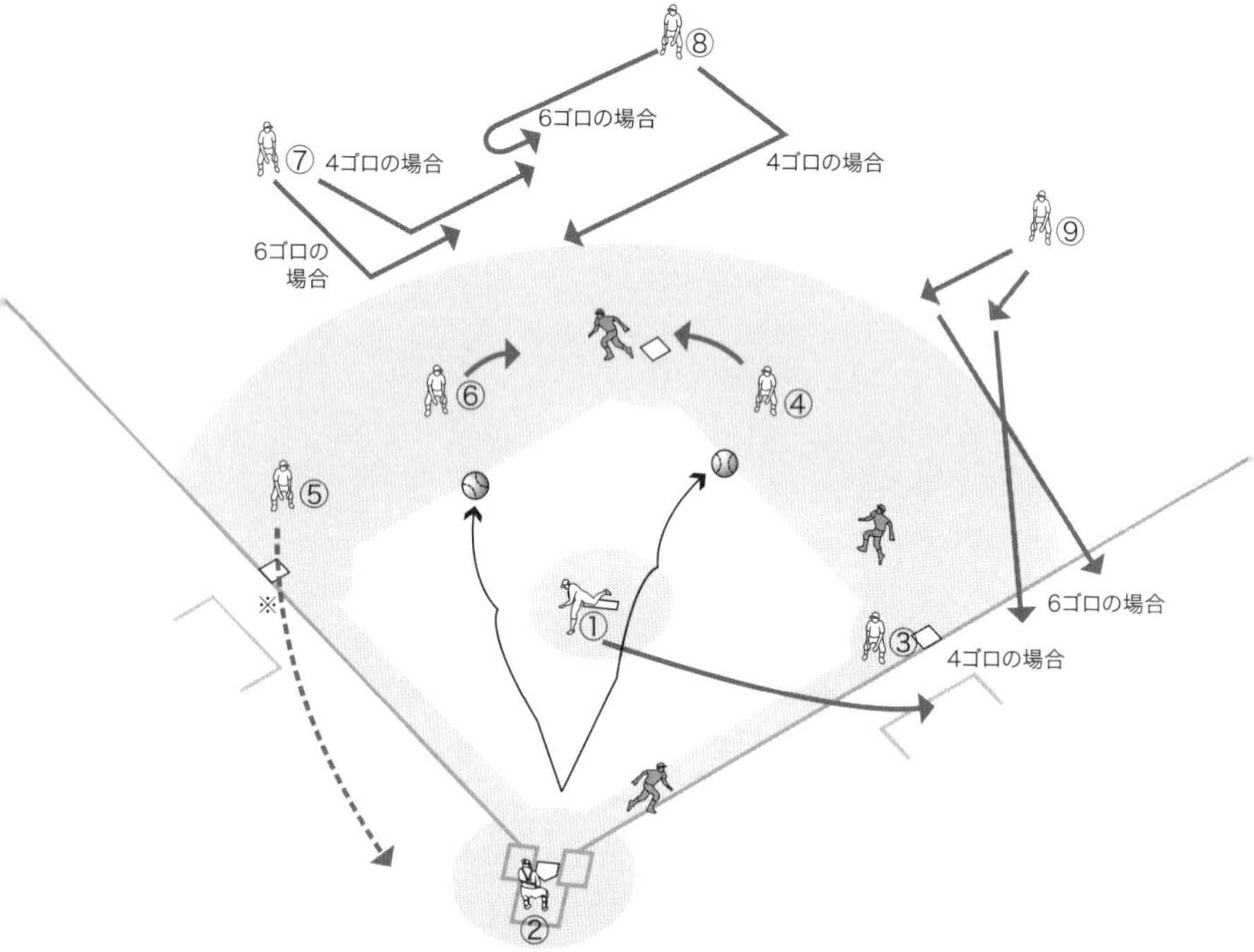

無死(or1死)一、二塁内野ゴロ併殺

⑨はセカンドゴロの場合、④のカバー→一塁後ろへ（L字の動き）。
ショートゴロの場合、⑥の二塁送球カバー→一塁後ろへ（L字の動き）。
⑦はセカンドゴロの場合、④の二塁送球カバー→二塁後ろへ（L字の動き）。
ショートゴロの場合、⑥のカバー→二塁後ろへ（L字の動き）。
⑧はセカンドゴロの場合、④のカバー→二塁後ろへ（逆L字の動き）
ショートゴロの場合、⑥のカバー→二塁後ろへ。
①はピッチャーゴロの場合、捕って投げてそのまま見ていることがほとんど。そうではなく、捕って投げたら、一塁後ろへダッシュするように意識づけする。このケースは④または⑥が送球をふかすことがある。その場合、③がまったく触らずフェンスに当たることも。跳ね返ったところに①がスッと入れば、走者に次の進塁を許さないですむ。①は遅れてもいいから必ず行く。疲れようが何しようが①しかいない。①の絶対の仕事。
※悪送球をカバーした①がさらに②へ悪送球した場合
⑤が三塁ベースから離れて捕りにいく。走者が三塁へ進むのは確定だから、そこにこだわらず本塁に行かせないと割りきる。ランダウンプレーになった場合はあとから入る。

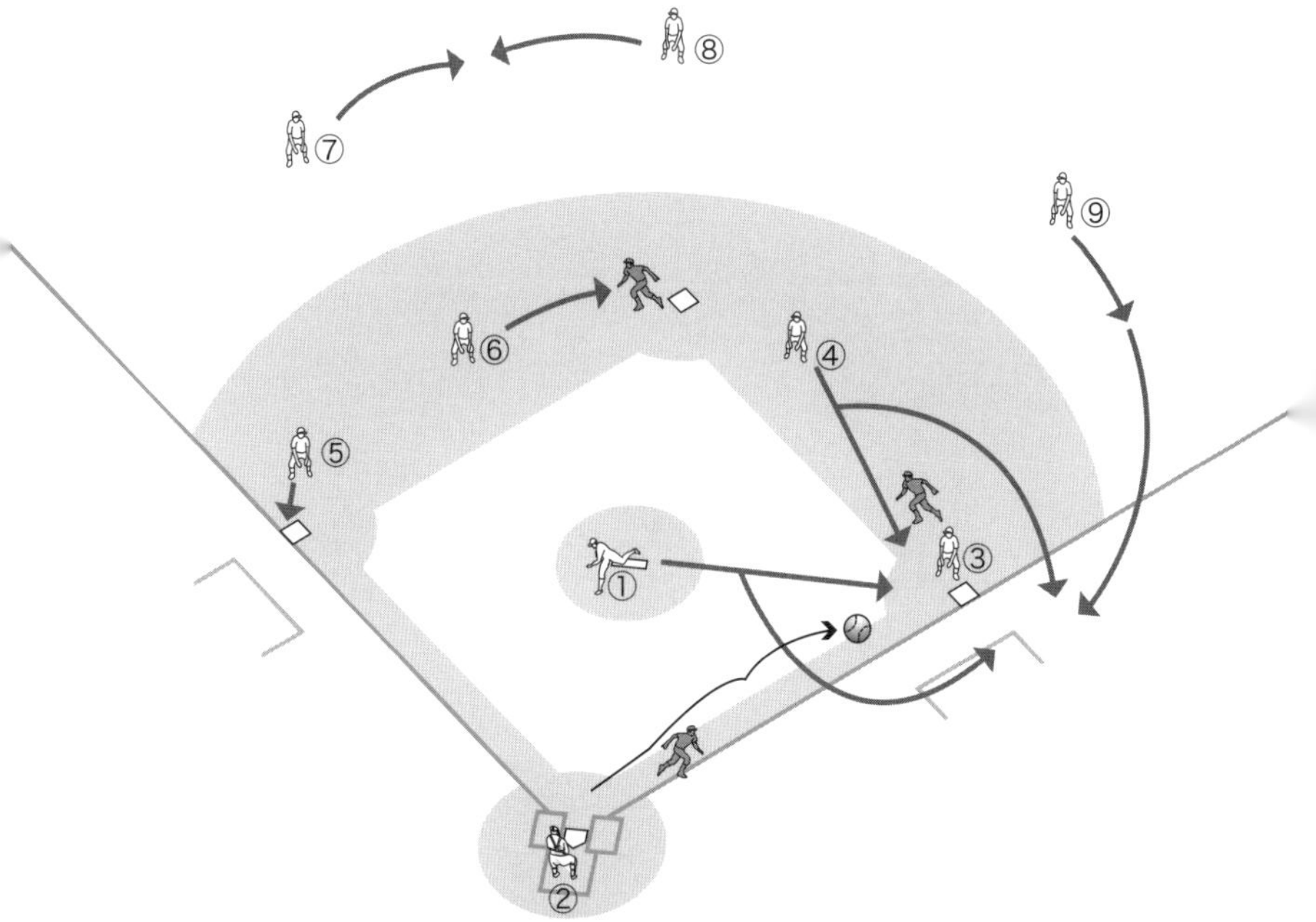

走者一、二塁ファーストゴロ

基本は③→⑥→①を狙う
①が「あっ」と何歩か遅れる場合がある(熱くなっていればなっているほど、その可能性が高い)。その場合は打者が打った瞬間から一塁方向に動いている④が一塁ベースカバーへ。①が入るか③が戻れるケースでは、④は一塁後ろへ回り込む。
③は投げっぱなしではなく、投げたら遅れてでも一塁ベースに戻るクセをつける。
声の連係が重要。ノックのときはよくても、試合になると「あっ」ということが絶対にあるため。

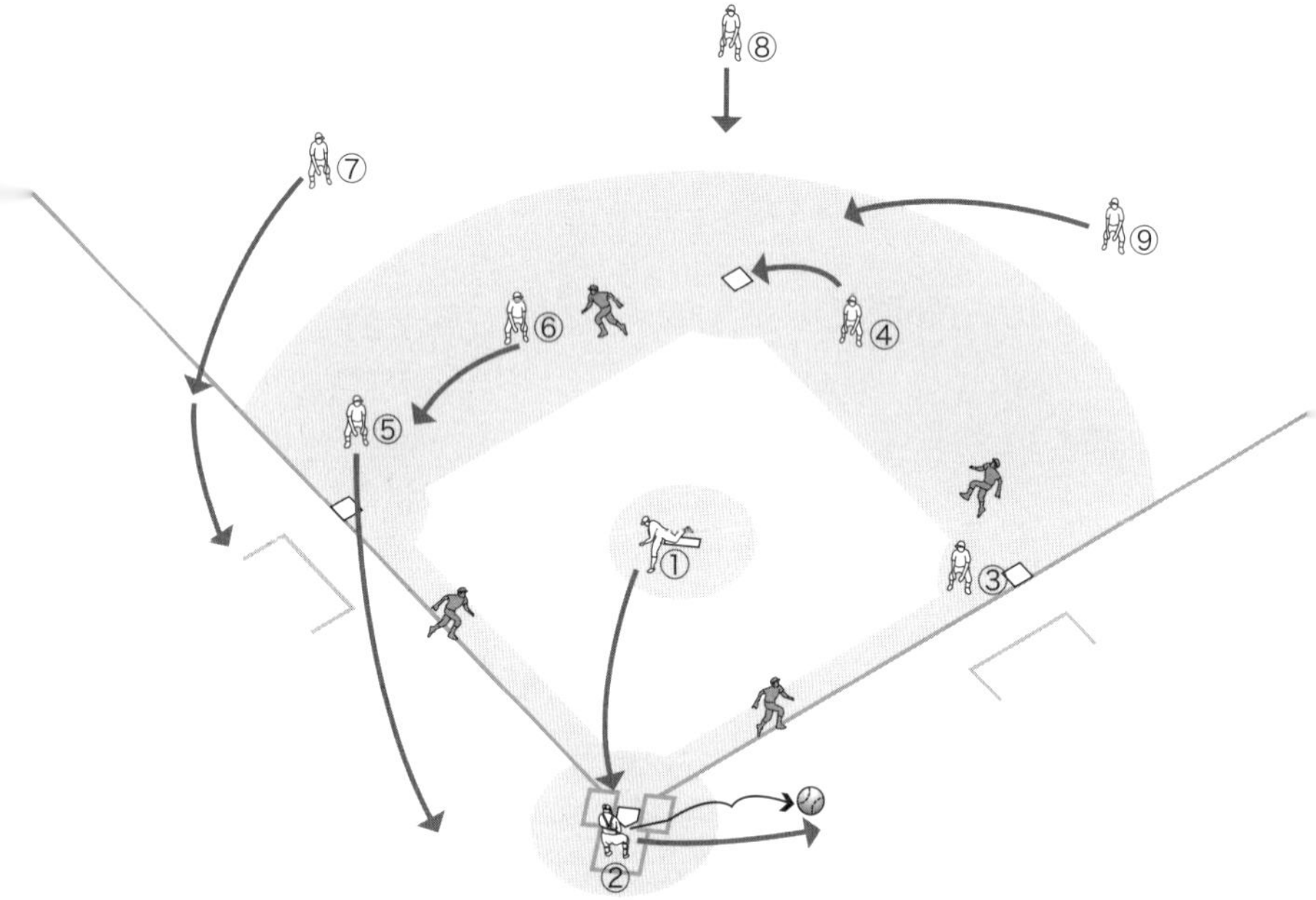

9回裏1点差満塁で暴投

（リードしている側が守備）

社会人で実際にあったプレー。

投手の投球がワンバウンドとなり、捕手がはじいたボールが一塁ベンチ前へ転がった。捕手が追いつき、本塁へ送球するも、それが悪送球→カバーが誰もおらず、二塁走者まで生還してサヨナラ。

この場合、どう防ぐか？
⑤が三塁ベースをあけてでも、②と①の後ろの直線上に入る（⑦では間に合わない）。走者がいると内野手はどうしてもベースを守るという感覚になるが、三塁走者生還の同点と二塁走者の三塁進塁は確定している。そのため、⑤はベースにいなくてもいい。
（三塁ベンチ前にはじいた場合は、③が②→①送球のカバー。このケースは一塁走者は関係ないので、意外とためらいなく行きやすい。⑤はどうしてもベースにいるクセがある）

トラブルの多い②→①の送球のカバーに行ける⑤の臨機応変さと価値観、感性がチームにあるか。ベース守備者はすぐにベースに行くクセがあるが、こういうケースでは、ベースをあけてでもカバーに行けるかどうか。

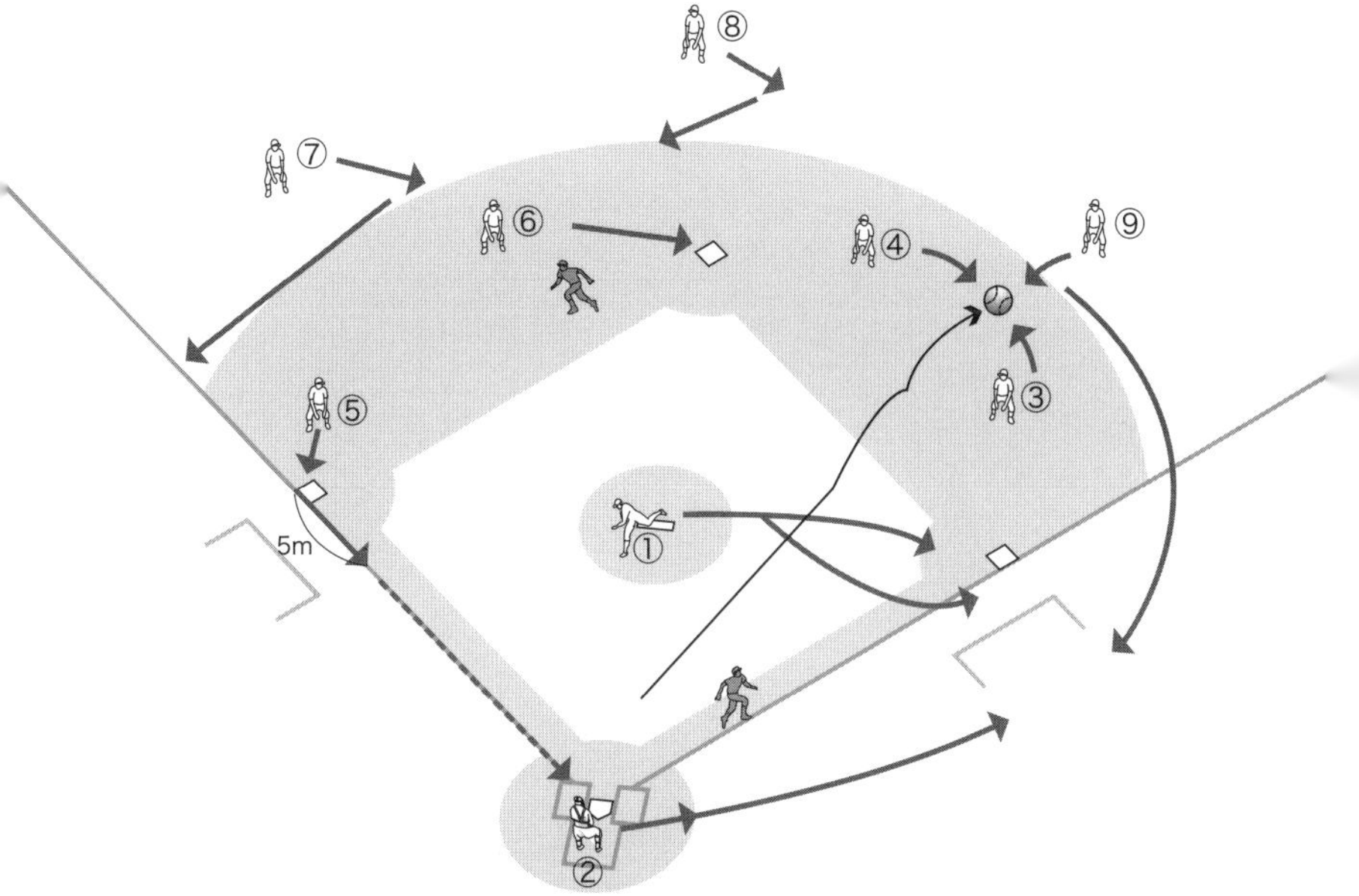

走者二塁、一、二塁間へのゴロ

(一、二塁または満塁)
【興南・我喜屋優監督から追加】
③が飛び出して一塁ベースに戻れない場合、①が一塁ベース、②が一塁ファウルゾーンにカバー、⑤が本塁へ(③が戻れる場合は①もファウルゾーンへ出てカバーへ)。
「日本は固定観念があってキャッチがベースあけちゃいけないといって捕りにいかない。ピッチャーは一塁ベースへ走ってるから、キャッチが行かないと、とてもじゃないけど間に合わないでしょ。サードが自分の陣地を捨ててホームに行くしかない。ファーストゴロ、セカンドゴロのとき、サードは暴投に備えて5m前に行く。暴投が起きた瞬間にダッシュすれば、まだベースに到達していないランナーより7m先に行ける」(我喜屋監督)
③or④が悪送球した時点で二塁走者の三塁進塁は確定。⑤はそれよりもホームを優先する。ゴロが飛んだ瞬間、②はやや一塁側へカバーへ行き、普通通りアウトなら本塁に戻る。
「ホームあけたらダメって、そこに事件が起きてるのに、火消しに行かなきゃいけないでしょ。ファースト暴投はよーくあるんだよ」(我喜屋監督)

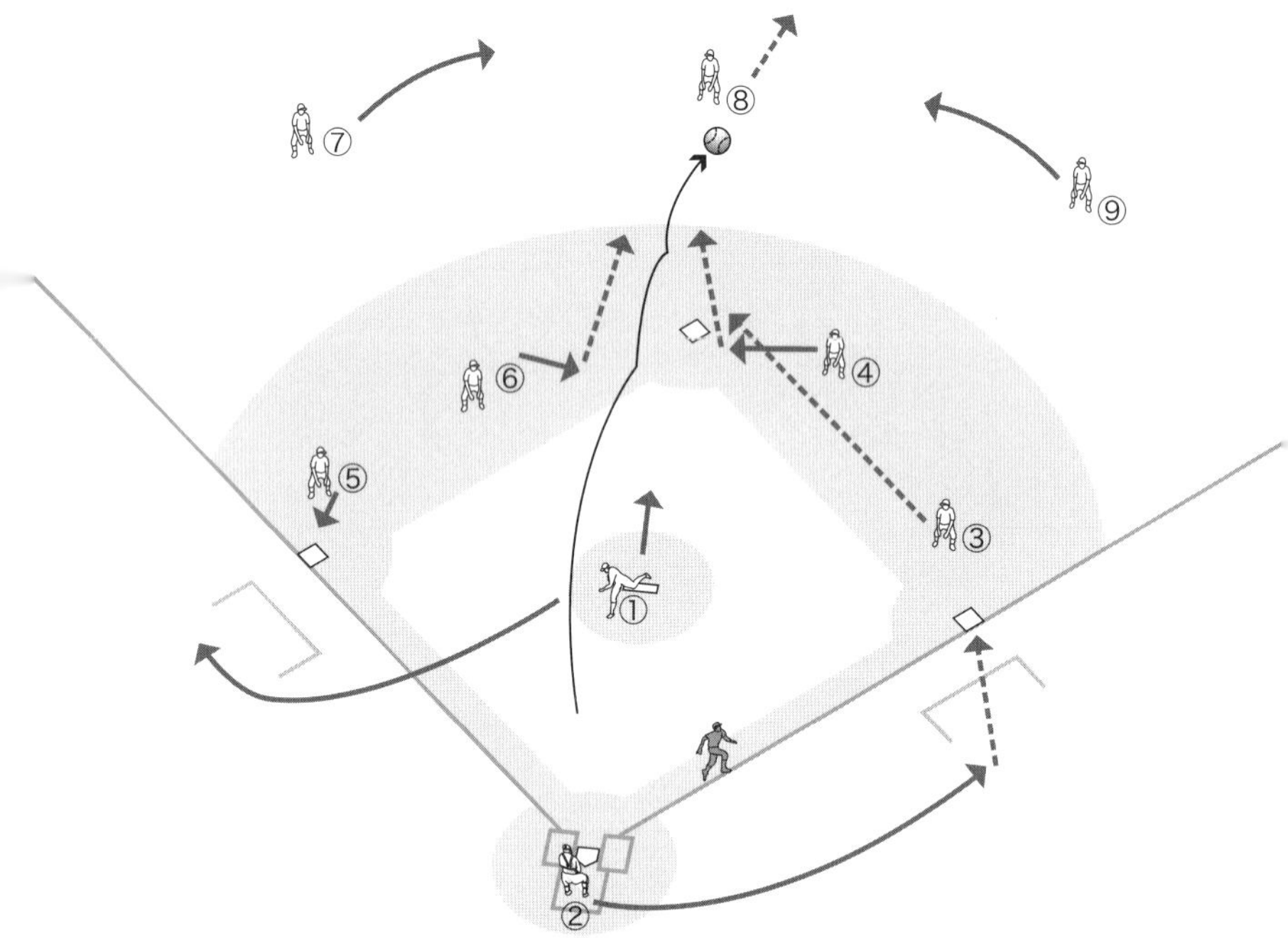

走者なしシングルヒット

外野手がトンネルした場合、長打になった場合を含めて③は早めに動く。
③は二塁ベースに早く行く。④⑥は2枚リレーに行く。
②が常に動くのは打者走者の触塁を確認するため。なおかつ返球へのカバーもする。
③は打者走者の触塁を見て追走するケースが多いが、先のことを考えて一目散に二塁ベースへ行く。触塁確認をしてもよいが、基本的に②に任せる。
②は走者一塁外野フライのときも返球カバーを忘れないように注意。
①は走者が狙う塁によって臨機応変に対応する。

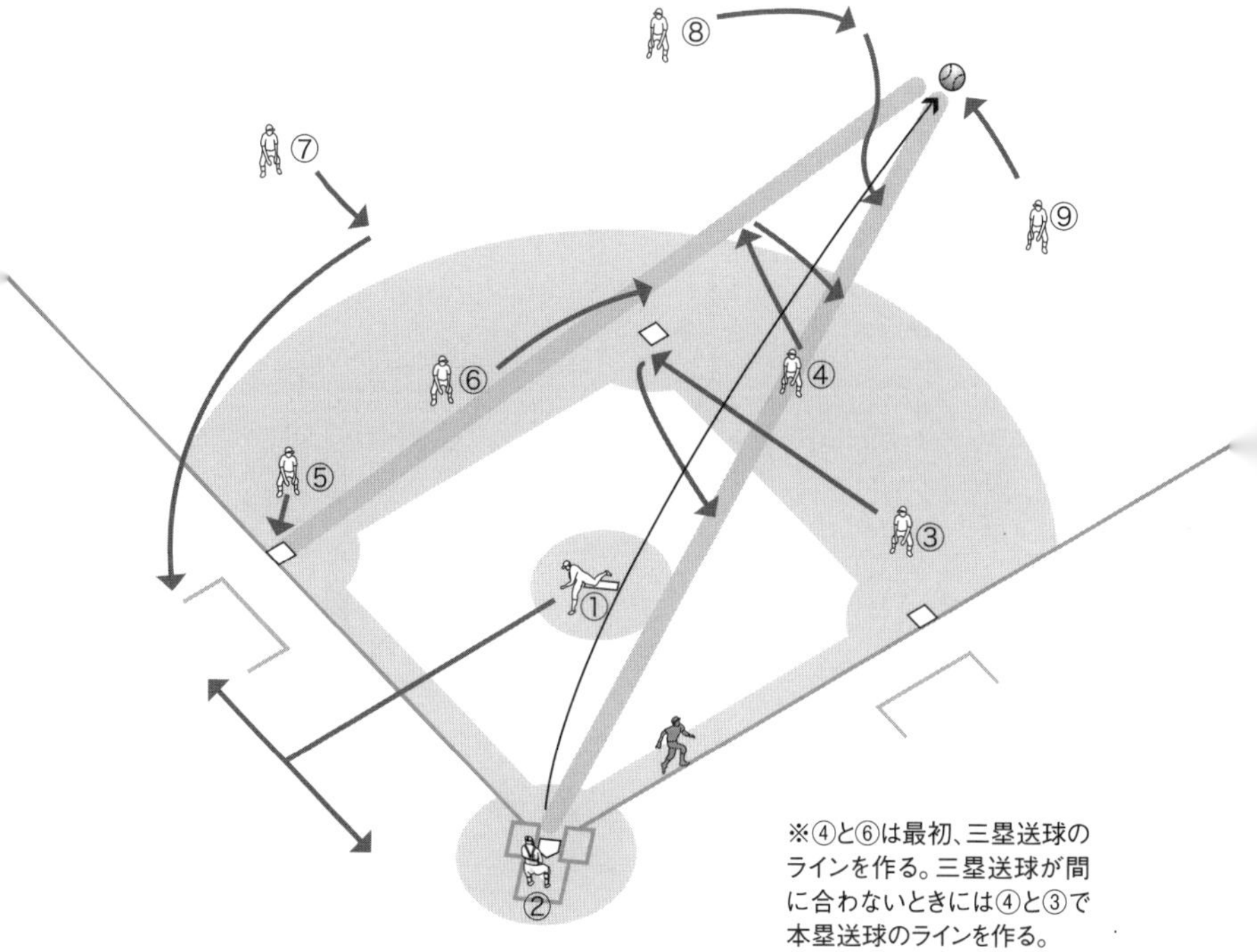

※④と⑥は最初、三塁送球のラインを作る。三塁送球が間に合わないときには④と③で本塁送球のラインを作る。

右中間への打球でバックサード

③は二塁ベースへ。⑧⑨がもたついたら、本塁へのラインに変更。
①は三塁後ろカバーへ。⑧⑨がもたついたら、本塁後ろカバーへ。
⑦は二塁への返球もイメージしながら、三塁後ろカバーへ（打った瞬間に三塁後ろではない）。
【注意】右中間、左中間を抜かれた場合、外野手は早く追いついたほうが捕る。捕る前に「よし」「任せた」でどちらが捕るかを明確にする。任せたほうは外野手、内野手どちらにも声が通る位置まで戻って「3つ（三塁へ）」または「4つ（本塁へ）」の指示をする。捕りに行く外野手は声の指示によって向き、踏み出し位置を決める。この指示が不徹底だとさらに2、3ステップ踏まなければいけないため、時間をロスしてしまう。指示は大きな声で明確に。

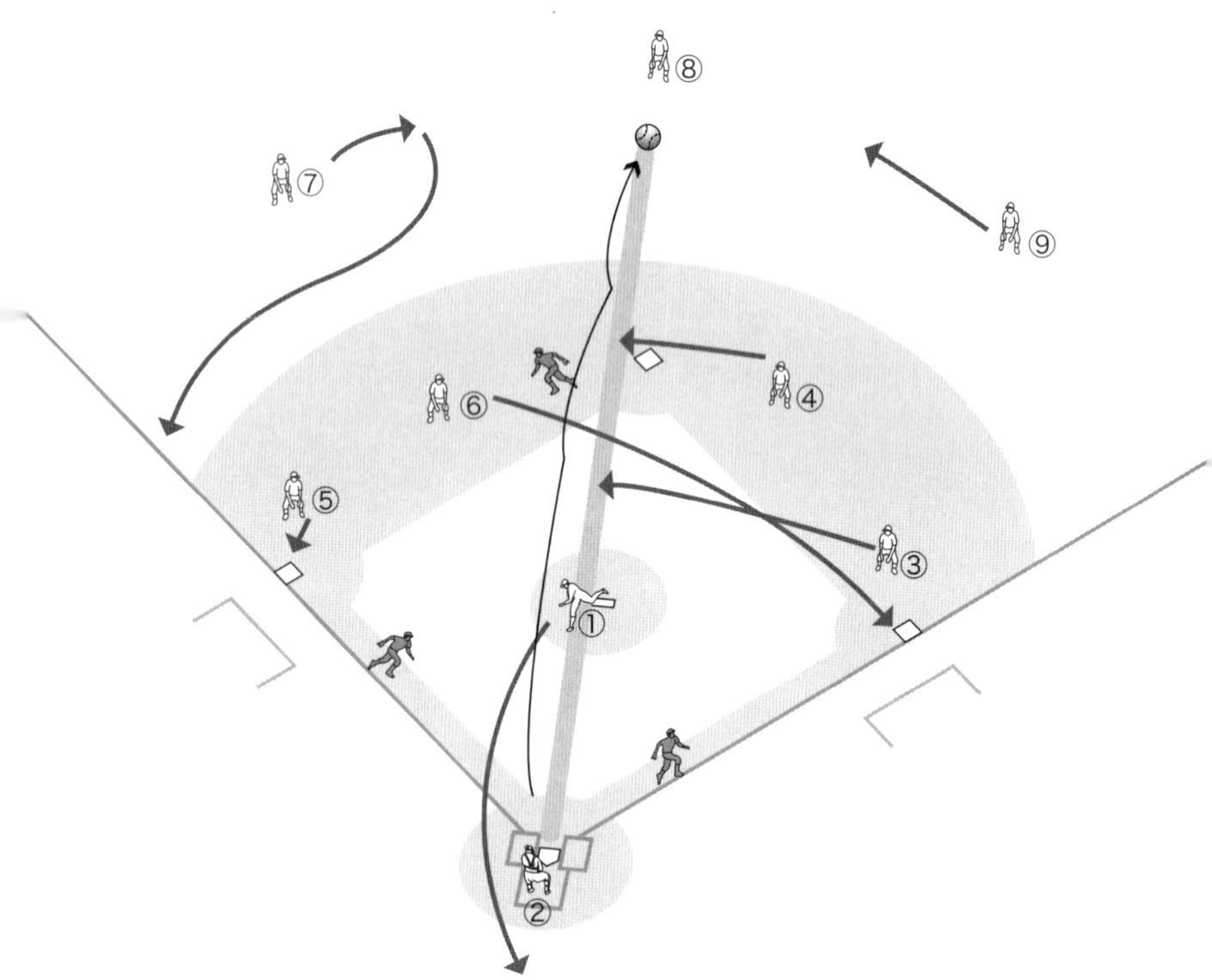

走者得点圏、センター前ヒット

(ゴロで抜けるケース)
⑥は動きの流れでそのまま一塁ベースへ。④が二塁ベースへ、③がリレーに入る。③は④または⑥が捕れば一塁ベース、抜けたら遅れながらもリレーに入る。
(ライナー性で抜けるケース)
④⑥が2枚リレーへ。③はベースにステイ。

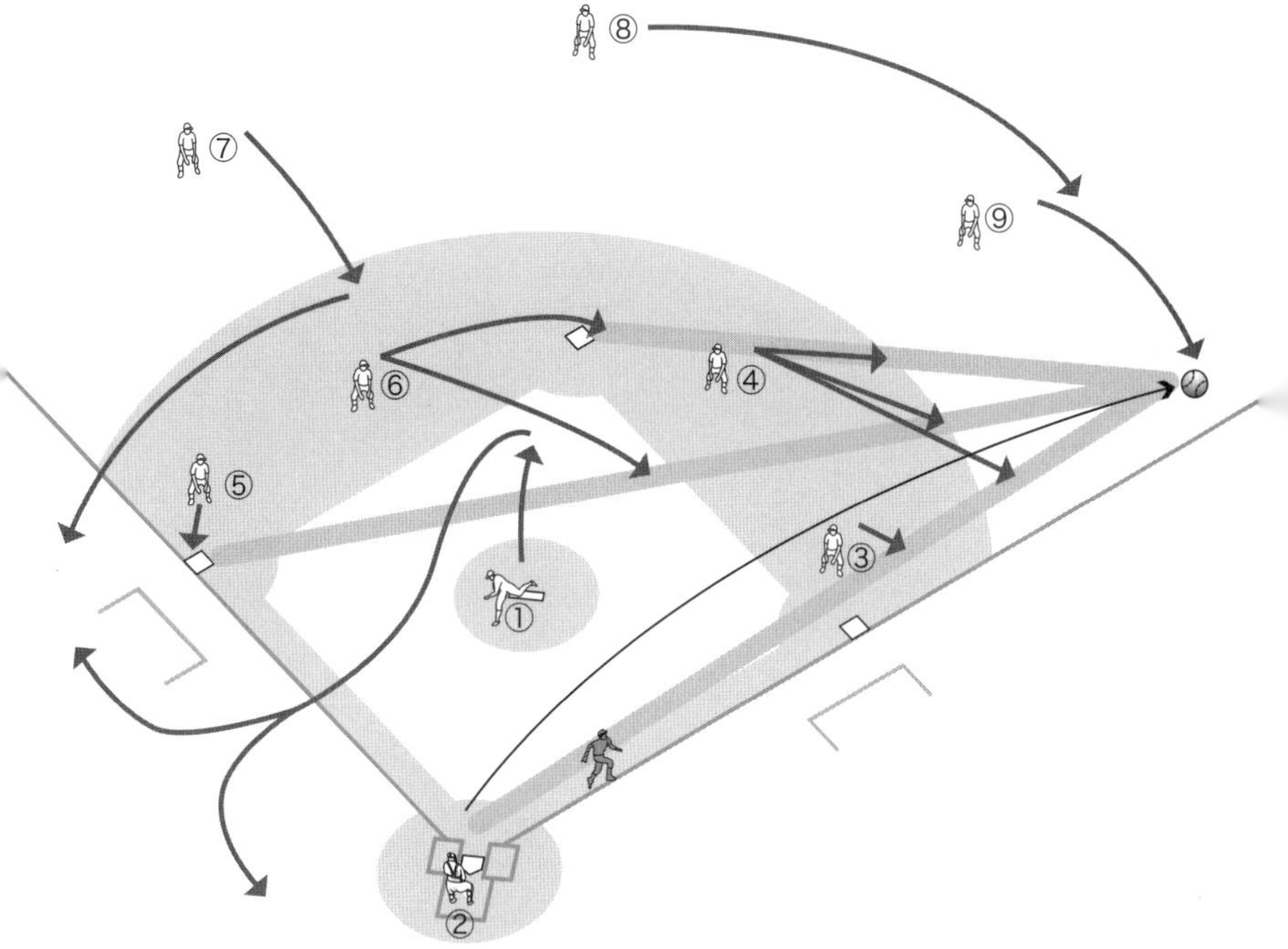

ライト線への打球

二塁送球のライン、三塁送球のラインを瞬時に作れるよう、練習で感性を磨く。
⑧は指示を出す。④⑥はラインを作り、リレー。⑦は二塁後ろ、または三塁後ろのカバー。
①は二塁送球なら、二塁のカバーへアクションをかける。三塁送球なら、三塁後ろのカバーへ。
走者一塁の場合、③④で本塁送球のラインを作る。本塁送球が無理なら、三塁送球に変更。①はラインによって対応。

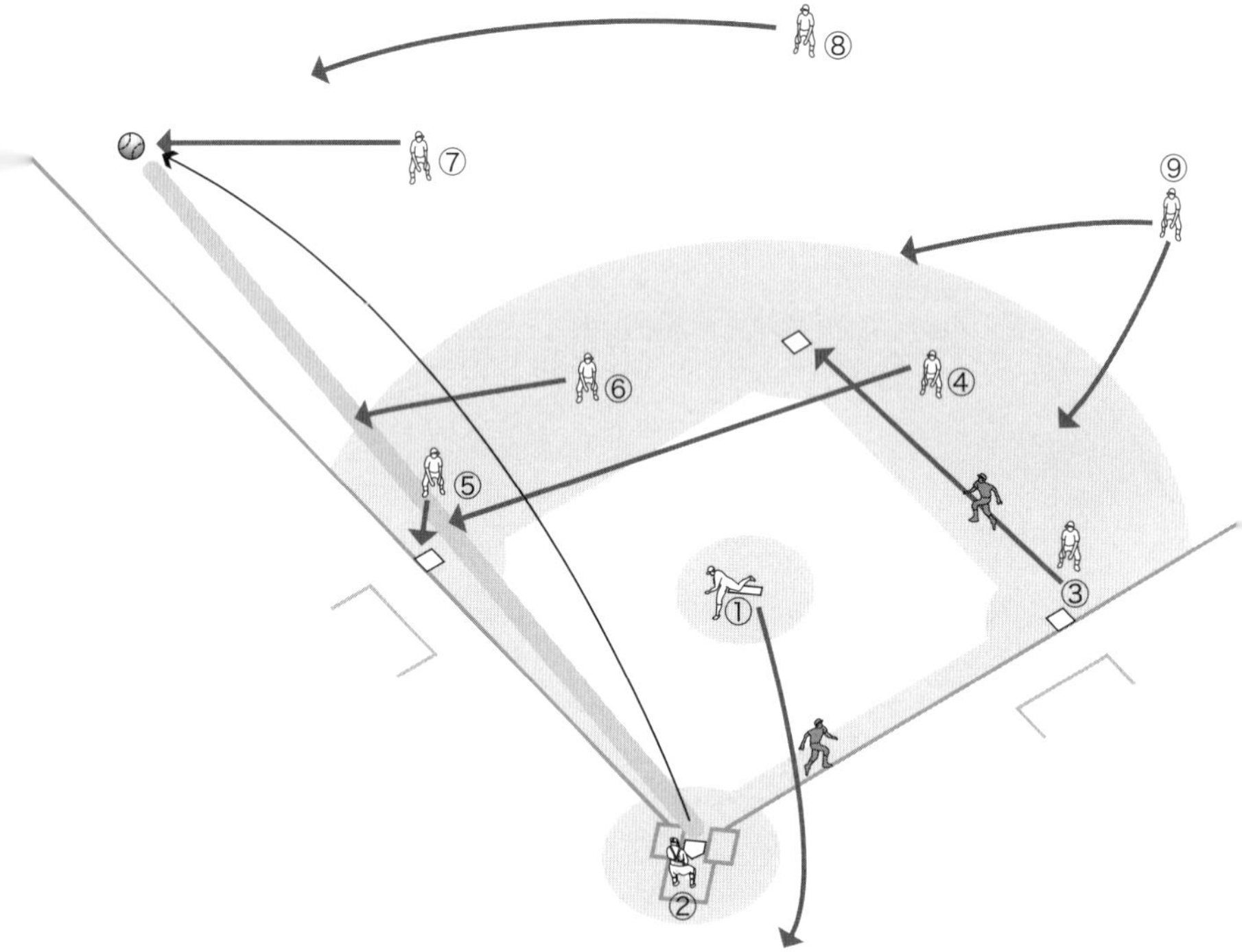

走者一塁、レフト線への打球

④⑥で本塁送球のラインを作る。①は本塁後ろのカバーへ。
③が二塁ベースへ。⑧は指示を出す。⑨は二塁ベース後ろのカバーへ。
⑨は二塁送球が⑦→③の場合は⑦と二塁ベースの延長線上へ、二塁送球が⑤→③の場合は三塁ベースと二塁ベースとの延長線上へカバーに入る。

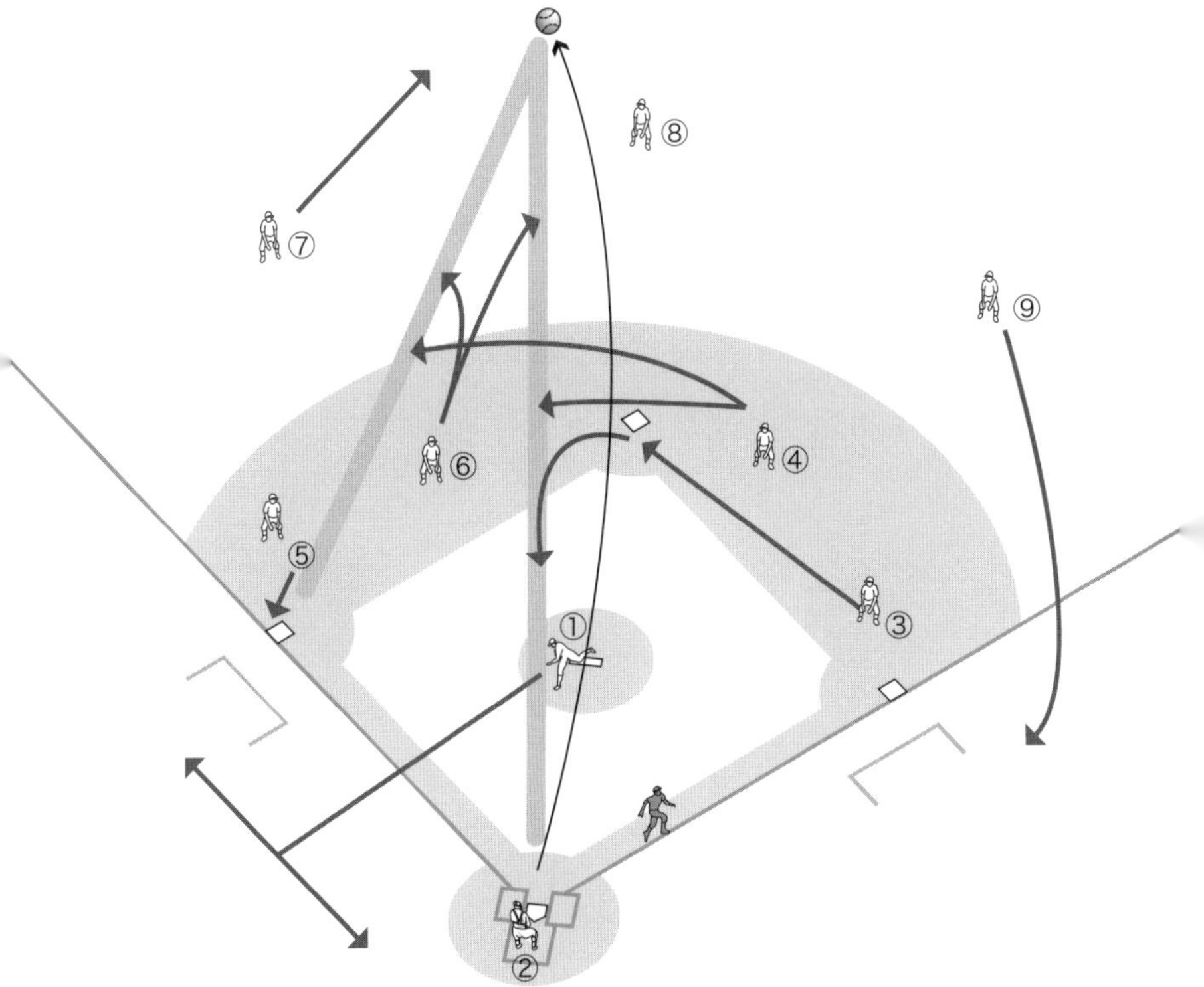

走者なし右中間、左中間まっぷたつ、センターオーバー

④⑥で三塁送球のラインを作る。③が二塁ベースへ。

外野→内野への送球でもたついて、こぼれ球を拾いにいくケースは、内野手がリレーに入ったときのように後ろに下がりながら（勢いをつけながら）送球をもらえない。拾いにいって逆方向に長い距離を投げるのはきついので、③が本塁送球のラインに入る。打った瞬間③は二塁ベースに入るが、走者が三塁を回った時点で仕事は終わるので、いつまでもそこにいることなく、本塁送球のラインに入るクセをつける。

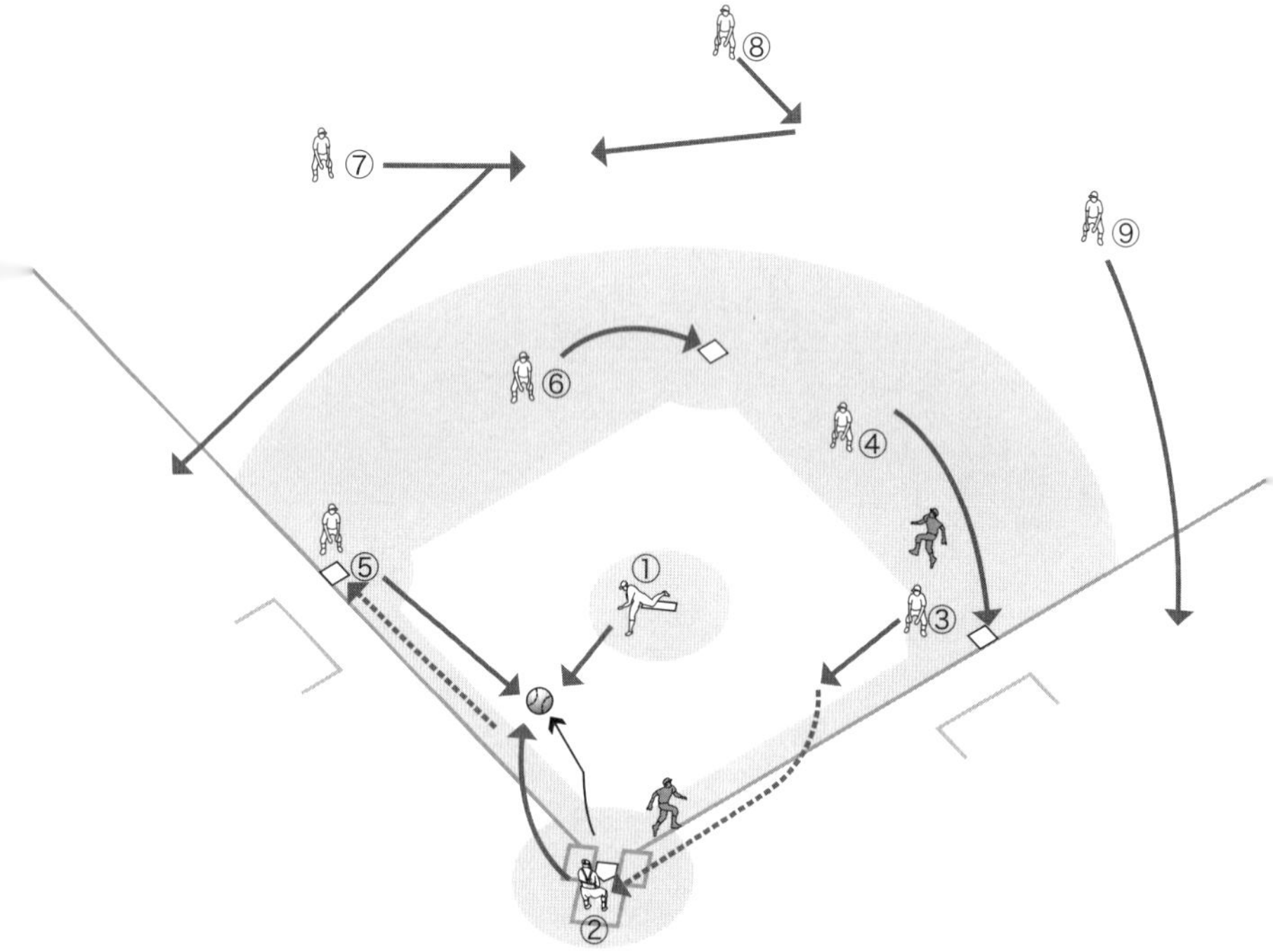

バント

(①②⑤の間に転がり、①または⑤が処理した場合)
②が動きの流れのまま、三塁ベースへ。
本塁があくので、③が本塁へ。
⑨は①または⑤→④の送球へ、カバーに入る。

外野リレーの練習方法

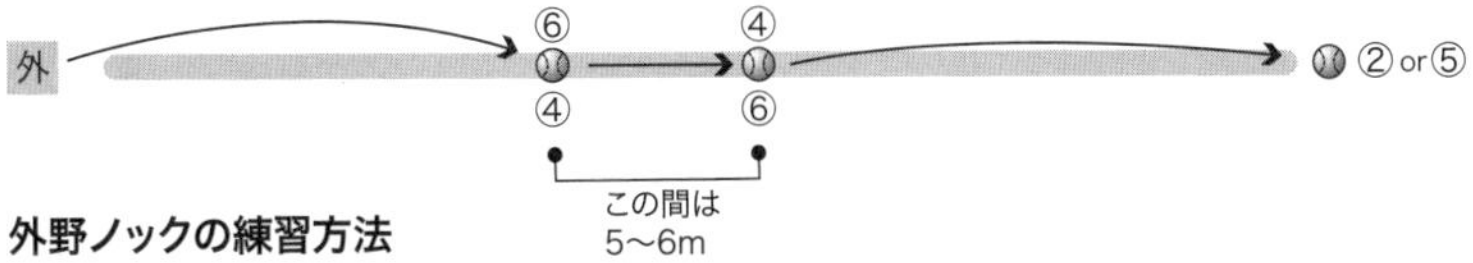

外野ノックの練習方法

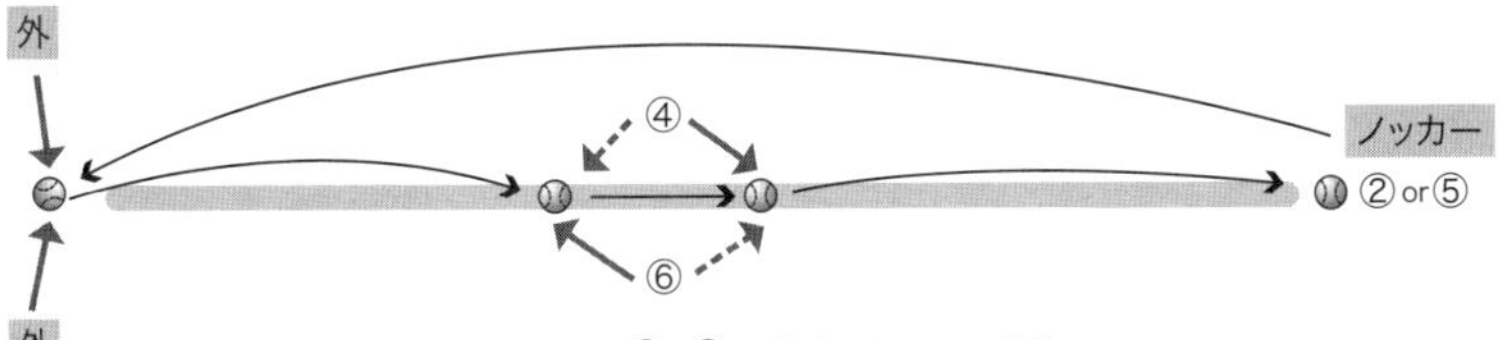

間に打って、打球に応じて④と⑥で2枚カットのラインを作る。

外野リレー

「外野手が強肩でバチンと来るチームは1枚でいいですけど、保険として2枚カットに入ります。外野手に肩がなければ、絶対2枚。そうすることで保険がつくので、捕ってくれる幅が広がる。外野手も『だいたいあのへんか』とビュッと思い切って投げられます。弱者ほど、2枚カットですね。送球が高く1枚目の上に行けば、2枚目が捕る。1枚目にショートバウンドのときも、2枚目が捕る。どちらもちょうどよい高さ、バウンドになります。

外野手は当然（捕りにいく）早さも必要ですけど、フェンスまで捕りにいったときなど、捕りにいきながら、1つのステップでバーンと次につながるボールを投げる。リレーマンはもらうときにホーム寄りに動きながらもらう。捕りにいって、さらに（外野方向へ）捕りにいくのはマイナス。捕ってからまたよっこらしょでは困ります。コースがずれてもいいけど、次につながるもらい方をする。それはうるさく言いますね。

外野手の送球は高いほうがいい。リレーマン2人とも越すような高さはダメですけど、できるだけ2人目に投げるぐらいの気持ちでいい。外野手はどうしても1人目が見えちゃうんです。それで、1人目にワンバウンドみたいな送球になっちゃう。そこは何回も訓練でしょう。感覚的に『2人目に投げてこい』というぐらいだと何となくいい感じになります。チーム事情はありますが、外野手はある程度距離を放らないと厳しい。そうでなければ二遊間がどれだけ早く（距離を）詰めるか。これはもう、くり返し練習するしかないですね」（香田元監督）

弱者が勝つために

その40

強肩外野手のいない弱者ほどカットは2枚。
外野手が思い切って投げられるよう保険をつける。

その41

リレーマンは本塁寄りに動きながら、
勢いをつけて投げられるように捕る。

第4章

左投手

石見智翠館《いわみちすいかん》・末光章朗監督に聞く

軟投派の左投手を育てるポイントはこれだ

末光章朗

すえみつ・あきろう

石見智翠館《いわみちすいかん》高（島根）監督。1970年5月21日生まれ。大阪府出身。PL学園高－大阪学院大－松下電器（現パナソニック）。高校時代は二塁手で、のちに東京ヤクルトスワローズでプレーした宮本慎也（現ヘッドコーチ）と二遊間を組む。大学でも二塁手として活躍し、3年春秋のリーグ戦（関西六大学）では連続でベストナインに選出。4年時は主将。松下電器で2年半プレーしたのち、大産大付高コーチ、大阪学院大コーチを経て、98年1月に江《ごう》の川《かわ》高（現石見智翠館高）監督に。2003年には夏の甲子園4強に導く。商業科教諭。

今や高校生でも140キロが当たり前になった。甲子園では140キロがスタンダードで、右投手は145キロ以上投げないとプロ注目とは言われづらい。2009年夏の甲子園では花巻東（岩手）・菊池雄星（現埼玉西武）、明豊（大分）・今宮健太（現福岡ソフトバンク）、西条（愛媛）・秋山拓巳（現阪神タイガース）の3人が150キロ台を記録。12年夏の岩手大会では花巻東・大谷翔平（現ロサンジェルス・エンジェルス・オブ・アナハイム）が高校生として史上初の160キロをマークした。高校生投手の球速の伸びは著しいが、スピードボールを投げるにはある程度の素材が必要。それだけの素質を持つ中学生がわざわざ「弱者」を選択し、入学してくることはまれだ。

だからといって、速球派投手の不在を嘆いてもしかたがない。いなければ、それ以外の投手で勝負するしかない。そんな弱者のために、心強いデータがある。P139の表は13年以降の5年間に夏の甲子園に初出場を果たした41校の主戦格の投手の投法を調べたものだ。やはり初出場するためには、好投手が必要。17年までにプロに指名された主戦投手は9人もいる。だが、投手のタイプ別に①右140キロ以上②右135～139キロ③右135キロ未満④右横手または下手⑤左の5種類に分けてみると気がつくことがある。41人のうち、最も多い14人を占めたのが左投手なのだ。右投手27人のうちスピードが135キロに満たないのは4人しかいないが、左投手なら14人中8人もいる。左投手ならばスピードはいらないという証明だ。事実、16年夏の甲子園では、身長160センチで最速129キロの日南学園（宮崎）・森山弦暉が2勝を挙げている。森山のアベレージは120キロ台前半から中盤。変化球を低めに集めることができれば、球速がなくても十分に打力上位の夏に戦えるのだ。

■2013年以降、夏の甲子園初出場を果たしたチームの主戦投手の投法、球速

初出場校主戦（地方大会で最も投げた投手）

年	学校名	都道府県	投法	球速	備考
2013	帯広大谷	北北海道	左	119	
	弘前学院聖愛	青森	右横	138	
	前橋育英	群馬	右	145	髙橋光成（2年→埼玉西武）
	上田西	長野	左	138	3人の継投
	富山第一	富山	右	144	
	彦根東	滋賀	左	135	
	西脇工	兵庫	右	142	
	桜井	奈良	左	133	
	自由ケ丘	福岡	左	132	
	有田工	佐賀	右	148	古川侑利（→東北楽天）
2014	武修館	北北海道	左	132	
	角館	秋田	右	143	二番手も142
	利府	宮城	右	133	3人の継投
	東海大望洋	千葉	右横	131	
	二松学舎大付	東東京	右	139	二番手の大江竜聖は137（1年→巨人）
	神戸国際大付	兵庫	右	141	
	小松	愛媛	右横	122	4人の継投
	大分	大分	右	145	佐野皓大（→オリックス）
	鹿屋中央	鹿児島	左	137	
2015	霞ヶ浦	茨城	右	142	綾部翔（→横浜DeNA）
	専大松戸	千葉	右	144	原嵩（→千葉ロッテ）
	津商	三重	右	134	二番手は140
	大阪偕星	大阪	左	137	
	岡山学芸館	岡山	右	135	二番手は138
	広島新庄	広島	左	140	堀瑞輝（2年→北海道日本ハム）
	創成館	長崎	左横	120	
2016	クラーク国際	北北海道	右横	136	
	大曲工	秋田	右	143	藤井黎来（2年→広島・育成）　二番手も142
	八王子	西東京	左	129	二番手は141
	京都翔英	京都	右	137	
	創志学園	岡山	右	152	髙田萌生（→巨人）二番手の難波侑平は140（2年→北海道日本ハム・内野手）
	出雲	島根	右	138	
	高川学園	山口	左	142	
	松山聖陵	愛媛	右	141	アドゥワ誠（→広島）
	嘉手納	沖縄	右	135	
2017	藤枝明誠	静岡	右横	135	
	坂井	福井	左	132	
	津田学園	三重	右	139	
	おかやま山陽	岡山	右	140	二番手も139
	下関国際	山口	右	135	
	早稲田佐賀	佐賀	左	128	

その意味で、最も強烈なインパクトを残したのが03年夏の江《ごう》の川《かわ》（現石見智翠館《いわみちすいかん》＝島根）の背番号11・木野下優だった。177センチ、73キロの体から投げ込む速球は最速でも120キロ台前半。ほとんどが120キロ前後で、110キロ台も珍しくなかった。カーブは90キロ台。スローカーブは80キロ台の〝超遅球〟だった。夏の大会前は二番手だったが、島根県大会初戦でエースの棚田允也が右足を負傷。登板不能となり、急遽《きゅうきょ》巡ってきたエースの座だった。島根県大会では34イニングを投げ、被安打はイニングとほぼ同数の32。失点も10と決して突出した数字は残していない。ところが、そんな木野下が甲子園で快投を見せる。初戦（2回戦）で中越（新潟）を6安打完封すると、3回戦では沖縄尚学（沖縄）に4安打しか許さず島根県勢初の2試合連続完封。さらに準々決勝でも聖望学園（埼玉）を6安打1点に抑えて、島根県勢80年ぶりのベスト4進出の原動力となったのだ。

一見、どこにでもいそうな普通の左投手が、なぜ大舞台であれだけの投球ができたのか。どのような意識で投球をしていたのか。ちなみに、江の川は05年夏にも最速119キロの左腕・山口周作で甲子園に出場している。軟投派左腕で勝つためには。弱者にでもマネできそうなポイントを末光章朗監督に語ってもらった。

プロのスカウトも左投手について「球速は数字よりも5キロ増し」と言う。速いにこしたことはないが、絶対条件ではない。右投手なら獲得に二の足を踏む低い身長の選手でも、左投手なら関係なし。間違いなく右投手より評価は数割アップする。それだけ左投手が貴重で、打ちにくいことの証明だ。右投手より人数が少ない希少性ゆえに練習する機会が限られるのは大前提として、なぜ左投手は打つのが難しいのだろうか。末光監督がそのヒントを得たのは、松下電器時代の同僚で滝川二（兵庫）で1988年夏の甲子園にも出場している左腕・田中俊成の言葉だった。

「**『ピッチャーはスピードちゃうねん。角度や』**と。『なんぼ速いピッチャーでも、ガチーンとピッチャー返しを食らうやろ。150キロでもセンター前に火の出るような当たりを打たれるっていうのは角度がないからや。遅いピッチャーでも打たれないというのは角度があるから。角度さえわかって投げたら絶対打たれへん』と言っていたんですね。それから角度を意識するようになりました。でも、右ピッチャーなら右バッターのインコースいっぱいをクロスファイアと言いますよね。左のほうが左ピッチャーのアウトローは一番いい球なのに『角度をつける』と言う人はあまりいない。左のほうが角度を意識しやすいのかなと」

一般的に角度というと、長身の投手が上から投げ下ろすことによる上から下への角度をイメージするが、末光監督が言うのはそういうことではない。上背があればもちろん有効だが、それよりもストライクゾーンにどのような角度で入ってくるかだ。同じ外角の直球でも、打者に対して直線に入ってくるのか、斜めに入ってくるのか。これにより、当然打ちやすさも変わってくる。

「バットとボールがまっすぐ当たったら飛びますよね。この角度を変えてあげるんです。**バットの角度に合わなければボールは飛びませんから。**球威のないピッチャーはここが生命線になってきます。同じコースでも、角度のある球とない球がある。ツーアウト満塁、カウント3—2で真ん中にしか投げられないときに、真ん中にすーっと投げたら打たれる可能性が高いですけど、真ん中でも

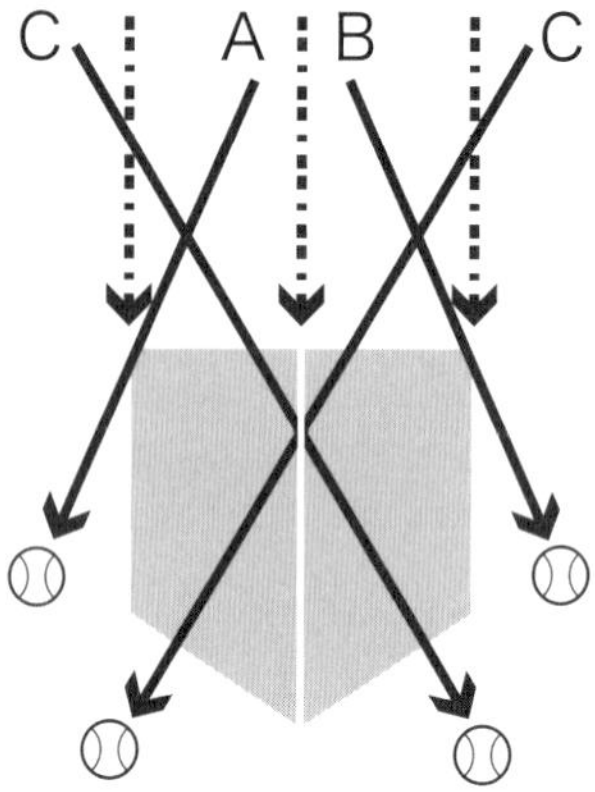

ホームベースを真ん中から切って左に逃げる球か、右に逃げる球かを意識する。捕手に向かってまっすぐに来るのが角度のない球(点線矢印コース)。少しでも外に逃げればいい。

実線矢印の角度をイメージして投球練習を行う。捕手にもこの角度をわからせることが必要。
A…スライド気味の球がいい。シュート回転したら開いている、押しているということ。気をつけろという注意サイン。
B…シュート気味に逃げるほうがいい。スライダー回転になると危険、注意。
C…「真ん中近辺でも角度があればOK。捕手が言ってあげるとわかりやすいですね。真ん中でも、練習で投げさせておかないとダメ。真ん中でも角度のある球をわかって使えれば投手は楽になります」(末光監督)

角度があれば打ち取れる可能性が高くなる。真ん中から逃げていけばサードゴロ、ショートゴロ。真ん中から食い込んでくればファーストフライになりやすい。角度があれば、インサイドアウトでしっかり振れるバッターじゃないとなかなか攻略できません。高校野球は金属バットですし、パワーヒッターでもドアスイング気味の子が多い。そういうバッターほど、角度をつけた球は有効かなと思います」

この角度こそが左投手の武器。左投手だからこそ意識できる部分だ。

「例えば右ピッチャーに『真ん中のボールに角度をつけろ』と言っても投げられる子はほとんどいません。よっぽど開いて投げてシュートとかでないと無理でしょう。もちろん、投げられれば武器になりますが、せいぜいひとまわり。ずっと投げるのは難しい。角度はやはり左ピッチャー特有のものだと思います」

投げる際はとにかくまっすぐすーっと入らないように心がける。ストレートを投げても、意識するのはあくまで角度だ。

「ピッチングをするときも、とにかくベースの上での角度をイメージさせます。キャッチャーの後ろについて、『今のはOK』『今のはダメ』と一球一球見てあげることが必要。ブルペンでは、イメージした通りにいかに投げられるかを練習できるかですね」

まずはストレートを投げたときの角度。これを踏まえたうえで、右打者の外角へ投げるときはシュート系をイメージする。スクリュー系の沈む球を投げられるのがベストだが、ストレート系統で微妙にシュートしていればそれでOKだ。

「**握りを変えたり、ちょっと力を入れたり、抜いたりするだけでも角度は変わるはずです。**木野下の場合、チェンジアップ系を投げられなかったので、3本指で投げさせてみました。それで思い切り投げたらちょっとシュートしたんです。その球を投げるときにフォームが変わってしまったら意味がないですが、本人も『まっすぐと変わらない感じで投げられます』と言うので、『それを使え。ボール球でいいから』と。木野下には遅いカーブがあったので、その球があるだけで全然違ってくる。カーブを有効にするためのエサまきとして、『アウトローにワンバンするボールでいいから』と練習させせました。最後はそれでストライクが取れるようになり、真ん中にそのシュート気味のまっすぐを投げたりもするようになりましたね。

最終的には、やはり両サイドに角度をつけられるまっすぐ、変化球を投げられるかどうかを意識してブルペンで投げないと、本当の意味の幅は広がらないのかなと思います」

角度を変えるなら、投球ごとにプレートを踏む位置をずらしてもいい。同じコースでも、とにかくまっすぐ入らないこと、同じような球筋を続けないことを意識する。バットとボールを正面衝突させない。これがポイントだ。

弱者が勝つために その42

左投手の命はスピードより角度。握りや力の入れ具合を調整し、バットとボールを正面衝突させない角度のある球を投げる。

もう一つ、投げる際に意識するポイントがある。

「**力投しないことですね。**目いっぱい放ったら疲れますから、連投がきかなくなります。**力の入れ具合で言ったら、七〜八分。場合によったら六分ぐらいで投げるぐらいでいい。**それに、バッター目線から言うと、目いっぱい放るぞと見せかけて目いっぱいの球が来ても怖くない。いくらでも予測できるし打てるんです。ところが、逆は怖い。目いっぱいと見せかけて球が来ない、軽く放って球が来ると打ちづらいんですね」

木野下には、「力投するな」「目いっぱい放る必要ないぞ」と言い続けた。

「これを高校生に話しても、理解してやりきることは難しい。高校生はどうしてもスピードを追い求めるので、力投したがるんです。木野下の場合、**スピードを捨てられたのが結果を残せた要因かなと思います**」

スポーツ紙などマスコミでは「ＭＡＸ１４５キロ」などスピードが大きく報じられる。甲子園ではオーロラビジョンに球速が表示される。スピードは素人が見てもわかる部分だけに、高校生ではどうしても「遅いとカッコ悪い。速い球を投げたい」という気持ちになる。その考え方をいかに変えさせるかが指導者の仕事。投手に必要なのは、見栄えのよさではないからだ。

「**スピードはいらないけど、切れは必要です。**１１０キロでもいいから、切れのある球ですね。スピードを意識すると、力んで腕を振ろうという意識が強くなってくる。切れを出すには、力を抜いて、（リリースに）力を集める感覚。それができると、バランスもよくなってきます」

だが、力を抜けと言ってもなかなかできるものではない。末光監督は、木野下にこんな練習をさせていた。

「塁間より短いぐらいの距離を助走をつけて目いっぱい投げるんです。いっぺん自分のＭＡＸを出せと。そうやって自分の体を使う感覚を覚えてからブルペンに入る。ＭＡＸから徐々に力を抜いていくんです。普通の状態で投げていて『こんなもんかな』という感覚を探すのは難しい。それより、目いっぱい体を使わせてから感覚のいいところを見つけさせるほうがいいと思います」

力を抜いて投げるためには、やはり下半身で投げなければならない。下を使うイメージをつかむため、こんな練習もさせた。

「バランスボールにもたれかけさせて、1、2、3の3回目ぐらいでバランスボールをどけてそのまま投げさせる。そうすると、下が行ってから、その力を使って上に伝えるという連動がわかりやすくなります」

ブルペンでの投球練習前には、金属バットや竹バットなどを5回程度軽く振らせることもした。軽いと手だけでやってしまうが、重たいものを持つと下半身を使うようになるからだ。いかに上半身の力を抜いて、下半身の力を使うかのイメージ練習だ。

「**結局、毎日キャッチボールからどれだけ意識してできるかだと思います。**向上心があって、何とかよくなりたいという子なら意識できる。逆にいえば、僕らがどれだけ意識できるイメージを与えられるか。そのために、ブルペンでも試合でも、力んで投げたらすぐに注意しました。力んだ球があればキャッチャーも厳しく指摘しましたし、僕もそう。勘違いしてるなと思ったらすぐ言えるように、ずーっと見ておくことが大事だと思います」

スピードも、余計な力もいらない。理想は、軽く投げているようで、手元でピュッと伸びのある球。それが打ちにくさにもなり、連投可能にもなる。

弱者が勝つために その43

力投はいらない。毎日のキャッチボールから七～八分で切れのある球を投げることを心がける。

左投手といえば、やはり武器になるのはカーブ。木野下も80キロ台のスローカーブを持ち味にしていた。

「木野下は体が柔らかく、もともとカーブを投げられました。遅いけど思ったより曲がりますし、インステップ気味のフォームだったので、余計角度がついて武器になりましたね」

ただ、近年は右投手にカーブを投げる投手があまりいないほどのスライダー全盛時代。左投手とはいえ、カーブをマスターするのは簡単ではない。

「手首が硬いと投げられません。カーブが投げられない子には、ストレッチからやらせています。それと、カーブを投げるときほど『腕を振れ』と言います。『最後まで腕を振り切れ』と。**緩急をつけるために遅く投げようと思って腕の振りも遅くなるなら、腕を振って2～3キロ速くなってもそっちのほうがいい。一番大事なのは、同じフォームで緩急があること。緩急をつけてもフォームが変わったら意味がない**ですから。

どうしてもカーブが速くなるなら、まっすぐを遅くすればいいんです。120キロのまっすぐがあって、100キロのカーブがどんなに練習しても90キロにならないなら、110キロのまっすぐを何球か投げればいい。腕を振ったまっすぐ、軽く投げたまっすぐ、腕を振ったカーブ。一つそういう球が挟まれば、バッターは嫌ですからね。

どうしてもカーブが苦手という場合でも、カーブはストライクを投げられなくてもいいんです。とにかくカーブを投げられるようになればいい。それだけでバッターにしたら嫌ですから。それに、今は140キロのまっすぐと120〜130キロのスライダーが王道みたいになってますが、そういう球はちょっとコントロールミスをしたり、球威が落ちたら怖い球になります。それよりも、**遅いカーブのほうが、球威がない分、ミスをしても痛い目に遭わないことが多い。まっすぐが120キロでも、カーブが80キロなら40キロの差をつけられます**し、最近はカーブを投げるピッチャーが少ないので、重要性はあるんじゃないかと思います」

素晴らしい切れがなくてもいい。緩急をつける球として、カーブを投げられることのほうが重要なのだ。投げるなら、大ケガのないようにとにかく低めへ。ワンバウンドでOKだ。そして、とにかく遅く。反発力がない分、甘く入っても遠くに飛ばされる確率は低くなる。左投手はカーブこそ命。その意識で取り組むことが重要だ。

弱者が勝つために　その44

緩急をつけられるカーブは投げられるだけで武器。腕を振ってストレートと同じフォームで投げられるように練習する。

角度を意識するとなると、それこそ右打者への内角・クロスファイアから練習したくなるが、それはまだ早い。より効率的に練習するには、ふさわしい順番がある。

「**右バッターのアウトコースまっすぐから練習したほうがいいですね。シュート気味でいいので、アウトコースのまっすぐをホームベースから左打席のベース寄りのラインの間に投げられるように**

する。それからインコースのまっすぐを練習したほうがいいと思います。アウトコースのまっすぐを投げられるようになれば、あとは腰を切れば勝手に腕が出てきて角度がつく。それでインコースのまっすぐも投げられます。

それに、**アウトコースのまっすぐと同じコースに投げる感覚でカーブを投げれば、それが曲がってインコースに行く。同じところに投げてアウトコースのまっすぐ、インコースのカーブというイメージで投げられます。**もちろん、インコースに曲がるはずのカーブが最初は真ん中にいってしまってもいい。アウトコースを狙って投げて、それ以上曲がらないなと思ったら真ん中に投げればいいですから。

特にピッチャーをやり始めの子の場合などは、やはり最初はアウトコース一本で練習したほうがいい。インコースまっすぐから始めると、開いてきますし、逆に角度はつかないと思います」

外角へのストレートの投げ方が基本。それをマスターすることで、内角のカーブにも、クロスファイアにもつながる。いきなり勝負球から入るよりも、まずは基礎から。基本がなければ次に進めないし、元に戻る場所もなくなる。練習は一歩ずつ。焦らず、ゆっくりと進むことが必要だ。

弱者が勝つために その45

基準となるのは外角ストレートと内角カーブ。目をつぶってもそこに投げられるようになるまで練習する。

角度をつけられるようになったら、あとはタイミングをどう外すか。実際に打者とのかけひきになってくる。

「前で打たすのか、後ろで打たすのか。押し、引きですよね。これによってバッターのポイントがずれるのがわかればいい。具体的になればなるほどやりやすいと思います。球は遅くても角度、緩急、コントロールをつけられるなら、ちょっとタイミングをずらせる。外野フライとか内野ゴロで打ち取れます」

では、どうやって打者との間を崩すのか。

「例えば、足の上げ方ですよね。普通に上げたり、クイックで投げたり。**クイックで投げて遅い球ならバッターとしては嫌ですよね。**

もちろん、ゆっくり投げてピュッと来るのも嫌。ピッチャーからすると（クイックで）早く動いて速い球を投げてちょっとでも詰まらせたいと思うかもしれないですけど、バッターの気持ちからすると、ゆっくり動いてゆっくりの球、クイックで投げて速い球というのは準備して対応しやすい。クイックでカーブ、スライダー、抜いた球のほうが有効。クイックで変化球、ゆったりと軽く速い球を練習するように言いますね。

そういう意味でも、**ランナーなしからでもセットで投げさせます。**（足の上げ方の）使い分けができますし、結局、クイックで投げる場面のほうが多い。ランナーを出すのが大前提ですから（笑）。それに、球威があるタイプではないので、振りかぶって投げても変わらないですしね。

ランナーがいるときは、セットの時間を長くしてタイミングをずらすのもいいと思います。バッターとの間をずらすだけでなく、ランナーに走らせないためには、牽制《けんせい》を投げる、投げると思わせて投げないほうがいい。牽制を投げすぎると走るタイミングを計られますからね」

もちろん、打者を惑わすのは投球フォームばかりではない。

「ツーシームで投げたり、縫い目にかけずにちょっと抜いたり。わしづかみで投げてもいいんです。**腕を振って球がいかないという感じを出したい。ちょっと球がいかないだけでも、バッターは嫌なはずです。**もちろん、たまにはフォーシームで目いっぱい投げても面白いですよね」

とにかく打者に気持ちよくスイングをさせないこと。同じコースに同じ球種でも、少し変化をつけることによって打者は打ちにくくなる。

球威がないのだから、頭を使うしかない。

「ただ、工夫してやっていい部分とやりすぎて小手先に走ってしまう部分が難しい。そこの見極めをしっかりしないとダメだと思いますね」

松坂大輔（現中日）はクイックなどの足の上げ方ではなく、フォーム自体の速さを変えて投げることもあるが、末光監督はそこまでは要求しなかった。

「そこまでするると崩れそうな気がするんですよね。リリースポイントとか微妙なところが変わってくると思うんです」

打者とのタイミングを外すため、とことん頭を使い、工夫をする。それでいて、そればかりにこだわりすぎないようにもする。このさじ加減は高校生では難しい。やはり指導者が見極めてアドバイスするべきだ。

弱者が勝つために その46

走者がいなくてもセットポジションから投球。クイックなど足の上げ方、クイックからの変化球などでタイミングをずらす。

その47

握りを工夫し、同じ球種でも変化をつけてタイミングをずらす。

この他、指導する際の注意点としていくつか挙げておきたい。一つめは、左対左の場合。

「木野下は結構左に投げにくそうにしていたんですよね。左のときに限ってフォアボールを出したりとか。そういうこともあって、**左対左のときは『角度を捨てろ』**と言っていました。左ピッチャーを相手にしたら、左バッターは苦手意識があるはず。なので、角度ではなく、高低だけでいいと。コースを狙うと真ん中に入ることもあるので、ワンバウンドの変化球。**『真ん中近辺の高めと低めだけで角度がつくから』**と言っていました」

左打者相手に投げにくそうにする左投手は意外といる。そういうときこそ、シンプルに「左投手のほうが有利なんだよ」と楽に投げさせてあげることが大事だ。

もう一つは、ひと冬越し、体力がついてきてからの考え方。春になり、スピードがアップすることによる落とし穴がある。

「『冬場に10キロアップしよう』といって練習しますよね。もちろん、いいことなんですが、**スピードが上がってもコントロールが悪くなったら意味がない**んです。100パーセントで投げた球がどれだけ速くなっても意味がない。コントロールがぶれますから。それより、**コントロールがつく七～八分で投げた球が速くなるようにしたい**ですよね。高校野球には連投がつきもの。力投型のピッチャーで、1試合でも球威が落ちたときに打たれてしまってはいけません。やはり、球威がなくても緩急とコントロールがあれば抑えられると思います」

大事なのはスピードではなく角度、制球力、緩急。色気が出てきたときこそ、原点に戻らなければいけない。

投手以外にも注意しなければいけないことがある。それは周囲のチームメイトたちの気持ちだ。球威がないのは百も承知なのだから、ベンチも周りの選手も過剰な期待は持ってはいけない。常に走者が出ることを想定し、走者を出してからどう守るか。それを考えて普段から練習することが必要だ。

「かけ声で『3人でいこう』とは絶対に言わせませんでした。『1人ずつもらっていこう』と。誰も三者凡退を期待していませんでしたから、三者凡退が続いてくると、『今日はすごいな』となってくるんです（笑）。それでムードもよくなりますよね。

それに、**毎回ランナーを背負って点を与えないほうが、相手ベンチは嫌ですよね。**ランナーを出してから守ることが自分たちのペースだと思えばいいんです。もちろん、ランナーを出さないほうが楽ですけど、ダブルプレーを取るほうがいいこともありますしね」

事実、甲子園はその通りの展開になった。初戦の中越戦は木野下が緊張感を吹き飛ばす3回までパーフェクトの立ち上がり。これで波に乗り4回に2点を先制した。3回戦の沖縄尚学戦も木野下が5度の三者凡退イニングでムードを作り、不利と言われた前評判を覆《くつがえ》した。対照的に、準々決勝の聖望学園戦は本来のペース。9イニング中6度得点圏に走者を進められながら失点は初回の1点だけ。チャンスをつぶし、相手が嫌なムードになったところにつけ込んだ。9回も聖望は無死から走者を出しながら2人続けてバント失敗（2人目のフライは木野下がダイビングキャッチして併殺）。その裏、ショートの一塁悪送球（記録は内野安打）と死球でもらった好機に木野下が自らセンター前にサヨナラ安打を放った。

何ができて、何ができないのか。ではなにをすればいいのか。身の丈をわきまえることでプラス要因を作り、マイナス要因をプラスに変えたことが快進撃を生み出した。

弱者が勝つために その48

左対左は角度を捨て、高低で勝負。

その49

スピードが増しても制球力がなくなっては無意味。投球はあくまで七〜八分。制球力を大事にする。

その50

身の丈をわきまえ、できないことは求めない。期待しないことが起きたときはここぞとばかり盛り上がり、ピンチでの守りは流れを変えるチャンスのつもりでプラスに考える。

左投手が有利。それはわかっていても、弱者には左投手が入学してくることは少ない。たとえ入学してきたとしても、中学時代にエースだった投手はほぼいないだろう。だからといって、左がいないと嘆いてみてもしかたがない。極端な話、左利き全員に投手をさせて適性をみるしかない。ちなみに、木野下も門真《かどま》シニア時代は控え投手だった。

「**ピッチャーにする条件としての一番は性格でしょうね。**能力ももちろん大事ですけど、それよりも精神的なもののほうが大きい。それを見極めたほうがいいと思います。球がそこそこで、体力があって、気持ちが弱い子なら、球がたいしたことなくても、体力がなくても、気持ちの強い子のほうがよくなる可能性は高い。体力はつけていけばいいんです。

やっぱり、**粘り強くやりきれる気持ちの強い子じゃないとダメだと思いますね。**人間的には変わっていてもいいんです（笑）。木野下も『宇宙人』でしたけど、頭を真っ白にして、場面関係なく、これをやりますというのができる子でした。『オレはこれでいく。これでダメならしゃあない』ぐらいの気構えが必要。**弱い子、すぐあきらめる子は絶対無理でしょうね**」

では、投手を始めたとして、試合で投げられるための条件とは何だろうか。

「**試合で投げるには、やはりアウトコースのまっすぐとインコースのカーブ。これをしっかり投げ切れるかでしょうね。**ストライクを投げられるか。目をつぶっても投げられるぐらいまでになるのが理想です。それで試合に投げれば、それだけでもそこそこ抑えられると思います。あとはそれを自信にしていけばいい。

これができてきたら、チェンジアップやシュート、フォークなど抜くボールを練習する。カーブと違う方向に抜けるボールがあったら、幅が広がりますからね。もちろん、最初からブルペンで投げる必要はありません。キャッチボールのときに遊びながら投げてみる。いきなりブルペンで抜くボールを練習すると、他もぶれてきます」

くり返しになるが、あくまで基本は外角ストレートと内角カーブの組み合わせ。優先順位を間違ってはいけない。

「アウトコースのまっすぐを投げられないのに、先に抜くボールを練習するとまっすぐがぶれてきます。なんだかんだ言っても、**球が遅くてもまっすぐが主体だと思います。**それさえ忘れなかったらいい。変化球投手だからといって、ついつい変化球だけになってしまうんですが、それだと何が中心かわからなくなってバラバラになってしまいます。**遅くてもまっすぐのコントロールと切れを意識することを絶対忘れたらダメ。これをやっておけば、インコースのまっすぐを投げたときに遅くても見逃し三振が取れるんですよ**」

最後に、改めて軟投派の左投手を作るポイントとは何だろうか。
「アウトコースのまっすぐとインコースの変化球。ちゃんとしたものを確立させておかないと全部探し出してしまうと思います。それこそ、ピッチャー経験のない子はそこで迷いが出てきてしまう。ピッチャーとして、ブルペンではどういう気持ちでどうあるべきかを教えてあげないといけない。ブルペンで勝負をかけられるように。ブルペンを大事にできないピッチャーはダメだと思います。あとは、指導者が理想を与えて、そのイメージ通り練習から求めさせることが大事。『頑張れ、頑張れ』というのはダメ。『スピードアップはいらん。もっと遅いボールを投げろ』とやるべきことを言い続けることが必要だと思います」

2003年夏の甲子園で好投した木野下優投手。ベスト4進出に貢献した。

甲子園でも自分の持ち味を忘れず、愚直に基本をくり返した木野下。報道陣に球の遅さについて質問されても、「遅いほうが自慢になります」とぶれることがなかった。徹底してストレートを外角に、変化球を低めに集めた結果、33イニングで被安打21、9奪三振、10四死球で4失点。防御率1・09と抜群の安定感を見せた。島根県大会（34）とほぼ同じイニング数を投げ、奪三振こそ13減ったが、被安打は11、失点も6減らした。甲子園は外角のストライクゾーンが広いうえ、打者は気合が入っていつもより〝打ちたがり〟になる。木野下にとってはおあつらえ向きの場だといっていい。大舞台でも色気を出さず、自分の投球に徹したことが、全国の高校野球関係者に夢を与える快投につながった。

弱者が勝つために

その51

投手をやるために最も重要なのは性格。粘り強くやりきれる気持ちの強さが必要。

その52

常に基本を大切に。基本を完璧にやり続ける。

その53

変化球投手でも、主体になるのはストレート。遅くても、ストレートの切れと制球力を磨くことを忘れない。

第5章

右横手

徳島商・森影浩章監督が語る

球速のない右投手なら サイドかアンダースローに!

森影浩章

もりかげ・ひろあき

徳島商高(徳島)監督。1963年5月29日生まれ。徳島商高－日本体育大。高校時代は中堅手としてプレーし、81年夏の甲子園に出場。大学卒業後、那賀高、富岡西高を経て、98年から小松島高監督。春3回、夏1回、甲子園に導く。2010年春、徳島商高へ異動し、11年夏も甲子園へ。保健体育科教諭。

たった2人――。

2013年以降に夏の甲子園初出場を果たした41校のエース格投手のうち、右のオーバーハンドで球速135キロ未満の投手は14年の利府（宮城）、15年の津商（三重）だけだった。（P139の表参照）。しかも、両校ともに継投策で戦ってきたチーム。利府は球速の遅い右2人と左の3人でつないだが、津商は二番手の右が140キロを計測した。高校生でも140キロを投げるのが当たり前になった現在、135キロ以上出ない右投手1人では、弱者が夏の甲子園にたどりつくのは限りなく不可能に近いと言える。

ところが、球速のない右投手でも勝てる投手がいる。それは、サイドスロー。同じスピードのない右投手でも、横から投げるだけで勝てる可能性が広がる。13年以降、右のサイドスローで甲子園初出場を果たした5校のエース格の投手のうち、140キロをマークしたのは1人もいない。常時130キロ台前半でも甲子園を狙える。最速138キロをマークした小野憲生を擁した13年の弘前学院聖愛（青森）が甲子園で2勝を挙げたように、サイドでスピードがあれば、全国でも上位進出は十分可能だ。

ちなみに、常総学院（茨城）の木内幸男監督は、夏の甲子園で優勝した2度とも横手投げ投手を用意していた。1984年の取手二では左横手の柏葉勝己、03年の常総学院では5試合で防御率0・40と好投した右横手の飯島秀明。01年のセンバツ優勝時も右横手の平沢雅之が準々決勝で6回無失点と好救援するなど、木内野球にサイドスローは必須。勝つための絶対条件になっている。

では、なぜサイドスローなら勝てるのか。指導する際のポイントは何か。小松島時代、春3回、夏1回と合計4度の甲子園をすべてサイドスロー投手で経験している〝サイド作りの名人〟徳島商の森影浩章監督に解説してもらった。

森影野球の「サイドスロー遍歴」は監督になった当初から始まる。日体大を卒業してすぐに赴任した那賀で四国大会に出場したときはMAX110キロ台の左サイドスロー、2校目の富岡西で四国大会に出場したときも右のアンダースローだった。

「高校野球では、130キロぐらいのストレートが一番打たれるのではないかと思うんです。腕を下げたり、横にしたりすることによって、スピードが10キロも落ちるならそうしようとは思わないですけど、4～5キロだったら体感もそんなに変わらないから、下げたほうがいい。それプラス、（腕を下げることによって）コントロールがよくなるかがポイントだと思います。**高校野球で、球威で抑えられる投手ではない場合は、コントロールが必要。体感スピードがそんなに変わらず、コントロールがアップするのであれば、腕を下げたほうが勝っていける可能性が高い**かなというのが自分の中にあります。腕を下げれば、オーバーで投げているときと比べて、左右のバラつきはありますが、高低のバラつきは少なくなります。それと、バッターとのかけひきや緩急はサイドやアンダーのほうがつけやすいと思います」

だからといって、上から投げていた投手に突然「お前、球遅いから横から投げろ」と言っても納得しない。なぜ、横から投げたほうがいいのかを本人にわからせることが必要だ。「本人のやる気がないと無理。納得して下げないと無理でしょうね。そのためには、うまくだますことも必要だと思います。『こうなったら素晴らしいよ』と声をかけたり、本人とのかけひきで下げさせることもありました」

オーバースローで投げていて、ストライクが入らない、よく打たれる投手がいるとする。それが、腕を下げたことによってストライクが入るようになったり、試合で抑えたりすれば、それが自信になる。そうなればこっちのもの。伸び率はそこから一気に上がっていく。

弱者が勝つために その54

高校野球で最も打ちやすいのは130キロ程度のストレート。腕を下げても5キロ程度しか球速が落ちず、制球力がアップするなら下げるほうが得策。

では、横手投げや下手投げに向いているのはどんな選手なのか。そのための条件などはあるのだろうか。

「**アンダーやサイドというと、下半身が強くないといけないとか、柔らかいほうがいいというイメージがあるかもしれませんが、そうではない。甲子園に行った4人も、硬い子のほうが多かったですから。硬い、柔らかいというのはあまり関係ないですね。**向いている条件として、ピッチャーしかできないような不器用すぎる子はひょっとしてできない可能性もあるかもしれませんが、これというのは特にありません。逆に、セカンドやショートができる子は間違いなくできると思います。あとは、キャッチボールをするときにピッとボールがかかる子、手先の感覚を持っている子は適していると思います」

08年のセンバツで準優勝した聖望学園（埼玉）相手に2失点完投と好投した井内学は中学まではオーバーハンドに近いスリークオーター。なんでもない普通の投手で、本人も入学してすぐに「セカンドをやらせてください」と言うほどだった。

「ところが、極端に言ったら、セカンドでは練習試合にも出られないぐらいのレベルだったんです。そこで『試合に出たくないんか?』と。そうしたら『出たいです』と言う。それで、『ピッチャーしたらどうや? 腕下げてみるか?』と言ったら、本人も『アンダースローにチャレンジさせてください』ということで、アンダーになったんです。ひたむきにやってくれたから、どんどんいい球を放るようになりました。棚からぼた餅みたいなものですね。だから、誰でも可能性はあると思います。上から投げて125キロの子が、サイドから投げて120キロであれば、十分いけると思います」

腕を下げることによる注意点の1つはスピード。スピードは落ちるのが当たり前とわきまえ、速さを求めてはいけない。01年センバツに出場したときのエース・堀渕貴史は、最速117キロ程度だったが、甲子園が始まる前にスピードを意識して133キロにまでアップ。ところが、球速が上がった途端、めった打ちを食らうようになった。

「いわゆるバッターとのタイミングが合う状態。（バッターから）見やすくなったのかもしれません。**緩急をつけられれば、遅い球でも速く見せられる。サイド、アンダーはスピードにこだわりすぎたらダメですね**」

甲子園での堀渕は、出場34校の初戦に登板した投手のうち最下位となる43位タイの最速124キロしか出なかったが、神埼（佐賀）を相手に1勝。2回戦の浪速（大阪）戦でも完投し5安打無四死球2失点の好投を見せた。横手、下手から投げる以上、磨き、求めるのはあくまで制球力だ。

弱者が勝つために
その55

球速を追い求めてはダメ。こだわるのは緩急と制球力。

技術面で最大のポイントは蹴り足。サイドやアンダーというと腕の位置や体の傾きなどに目がいきがちだが、すべては蹴り足だ。

「**蹴り足を教えてあげることによって、サイド、アンダーは作っていくことができます。アンダーならボウリングやソフトボールのウインドミル投法のイメージ。後ろ足の蹴り足は必ず（前足と）クロスします。**サイドならまっすぐ、オーバーならまっすぐいってからかぶせるかたちになります。

腕の角度を作って、そのまま（体を）倒せという人がいますが、それは本人の感覚ですから、そこまでは言わなくていいと思います。**足を上げるときに回しながら上げれば、人間は必ずサイドかアンダーになるような傾きになりますからね。**あとはお尻から出ていくイメージで練習すればいいでしょう」

フォームを作る際の練習も蹴り足から。1に蹴り足、2に蹴り足。蹴り足がすべてといっても過言ではない。

「(フォームを)気にして投げさせるなら、蹴り足からが一番いいですね。『(体を)傾かせて、蹴り足をこう(クロスするように)蹴ってみろ』と。蹴り足のことを言わずにやらせたら、だいたいみんな投げた瞬間に右足が着地しようとするぐらい軸が右に傾く。投げた球はシュートします。だから、サイドにすると必ずインコースは抜けてデッドボールになるというのが多いんです。こうな

アンダースローの場合、蹴り足は踏み込んだ前足とクロスしなければならない。

前方から見ると、このようにクロスする。

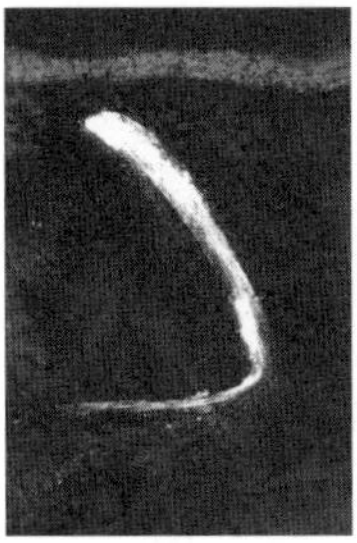
アンダースローでは、蹴り足がマウンドの後ろにこのような跡がつくようにする。

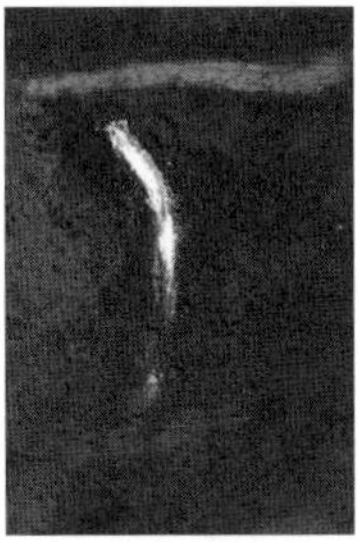
サイドスローでは、蹴り足がマウンドの後ろにこのような跡がつくようにする。

よい投げ方

悪い投げ方

るからシュートする、抜けるというのを言ってあげないとダメですね。

右足の着地が早いとインコースは抜けてデッドボールになりやすい。それが怖いから真ん中に入ったり、アウトコースも抜け気味に入っていくから、すーっと真ん中へ行って打たれることが多くなるんです。**ピッチングのときに、『クロスするように蹴ってみなさい』と言って（軸が傾くのを）我慢させる。極端に言ったら、『（蹴った右足を）止めてみなさい』と。止まるということは、前に流れないから右にも下がれない。それによって右手が前に出てきます。右手が前に出るということは、アウトコースに引っ張っていける。**そういう感覚を覚えてくれたら一番いいと思います」

止まるのが難しければ、投げた瞬間に右足をポンと着くのではなく、蹴った右足をゆー

投げ終わったあと、右足を着く位置は肩幅の倍の広さまでにする。

投げ終わったあとの足幅が広すぎる。

つくりと着地させるイメージを持たせればいい。蹴り方と着地にかかる時間を意識させるだけでも、かなり変わるはずだ。

「右足の着地が早いと倒れすぎて抜けてしまいますから、前ひざにゆとりを持ってゆっくり着地する。**投げ終わったあと、右足を着く位置は肩幅の倍の広さまでが限界ですね**」

　では、踏み出す左足はどうすればいいのか。あえて一足分インステップするぐらいがちょうどいい。

「右バッターが嫌な感覚になりますからね。それに、腕を下げたときに普通にキャッチボールさせたら、みんなインステップすると思います。**インステップは一足分が基本**。二足分までいくと、下半身の蹴りで引っ張ってきても、よっぽど背筋が強くないと苦しいと思います。

着地する際のつま先は、踏み出す足が開かないようにやや内向きに着地します。左ひざのゆとりはスケート選手と一緒。スライドボードを使って練習するといいと思います」

ネットスローなどで蹴り足を意識して感覚をつかんできたら、次は立ち投げ。シュート回転を防ぐために、蹴り足を止め、外角へ引っ張らすような練習をしてみる。

「止めすぎて右バッターのアウトコースまで引っ張るようなピッチングをしてもいいと思います。ウエストボールを投げてみてもいい。それができたら、キャッチャーを座らせてピッチングをさせてみます」

その他の部分については、ほとんど言わない。言うとすれば、足の上げ方ぐらいだ。

「これはフォーム全体に言えることですが、細かい分解写真の100分の1の部分を言ったら、余計にイップスになるような気がします。だから、左手の使い方についても詳しくは言いません。その子のやり方が合っていればそれでいい。体が開く子には『バッターに向かっていってるよ』というのは言いますけど、ひざが折れようが、そういうことは言いませんし、セットの入り方やグラブの位置など細かいことは言いません。本人がやりやすいほうがいいですからね。（投球時に）手首が立っているにこしたことはないですが、立つ感覚というのは難しい。立てろ、立てろとは言わないでいいと思います。

足の上げ方ですが、特にアンダーは回しながらの上げ方のほうがひねりやすいし、倒しやすい。リズム感で放りやすいと思います。1、2とか、1、2、3とかリズム感があるほうがタイミングが合わせやすい。足を上げる高さは本人の投げやすい高さで構いません。ちなみに、渡辺俊介（元千葉ロッテマリーンズ）投手のように、足をまっすぐ上げて、真下に下ろし、そこから出ていく投げ方は難しい。リズムもとりにくいし、あのやり方で投げるには、下半身の強さがいるのではないかと思います」

弱者が勝つために

その56

アンダースローは蹴り足がポイント。ボウリングのように前足とクロスするように蹴る。

その57

蹴り足の着地はゆっくりと。着地する場所は肩幅の倍ぐらいまで。着地が早いと抜けて死球になりやすくなる。

その58

踏み出し足は一足分インステップが基本。

サイド、アンダー投法は投球する際に体が開いてしまう投手が多い。それを矯正するにはどうしたらよいのだろうか。

「注意するのは蹴り足ばっかりですね。**開くイコール蹴り足ができていないということ。**人間は上半身のほうが操作しやすく、足のほうが不器用。不器用なほうを開かないように我慢させるように、足のほうに意識を持っていくほうがやりやすいと思います」

　同様に、突っ込みがちに投げる投手の矯正も蹴り足から。意識させるのは、とにかく蹴り足だ。

「投げる際に顔や頭が先に出るようではダメ。球が走りません。肩の線に我慢できるようにしたいですね。頭が突っ込んでしまう子も、蹴り足を直せばみんなスムーズにいきます。あとは、股を大きく開いて、体重移動の練習もいい。後ろに体重を残しながら、ひっかける投げ方で（蹴り足が）止まる感覚を身につけるのもいいと思います」

　あとはフォームが固まるまで毎日チェックしてあげることが大切。

「チェックするのは蹴り足とバランスですね。横から見たり、正面から見たり、後ろから見たりして、その子のいいバランスを見つける。毎日見て、特徴を意識して教える。パッと言って、パッとやるのはなかなか難しいですから、試行錯誤しながら、指導者が感覚の話をしてみたり、やり方の話をしてみたりしながら身につけさすしかないと思います。

　腕の高さですが、本人が投げやすいところでいいと思います。本人は横から投げているつもりでも、上から投げていることもありますし、本人の〝つもり〟と見た目は違います。このへんでいいという高さを見てあげることも必要ですね」

弱者が勝つために
その59

開くイコール蹴り足ができていないということ。蹴り足を直すことで開きも矯正できる。

フォームが固まり、ストレートが狙ったところに投げられるようになってきたら、次は変化球。まずは横の変化から練習する。

「**縦の動きより、まず横の動きを覚えていかないといけません。**カーブ、スライダーどちらでもいいと思います。カーブを投げようとすると、腕の位置が変わる子が多い。上がってくる子が多いので、投げる際に『今のは上がりすぎ、下がりすぎ』と言ってあげるといいと思います。

カーブを投げるときも、基本は蹴り足。前のほうで離して、アウトコースに投げないといけないですからね。イメージとしては『キャッチャーのプロテクターの横線を、手でなぞるように前に持っていく』。そうすれば投げやすいと思います。カーブを投げるときはまっすぐと同じ腕の振りで投げることが大事。いつでもストライクが取れるようにしたいですね。

握りは本人次第。初めは同じ握りでも、同じ曲がりをしないので、一球一球、『今のでいい、ダメ』と言ってあげるといいと思います」

次に反対側の変化球だが、これはあえて体の開きを利用する。

「インコースに放るときは、『真ん中を目がけてわざと開け』と言います。開いて、早く離せば、勝手にシュートしてインコースに行きますから」

蹴り足の着地を我慢してゆっくり着いていたのを、あえて早く着地させる。フォーム矯正前の悪癖を自ら利用することで内角に投げるのだ。

「もちろん、インコースにわざと抜けさせるのと、引っ張ってきてしっかり投げるのと2通り投げ分けられれば一番いいですよね。インコースのシュートと球種が増えたことになりますから。順番としては、インコースのストレートを練習して、うまくいかなかったら真ん中目がけて開くという感じでいいと思います」

変化球投手のイメージから、あれも、これもとなりがちだが、必ずしもそうではない。

「シュートは勝手にするから、横に曲がるカーブがあればいい。もちろん、カーブもスライダーもシュートも投げられればいいですけど、**極端な理想をいえば、インコース、アウトコースのストレート系のコントロールと少々曲がる変化球があればいいと思います**」

弱者が勝つために その60

変化球は横の変化から。カーブを投げるときも基本は蹴り足。腕は捕手のプロテクターの横線を手でなぞるように前に持っていくイメージで、ストレートと同じように振る。

横の変化が使えるようになったら、最後にシンカーなどの抜く球種。注意したいのは、あくまで抜く球種は最終段階ということだ。

「**抜くボールから練習するのは間違いですね。**ピッチングの基本はアウトコース、インコースの低めのまっすぐ。それを意識して練習して、ごまかすための球がカーブ、シュートですから。抜くボールはタイプによってものすごく違ってきます。フォーク気味に挟んだり、中指、薬指の間で挟んだり、サークルチェンジ気味だったり。シュートで沈む子もいます。ただ、言えることは**少し沈めばいいということ。低めに投げて沈めばいいんです。**落ちるか落ちないかというのが一番怖い。いつでも変化して、ボール2個分落ちたら上出来。シンカーでストライクを取れとは言いません」

低めの変化球を生かそうとするあまり、高めの球を使って目線を上げようとするバッテリーがいるが、サイド、アンダースローの場合、高めの球は必要ない。

「高低は使わないでいいと思います。球威がないんですから、高めは一番打たれる可能性がある。渡辺俊介投手みたいに、高めに浮き上がるようなストレートなら高めの球で内野フライを打たせられて有効ですが。投げるとすれば、一か八か、胸元にボール球で振らせにいくときぐらいでしょうね」

球威がない場合、どうしても変化球に頼りがちになるが、やはり精度が問題。不安のある変化球を投げるぐらいなら、ストレートを選択したほうがいいこともある。

「ストレートなら安心して構えたところに来るけど、変化球は抜けるというのなら、〝ここ〟というときは必ずストレートを投げないといけません。実際、03年夏の甲子園に出場したときのエース・大和（威光）は、スライダーが一番打たれました。あまり曲がらないうえに、スピードもストレートとあまり変わらない。カーブも投げられない。それなのに、カウント1―2から平気で真ん中にスライダーを投げて打たれていました。そこで、大和とは約束事を作りました。『5球投げたら、変化球は1球まで。右バッターに投げるのはすべてインコース。デッドボールになっても、打たれても、インコースに投げればいい。色気を出してアウトコースにスライダーを投げるな』と。そう言ったにもかかわらず、投げて打たれたこともありましたけど（笑）。**右バッターのインコースはなかなか打たれません。開いてでもインコースに放れるようになったら、右バッターに関してはそんなに心配はないですね。**試合中に相手が意識して打席での位置を変えたりしたら思うツボです。そうしたら『外に甘い球でいいから投げろ』と。みんなそれぐらいできますから」

甲子園では実際その通りになった。初戦の旭川大高（北北海道）戦。旭川大高打線が打席内で動いたおかげで大和はスイスイと投げ、５安打１失点で完投。大和本人も「こんなに三振が取れるとは」と驚く10奪三振の好投だった。

弱者が勝つために その61

抜く球種を練習するのは最後。とにかく低めに投げるのが大事。大きく落ちなくても、少し沈めばいい。

その62

開いてでも内角に投げられれば、右打者には心配はない。

一方、サイド、アンダースローにとって、左打者は〝天敵〟だ。実際にどうかは別として、左打者もサイドやアンダーを得意と思っていることが多いため、投げる前から負けてしまっていることが多い。

「やはり心配なのは左バッターですね。**左バッターには変化球の使い方を考えなければいけません。左投げ左打ちなのか、右投げ左打ちなのかでも配球を変えないといけないと思います。左バッター全般に言えることとして言うのは、『変化球でストライクを取れ』ということ。左バッターは打ち損じてのフライが多いんです。**サイドの子は左バッターに逃げがちですが、『打たれても構わん。真ん中でもいいから、変化球でストライクを取れ』と言いますね。これは**ボールの軌道の問題なんですが、入ってくる変化球はタイミングが早かったらファウルになるし、きっちりとらえてもフライになりやすい。または詰まるんです。**遅いカーブでも詰まりますからね。投げるのは怖いけど、意外に打ちにくいんです。逆に、逃げていくボールは意識しているから意外に三遊間とか、レフト前に打たれる。打順にもよりますが、アウトコースには、シュート系を見せておくだけでもいいと思います」

サイド、アンダーは左打者に弱いという先入観を捨て、臆せず変化球を投げる。攻めて投げる変化球と、怖がって投げる変化球では、腕の振りも切れも変わってくるはず。左打者にこそ、攻めの気持ちで緩い変化球。これがポイントだ。

対左打者には怖がらずに変化球でストライクを投げる。

対左打者と並び、サイド、アンダースロー最大の問題が、走者を出してからの投球だ。モーションが大きくなりがちなうえ、球が緩いだけに、下手をすると盗塁がフリーパスになりかねない。いくらいい球を持っていたとしても、これでは試合では通用しない。

「心配は盗塁です。やはり、**クイックは必須。いくらキャッチャーがよくてもダメです。クイックができなければこんなに攻めやすいピッチャーはいませんからね。**クイックだと右足の着地が早くなりがちなので注意が必要。軸足で作っておいて、割るだけというイメージです。

ランナー一塁でも二塁でも、クイックがちゃんとできて、球威がなるべく落ちずに、コントロールがきちっと投げられるようにしないといけない。井内の場合、クイックで投げるときに右ひざが曲がるので、セットの際に初めから右足を曲がった状態で作らせました。右の骨盤をロックしておいて、そこから投げる。余計な動きがなくなりますから、0・何秒か補える。これで走られることもなくなりました」

とはいえ、やはりそれだけでは不安が残る。そこで、森影監督は捕手を重要視している。

「ピッチャーがそこそこ放ったとしても、キャッチャーが（盗塁が）タダだったらはっきり言って難しい。それだったら、ショートをやっている子とか、捕ってから早く投げられて、肩の強い子をキャッチャーに持ってこないといけないと思います。私が一番に気にするのがキャッチャー。入学してきたキャッチャーがダメなら違う子を作ります。私の考えでは、**キャッチャーは捕ってから早い子が基本ですね。内野の守備よりキャッチャーを重視します。**守備はいろんな人が言うように、数を受ければ、ある程度のゴロはアウトにできるようになりますから。もちろん、なかなかいい子は来ませんが、**学年ごとにいなかったら2年に一ぺんいればいいんです**。毎年は考えられませんが、2年に一ぺんキャッチャーを作ったときに、たまたまピッチャーが当てはまったら(上位に)行ける。公立で、サイド、アンダーで甲子園に行こうと思ったら、いいキャッチャーがいるのが基本だろうと思います」

クイックと捕ってから素早い捕手で盗塁を封じれば、あとは牽制《けんせい》とバント処理などのフィールディングだ。

「牽制は投げる練習はあまりしません。ただ、タイミングは教えます。セットに入った瞬間に投げるとか、入って何秒したら投げるとか、長く持ってスタートを切りにくくして投げるとか、4つ、5つのパターンは言いますね。バント処理は、セカンドやショートができる子なら、何も心配ないと思います。あとは、無理して二塁でアウトにしなくてもいいから、一塁だけアウトにしてくれと。もちろん、負けているときに一か八か勝負をかけることはありますけどね」

盗塁のフリーパスだけは何としても防ぐ。あとは、最低限守ればいい。心がけるのは、オールセーフで走者をためることを避けることだ。

弱者が勝つために その64

クイックの習得は絶対条件。必ずマスターする。

弱者が勝つために その65

内野の守備より捕手を重視。捕ってから素早く投げられる選手を捕手として起用する。

ここまできたら、あとは実戦だ。

「やはりバッターが立ってナンボですから、試合で試してみないとわかりません」

試合で気をつけることもシンプル。打者を相手にしたからといって、力んで抑えにかかったり、四死球を出したりしないことだ。

「打たれるのはしかたがないんです。球威がないんですから。空振りもなかなか取れませんが、空振りを追い求めたり、スピードを追い求めたらダメです。

最初のうちはとにかくリズムよく、（捕手からの返球を）捕ったらすぐにセットに入って投げる。打たれるのは、なんぼ打たれてもいい。ポンポン投げて、1球目にヒットを打たれてもいいんです。三振取ってやろうとかいう気持ちもいらない。3―2にするのもよくないですが、怒るのは、フォアボールを出したとき。ランナーを出しても、向こうがしかけてきて、盗塁とかエンドランとかされても、ディフェンスがちゃんとできたら、それでOKです」

打たせて取るタイプなのだから、打ってもらう。カウントを悪くしたり、四死球で歩かせたり、というのが最もしてはいけないことだ。

「配球は、その日一番いい球を基本ベースに考えます。コントロールと緩急の配球で抑える。基本として、変化球、特にカーブでいつでもストライクが入るのが一番いい。**スピードがないんですから、2―0、2―1、3―1からストレートでいくようでは難しいですよね。**そのカウントで変化球を投げられれば、今度は変化球と思わせてインコースにまっすぐで惑わすこともできます。考えて打つバッターか、インコースなら何でも振るバッターなのか、そういうことを考えて投げる球種を選択すればいいんです。ある程度、練習試合でやって教えて、それでもわからなかったら、〝ここ〟というときは監督がサインを出してもいいと思います」

打たれることを怖れず、逃げずにストライクを投げる。緩急をうまく使って、打ち気をそらす。緩い球で打ち取ることが増えれば、遅い球を使う楽しさもわかってくるはずだ。

弱者が勝つために その66

打たれるのは当たり前。リズムよく投げて打たせて取り、スピードや空振りは求めない。

その67

打者有利のカウントで、変化球でストライクを取れるようにする。

最後にもう一度、森影監督にポイントをまとめてもらった。

「とにかく本人がひたむきに貪欲に頑張るしかない。そういう性格が必要ですね。指導者もすぐに結果を求めたりせず、長い目で見ることが大事。あとは、やはりスピードや空振りの取れる変化球ばかり追い求めてはいけないということでしょうね」

内外角へきっちりストレートを投げられること、変化球でストライクを取れるようになることが派手さのない投手だからこそ、まずやるべきこと。背伸びをせず、コツコツとやるべきことをやる。それが一番大事なこと。その先に、きっとサイドスロー、アンダースローにしかわからない快感が待っている。

第6章

捕手

「相手から嫌がられる捕手」を育てよう

日大藤沢・山本秀明監督の捕手育成法

山本秀明

やまもと・ひであき

日大藤沢高(神奈川)監督。1970年4月11日、神奈川県生まれ。日大藤沢高―三菱自動車川崎。現役時代は捕手。高校では主将も務めた。甲子園出場経験はなし。三菱自動車川崎では10年間選手としてプレー、93年都市対抗4強進出、95年日本選手権優勝に貢献。現役引退後、横浜隼人高(神奈川)コーチを経て、2004年8月、母校・日大藤沢高監督に就任。07年センバツ出場。指導方針は「愛情を持って生徒たちに接する」。同校職員。元中日ドラゴンズ投手の山本昌氏は実兄。

名捕手あるところに勝利あり――。

プロ野球でよく使われる表現だ。もちろん、高校野球で名捕手がいるチームなどほとんどない。だが、その逆はかなりの割合であてはまる。

捕手が弱いチームは勝てない――。

出塁されるたびに盗塁を許し、ワンバウンドが来れば後ろにそらす。県大会で大差がつくのはたいていがこういうケースだ。当然、全国大会でも捕手の差は如実に表れる。許盗塁と暴投・捕逸が多いチームは必然的に敗戦に近づくからだ。最近3年間の夏の甲子園を調べてみると、許盗塁と暴投・捕逸の合計が相手チームより多い場合は24勝83敗の勝率2割2分4厘だった（2015年9勝24敗、16年6勝28敗、17年9勝31敗。両チーム同数の場合は除く）。打力向上が著しい近年は、一つの許盗塁、一つのミスから一気に大量失点につながりかねない。たとえ弱者であっても、最低限の捕手を作れなければ戦えない。盗塁を刺せなくても、簡単には走ってこられないレベルのスローイング技術。ワンバウンドを止められる低投処理技術。「捕手は素材だ」という言葉で片づけていては何も始まらない。言い訳ではなく、教訓にしなければ未来はない。いなければ作るしかないのだ。

現役時代は三菱自動車川崎で10年間プレーし、横浜隼人（神奈川）のコーチとして小宮山慎二（現阪神）、日大藤沢では黒羽根利規（現北海道日本ハム）を指導した山本秀明監督に、県大会の上位で戦える捕手になるために必要な心構え、練習方法を語ってもらった。

山本監督自身、捕手として苦い経験を何度もしている。スポニチ大会のプリンスホテル戦では、こんなこともあった。

「あと1点取られたらコールドという場面の一、三塁で一塁ランナーが走ったんです。肩だけは自信があったのでセカンドに投げたんですが、一塁ランナーは止まって三塁ランナーがホームイン。それでコールド負けですよ。練習してきたことすらできない。なんとも言えない恥ずかしさもあり、かなりショックでしたね」

場面、状況を頭に入れて、先のプレーを考える。常に相手の動きを観察し、瞬時に対応する。捕手に求められる能力であり、必須条件だ。これを前提にしたうえで、山本監督が捕手に向いていると考えるのはこんな選手だ。

「**視野が広いというのが大事ですね。**例えば、バッターがレフトにファウルを打って、レフトが定位置に戻るまでに座ってしまうのはダメです。そこがないと配球までもっていけません。あとは、**言われたことを実践する能力があるかどうか。**感じる能力ですね。これは育ってきた環境もあるので難しいんですけど……。例えば、ウチでは『ワンバウンドしたボールは手でふきなさい』と要求しますが、ユニフォームでふく子もいる。それを**1回言っても、2回言ってもできないようなヤツはいらないということです。**

性格的には自分がサインを出してゲームを作るのに、ピッチャーを強く叱責するようなタイプは好きではないですね。自分を殺して、ピッチャーを立てていく。**キャッチャーは何が大事かと聞か**

れたら、愛情。視野が広くて、ピッチャーに気配りができる。ピッチャーの面倒をみるぐらいの気持ちが必要です。例えば、カウント3―2でニューボールが出てきた。ランナーがいれば一つ牽制《けんせい》を入れてあげて、少しでもボールになじむようにするとか、そういう配慮ができるか。黒光りしているすべりやすいボールに気づいてやれるか。**ピッチャーは旦那と言われないのに、なぜキャッチャーは女房と言われるのか。ピッチャーを乗せていくとか、ピッチャーに対しての献身的な部分が求められるからだと思います**」

9回裏2死まで無安打に抑えていても、たった1球の失投で負ける可能性があるのが野球というスポーツ。1球がどれだけの重みを持つのか。視野の広さとともに、それを常に入れてプレーできるかも大事だ。左打者のあとに右打者が来れば、左打席の足場をならす。走者がいれば、思い切ってワンバウンドを投げさせるために目の前の地面をならす。気づき力は欠かせない。

「そういうことができないのはダメですね。その1球でチームの負けに直結する可能性がありますから。（打席を）踏み固める時間はなくても、ならす時間はある。それをしたために、跳ねないこともありますから。とんでもない高いボールは捕れませんけど、ワンバウンドはなんとか対応できる。自分への目配り、気配りですね。

あとは嗅覚。最近は相手の監督のサインを見ていない子が多い。あれはダメですね。何かを感じたら、ピッチドアウトを有効に使う。たとえ（予想が）外れたとしても、外されると嫌なものです。終盤競ったときに『またやるんじゃないか』と思わせるためにも、前半に入れておくと有効ですね。

相手のサインを抑制するようなことを考えてできる野球頭はほしいですね」
もちろん、これは一朝一夕に身につけられるものではない。実戦経験を積むだけでなく、ごみを拾ったり、信号が変わるタイミングを予測したり、歩いている人がどちらに曲がるか予想したりなど日常生活から嗅覚を養うトレーニングをすることが必要だ。目に見えない地道な努力を続けられる忍耐力もまた捕手に求められる要素だと言える。

弱者が勝つために
その68

愛情のない捕手では投手を導けない。投手に有利な情報を探し、最悪に備えて準備をするためにも普段から視野を広く持ち、気づき力、嗅覚を鍛えることが必要。

捕手といえばすぐ配球論に入りたがる指導者は多いが、その前に基本的な技術がなければ試合にならない。強い肩がなければ正確なスローイング、絶対に後ろにそらさない意志と低投処理技術は必須事項だ。山本監督に練習法の紹介とワンポイントアドバイスをしてもらった。

【キャッチング】

山本監督の指導の肝は「**ミットは親指と人差し指だけでつまむように使え**」。中指、薬指、小指で握らないようにする。「ウチのキャッチャーは他のチームよりミットをかなり開いて捕っていると思います」。これをやる理由は大きく二つ。「**一つは、正面に入れて受け止める感覚なので、ミットが止まりやすいということ。もう一つは、ピッチャーにボールを見せた状態で捕るので、ピッチャーが気持ちいいんです。ピッチャーを乗せるという心理的な部分ですね**」。

写真でわかるように、中指、薬指、小指で握るとボールが見えない。右打者の内角いっぱい（左打者の外角いっぱい）の球をこのように捕球すると、審判からは「ボールを中に入れた」と判断される原因にもなる。

「そうなると、ボールの位置は変わっていないのに損ですよね。審判の方に聞くと『ミットを動かす行為はキャッチャーがボールと判断したから。だから手が上がらないんだ』と言う。動かないように見せる意味でも有効です」（山本監督）

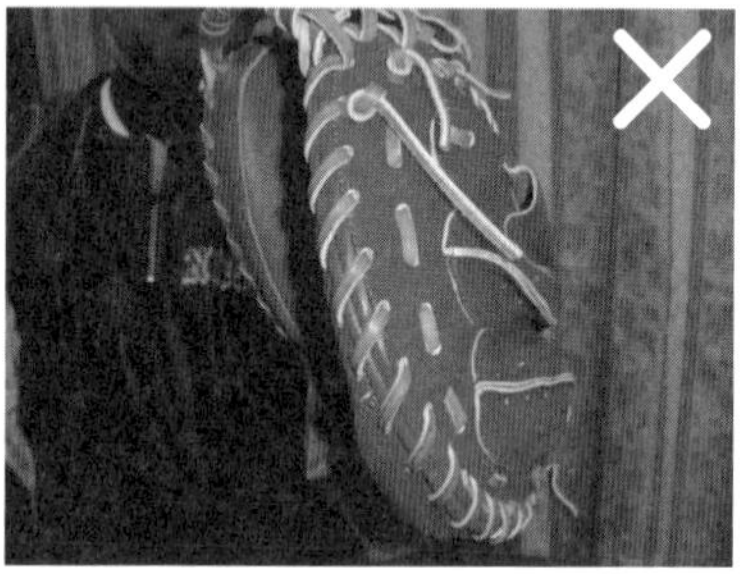

日大藤沢では、捕手は上のようにミットを開いて捕球する。

ボールを捕球する位置はなるべく身体に近いところ。腕を伸ばして捕球しないようにする。

「**身体に近いほうがハンドリングしやすいというのが一番です。それと、近くで捕れば、スローイングを速くする**

ことができる。（腕を）引く動作より、ボールのほうが圧倒的に速いですから。キャッチボールからこれだけを練習していれば、まずタイムは縮まります」

ボールは必ず来るもの。走者が走ってもあわてて捕りにいかず、来るのを待つ。その習慣をつけるため、キャッチボールから意識することは欠かせない。

また、低めの球でミットが落ちてしまい、せっかくのストライクをボールにしてしまう捕手がたくさんいるが、これは構えに問題があるケースが多い。

「**構えが高いと目線がかなり上から見ているので、ミットが落ちてしまう。**上げようという気持ちがあるから落ちてしまうんです。特に高校生は我慢ができず、（ボールを）捕りにいってしまうので、上げられないですね。**バッターのひざ頭より下の、低めストライクいっぱいぐらいの位置に構えて、そこからミットが出ていけば下がらなくなります。**そこより下はボールなので、それより下は落ちようが構いません。もともと下にあれば、（ミットを投手に向けて構えていて、捕球

ボールを捕球する位置はなるべく身体に近いところ。
腕を伸ばして捕球しないようにする。

前に一度下に下げても）下から出てくるので下がりづらくなります」（山本監督）

構えは横に広くならず、細いほうがいい。広いと外に外す場合でも、中に入りやすくなるためだ。

【握り替え】

スローイングを速くするにはこの練習が必須だ。このときも身体の近くで捕ることは徹底する。

ポイントは右手を置く場所。多くの捕手がミットの右に置いてしまうが、必ず下に置く。

「ボールを下に落とすと、この位置なら右腕を回してこれるんです。回せば（身体を）縦に使えるので開かないで投げられる。あとはいかに小さく回していくか。ボールの勢いを吸収しながら、最低限の力でトップに持ってくる。これを意識させますね」（山本監督）

また、右手を横に置くと次のようなことにもつながる。

握り替え ○　ポイントは右手を下に置くこと。捕球したボールを下に落とす。右手は落ちてくるのを待つだけと意識する。

握り替え ×　捕球して右手をミットに持っていくと、時間がかかってしまう。

「捕球して、ボールを横に飛ばしてしまう子が多いんです。**手が下にないと、(ミットを)引く動作になってしまいます。引くと肩が入ってしまいますし、入れば開きますからね。**回すと遅く感じますけど、回すほうが速い。引くと止まるので、胸を張るイコール開くことにつながってくる。押し出したらシュート回転しますから、回して投げるのが大基本だと思ってます」(山本監督)

捕球して右手をミットに持っていかないように注意。持っていくと時間がかかってしまうからだ。あくまでボールは下に落とすだけ。右手は落ちてくるの

を待つだけと意識しよう。

練習をする際は、正面からではなく、真横からのトスを握り替える練習から始める。最も投げやすく、速くできるかたちだからだ。そこから徐々に角度をつけ、最終的に正面からのトスでも同じスピードでできるようにもっていく。

「**高校生は網で捕ってしまうので握り替えが下手なのかなと。ミットの芯付近で捕ることが大事**。芯付近なら握り替えが容易にできるので。キャッチボールから芯に当てる意識でやればできるようになると思います」（山本監督）

スローイング ○ 正面を向くイメージで、肩を入れず前に歩きながらまっすぐ投げる。

スローイング × 肩が入りすぎ、インステップしてしまっている。

【スローイング】

山本監督が口酸っぱく言うのは「正面を向いて投げろ」。要するに、左肩を入れすぎないように注意しろということだ。これにより、左右の動きが少なくなり、送球も大きくぶれる可能性が低くなる。肩が強くなくても正確なスローイングを身につけるには重要になる考えだ。

「コントロールをよくするには横のぶれをなくすのが一番なのかなと思います。ピッチャーもそうですけど、横振りになれば、リリースの位置も横にぶれてくるので。キャッチャーは約40メートル投げなきゃいけない。1

センチずれたらかなりずれます。野手も動きながら捕りにきますから、横にぶれるのは一番ダメなのかなと思います。

　正面を向いて投げれば、まっすぐにしか出ていきませんから（身体が）ぶれませんよね。肩が入ると、どっちに腕が出ていくんだ？　という感じに見えます。『正面を向いて』と言いますが、セカンドまで約40メートル。正面を向いて届くほど甘くありません。極力、肩の入るラインを少なくしようということです。野球選手なら自然と肩は入ってきます。それを『肩をまっすぐ向けて』とか、かたちを作れと言うと入りすぎてしまうんです」（山本監督）

　正面を向くというのはイメージの問題で、もちろん肩は少し入る。入りすぎて、ぶれが大きくならないために、こういう意識づけをするのだ。左肩の入りは最大でも二塁ベースと一直線になるラインまでにしたい。投手とは違い、捕手の送球は味方に投げるもの。野手に見やすく

ステップ ○ 右足始動で動いていくのが大事。左足の後ろに右足を持っていきすぎないように注意。

ステップ × 右足が大きく動いてしまっている。

するという意味でも、正面を向いてボールを見せた状態で投げるのは有効だ。

また、正面を向いて投げるにはひじをしっかり上げることが不可欠。ひじが上がらないと横に振らないと投げられないからだ。「ひじを上げる」という表現でうまくいかない選手には「ボールを上げる」という言い方をするとうまくできることもある。どうしてもひじが上がらない選手は捕手に不向きだと言える。

もう一つ、この練習をする際に意識したいのは「スローイングは歩いて投げる」ということ。前に出ながら、その流れで投げる。あくまで下半身主導で、ボールを捕りにいかないということは忘れないようにする。
この他、試合中のイニング間に行う二塁送球も気を抜かずに行う。「乱れていると相手にスキを与えてしまうから」（山本監督）だ。いい送球をして簡単には走れないというイメージを植えつけるだけでも意味がある。

【ステップ】

ここでも一番は近くで捕ること。「**近くで捕ることによって上半身が出ていってしまうのを抑えられます。右足始動で動いていくのが大事**」（山本監督）。左足の後ろに右足を持っていきすぎないように注意。「右足はその場で足踏みぐらいのイメージ。動いてもせいぜい一歩半まで。二歩半まで行ってはダメです」（山本監督）。P192～193の写真では上半身の動きつきで練習しているが、上半身は動かさず、下半身だけでのステップ練習も効果的だ。
「**上があるとボールを捕りにいってしまって上が先になってしまいます。下が出ていってボールを迎えにいく感じになりたい。足から行けば前に行く力が出てきます**」（山本監督）
あくまでも「スローイングは歩く」。下から動くというイメージを忘れないことが大事だ。この他、近くからトスをしてもらい、ボールが来たら捕球するタイミングでしゃがんで投げる、スクワットスローイング練習も行う。これをくり返すことによってリズムを作るためだ。

【低投処理】

山本監督が「永遠の課題」と言うのがワンバウンドストップ（低投処理）だ。「10万球練習したから、夏の大会で100パーセントパスボールしないというものではないですから」。とはいえ、バッテリーエラーは失点に直結することが多い。100パーセントは無理でも、それに近づけるようにくり返し練習が必要だ。まずは低投処理の基本姿勢をできるようにする。

「いかにひざを速く落とすか。真下ではなく、斜め前に落とす感じですね。足を引いてしまうと（股の下に）空間ができるのでNG。股の間を抜かれるのは屈辱ですからね。あとは**胸を張るとボールが跳ねてしまうので、力を抜いて、（ボールの勢いを）吸収する。**猫背のように丸まっているぐらいの感じがいいですね。頭は下がりすぎないように注意。下がりすぎるとワンバンしたところが見えないし、次のプレーも見えない。頭の上を越されていく可能性も多分にありますから」（山本監督）

右手はミットの後ろに置くのが基本だが、左右にぶれたときなど、間に合わないときはそれにこだわらないでもいい。右手をミットの後ろに持っていく場合は、両手を柔らかく使い、円を描くようにするとやりやすい。まずはボールを使わずにこの姿勢をできるように。これができるようになったら、反応練習。BSOのランプを使って、Bなら高め、Sなら真ん中、Oなら低投の捕球姿勢を作る。

ボールを使う練習の最初は、低投処理の姿勢を作っておいて、ワンバウンドを投げてもらって見ることから始める。「**バウンドしたところを見ます。見れば勝手にあごは引けますよね。**『あごを引け』と言うと前傾になってくるし、肩も上がってくるので、見るだけでいい」（山本監督）。このあとが、実際にワンバウンド投球に合わせて低投処理姿勢を作り、止める練習になる。

「ボールに反応して速くひざを落とす練習ですが、ひざを速く落とすのと吸収するのは相反するところがあるので難しい。また、テニスボールを使って、跳ねやすいものを跳ねないようにしたり、ソフトボールを使って、痛くないように止めるような練習もいいですね。円を描いて、この円から出ないようにということもやります。これができてきたら横に振っていき、最終的にはノーバウンドもミックスしての反応になります。

一番の勉強はブルペンですね。ブルペンで百発百中で止められたら、本番でも止められます。ブルペンでは怖さが勝ることがありますが、ゲームでは怖さより気持ちが勝ってガッといけ

低投処理姿勢 ○

低投処理の基本姿勢。まずはボールを使わずに、この姿勢ができるよう練習する。ひざを斜め前に落とすイメージ。

低投処理姿勢 ×

お尻が浮き、前のめりになってしまっている。

低投処理姿勢の練習

低投処理姿勢、ボールを使う最初の練習。低投処理の姿勢を作っておいて、ワンバウンドを投げてもらって、ボールをしっかり見る。

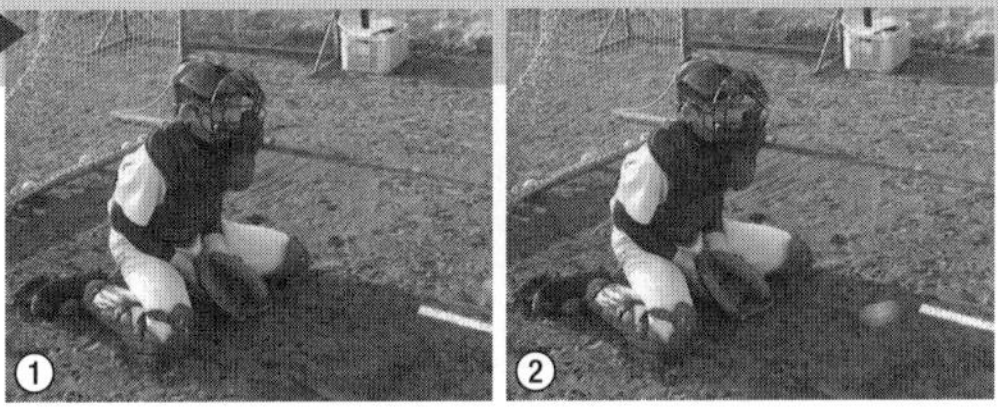

ますから。**ブルペンではランナーを想定して、止めたら、拾ってランナーを見る。立ち上がる動作は面倒くさいですけど、ゲームになったら必要なのでそこまでやる。染みついて習慣になるぐらいまでやらないとダメでしょうね」**（山本監督）

カーブやスライダーに比べてフォークは回転がないので跳ねない。そのためにもより低い姿勢が必要になってくる。そういうところまで考えて練習できるようになれば最高だ。

【返球処理】

返球を待つ際の姿勢は中腰程度。前傾しすぎないよう注意する。前傾姿勢だと左手が低く、前になり、処理できる前後の幅がなくなってしまうからだ。中腰でいれば、前に出られるだけでなく、手前で高く跳ねた場合にも反応しやすい。

「**右足から動いて姿勢が変わらないように。**最初の姿勢で動ければいいですね」（山本監督）

返球処理に関して、山本監督がこだわるのは待つ位置。ホームベースの前から動かさない。

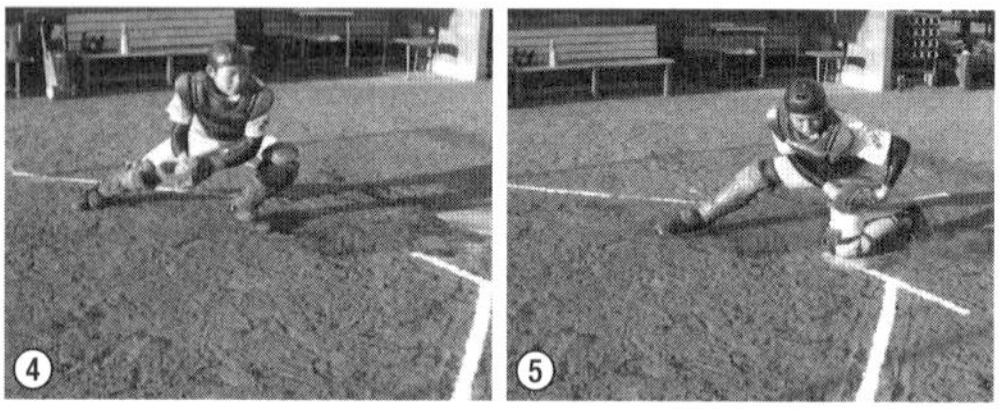

「中学から入ってきた子を見てると、外野を抜けていくと指示をしている間にだんだん前に行ってしまったり、横に寄ってしまったりというのがあります。それは絶対させません。**返球がそれても、いつも同じ位置にいれば、3歩右に捕りにいったとすれば、3歩左に戻ればベースです。ランナーはベースに来ますし、ベースを見てブロックにいっているようでは遅いですからね**」（山本監督）

レフトからの返球がそれた場合でも、斜め前には行かず、横に動く。斜めに動くとベースと

返球処理　○　返球を待つ際の姿勢は中腰程度。返球がそれた場合でも、斜め前には行かず、横に動く。

返球処理　×　返球を待つ姿勢が前傾しすぎている。返球がそれ、斜めに動いてしまったため、ホームベースが遠くなっている。

の距離が遠くなってしまうだけでなく、走者が見えなくなってしまうからだ。三塁側にそれる場合は走者と交錯しにいくかたちになるため、一塁側を練習する。また、実戦で明らかにホームは間に合わないケースは当然のことながら前に出て捕りにいき、次のプレーに切りかえる。

「高校生はボールを捕ろうという意識が強いので、まずボールを目で追いかけて、ミットで追いかけ出します。そうではなくて、目も動くけど、下を動かして入っていく。最初はボールを置いておいて、1、2、3（歩）で捕って、1、2、3（歩）で戻る練習などもいいと思います」（山本監督）

　捕手が返球を落球してしまえば、いくら素晴らしいバックホームをしても、中継プレーをしても水の泡。ノックから捕手の捕球にはこだわる。ホームを死守するのが捕手の仕事。本塁のアウト、セーフが勝敗に直結する。

強い気持ちで、最後のタッチプレーまでこだわって練習する。

【走者一、三塁の守り方】

弱者の場合、一塁走者をフリーパスにしてしまうケースがほとんどだ。肩が弱いのに無理やり投げて、重盗を決められる場面もよく見る。

「楽々ダブルスチールを決められちゃうというのは、向こうの成功というよりは、こちらがショボいという感じですよね。やはり何もしないで二盗されたとかではなくて、何かのアクションは起こしたい。ピッチャーに投げるとか、カットに来たセカンドに投げるとか、偽投してサードを見るとか」

ただ、やはりこれでは三塁走者を止めておくのが精いっぱい。アウトを増やすことはできない。相手が「最低でも二、三塁にできる」と思っている場面で何とかアウトにして流れを引き寄せたい。そこで山本監督はこんなやり方を使うことがある。社会人でプレーしていた当時に練習していたものだ。通常なら本塁と二塁の間のライン上にカットに入るセカンドが、二塁ベースの3〜4メートル横のオンライン上に入る（P202の図）。

「この位置に投げれば、ピッチャーも邪魔にならないし、高投もない。キャッチャーの負担も少ないですしね。ベースに投げるより距離も圧倒的に短いので、ベースに投げてアウトのランナーなら、ここに投げてもアウト。ホームまでの距離も近いので、ランナーが走れば前に出ていって殺しにい

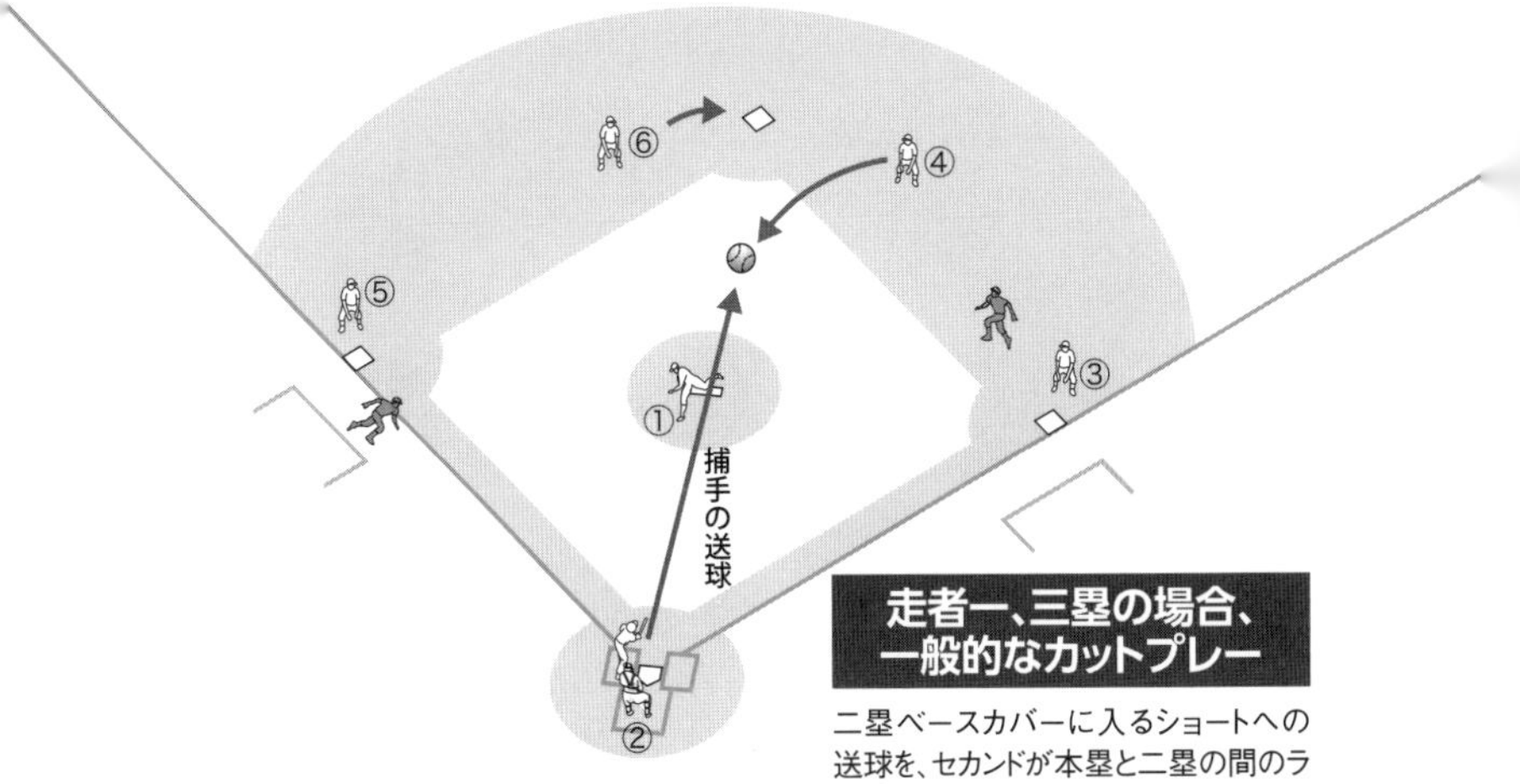

走者一、三塁の場合、一般的なカットプレー

二塁ベースカバーに入るショートへの送球を、セカンドが本塁と二塁の間のライン上でカットして、三塁走者を止める。

くこともできます」

弱者の場合、強肩捕手はなかなかいない。

だが、この距離なら肩は強くなくても投げられる。セカンドも同じだ。

「いいチームになればなるほど、送球がそれたと思って三塁ランナーが出てくるかもしれない。意図的にここに投げることで、逆にひっかけることができる可能性もあります。基本的にキャッチャーはサードを見なきゃいけないですけど、三塁ランナーを殺すため、油断させるために見ないというのもありですね。（このシフトは）左バッターのときにどうするかという問題はありますけど、左だとキャッチャーから三塁ランナーが丸見えなので、意外と（重盗は）しかけてこない。見せておくだけでも効くと思います」

ただ、当時とは二塁塁審の場所が変わったため、このやり方だと二塁塁審が邪魔になってしまう。そのため、セカンドが二塁ベースに入り、ショートがカットに入る

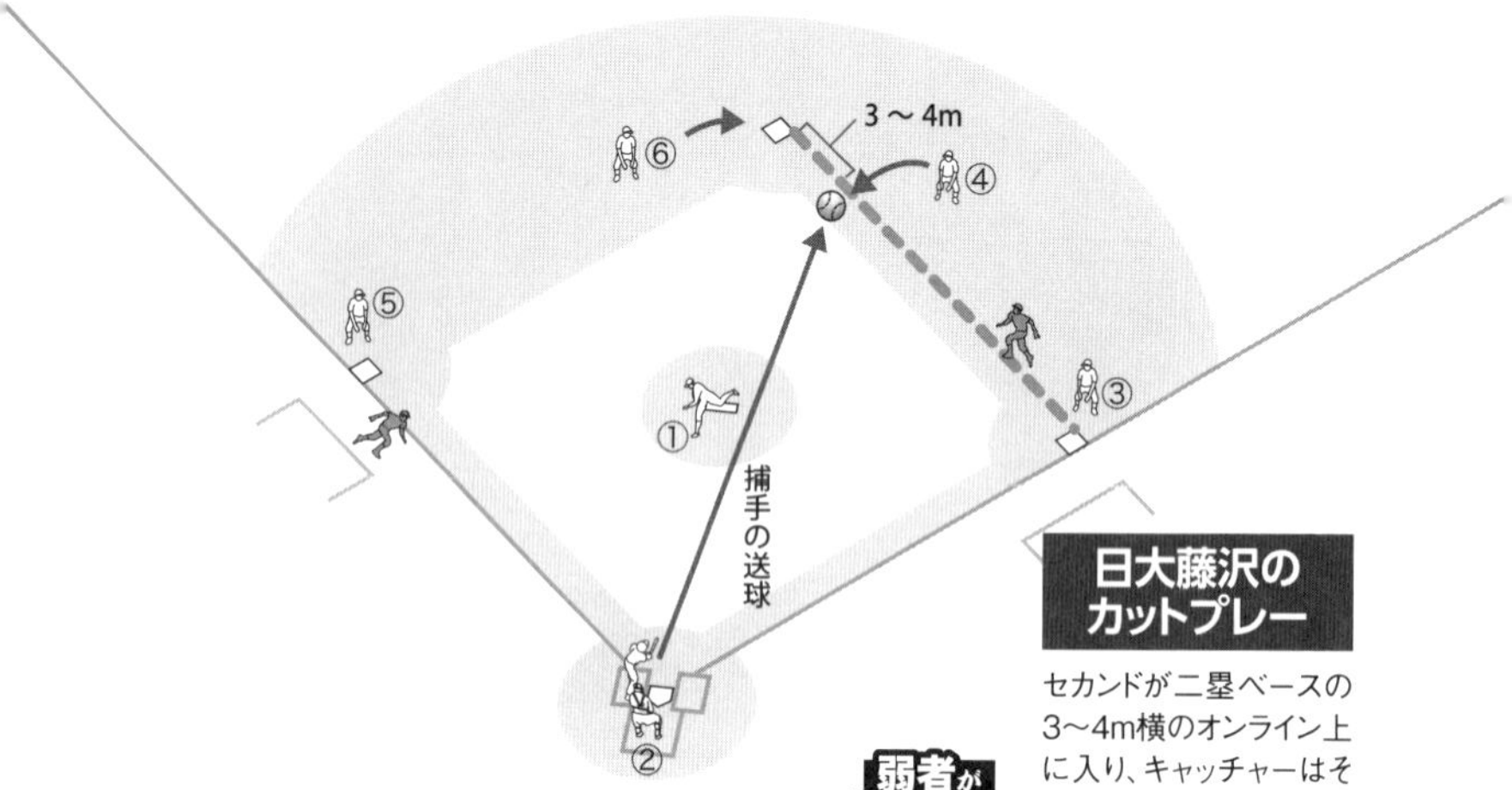

日大藤沢のカットプレー

セカンドが二塁ベースの3～4m横のオンライン上に入り、キャッチャーはそこに送球する。

逆パターンが有効。事実、11年夏に岐阜県大会で4強入りした郡上《ぐじょう》の若狭幹大監督（当時）は逆パターンを採用し、ショートがカットして三塁走者をアウトにした。練習する価値は十分ある（P203の図）。

弱者が勝つために その69

捕手の基本技術の習得なくして配球は語れない。地道な練習をくり返して、基本技術習得に励む。

ここまでできるようになって、ようやくたどり着けるのが配球論だ。ど真ん中に投げても、凡打なら正解になるのが配球。模範解答がないため、結果論で語る人も少なくない。山本監督自身も若いころは本当の配球というものがわかっていなかったという。

「相手バッターの映像を嫌というほど見て、弱点を見つける。そのボールで最後に勝負できるように自分の頭で

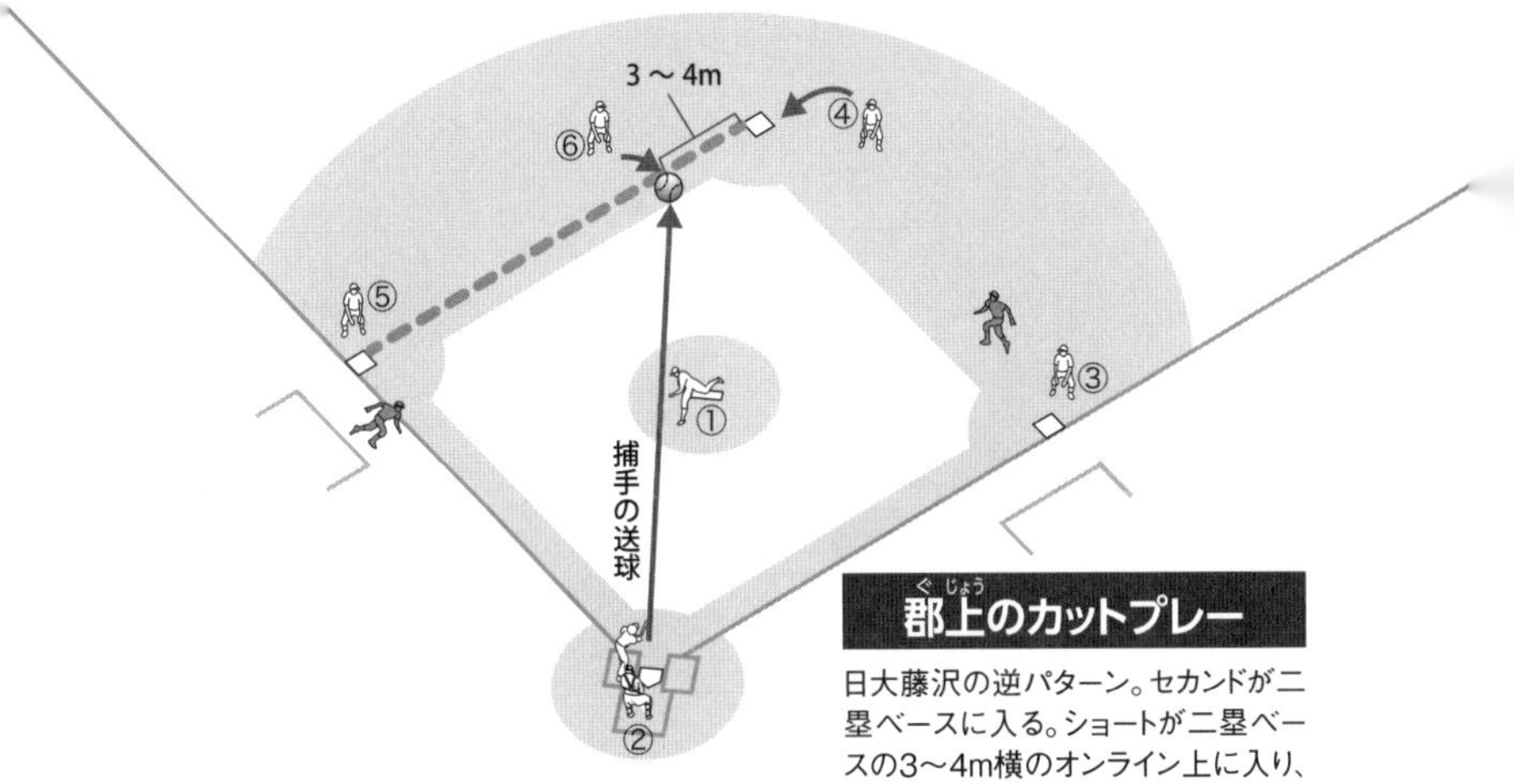

郡上《ぐじょう》のカットプレー

日大藤沢の逆パターン。セカンドが二塁ベースに入る。ショートが二塁ベースの3～4m横のオンライン上に入り、キャッチャーはそこに送球する。

配球していくという、配球論とは言えないぐらい稚拙なものでしたね」

山本監督の感覚が劇的に変わったのは社会人5年目の23歳のとき。都市対抗の補強選手として来たバルセロナ五輪の正捕手・高見泰範（元東芝監督）との出会いがきっかけだった。「配球を教えてほしい」とお願いすると、こんな質問をされた。

「カウント0―2から1球外して1―2にしたい場合、何を投げさせる？　0―2になったプロセスは問わない」

山本監督が言ったのは「外角のストレート」。セオリー通りの回答だ。

「この質問をすると、8割が外角のストレートか内角高めのストレートって答えるよ。で、その球が甘くなって打たれたことない？　それで監督に怒られたことない？」

「しょっちゅうあります」

「じゃあ、その球がボールになったとして、次は何投げる？」

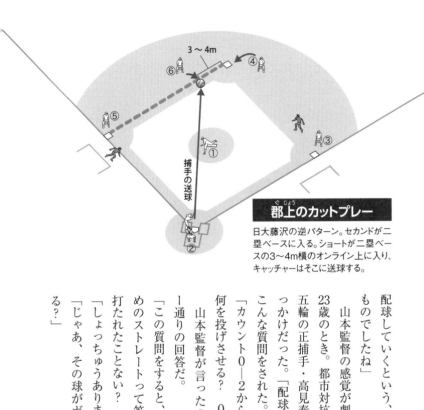

「外角のスライダーです」

「バッターに何て答えるか聞いてみな。ほとんどが外の変化球と答えるよ。そうなれば、相当いいところに投げないと当てるよね。三振取れないよね。その球がファウルならどうする？　ボールならどうする？　次に投げる球はないよね。だから、0—2からバッターが考えてないようなボールを投げさせるんだよ」

そう言って、高見が教えてくれたのがこんな例だった。

「フォークのコントロールがよくない山本投手がいるとする。フォークでストライクが入るのは3割。しかも、ワンバウンドが多い。その山本に0—2からフォークのサインを出す。『いつもワンバンなんだから、ワンバンでいいぞ』と言って投げさせる。そうすると、ワンバンでいいという安心感から、チェンジアップ気味になってレフトフライになったり、ちょっと落ちてサードゴロになったりする。

気楽さから、いつもより腕が振れて落ちて三振が取れたら最高だよね。もちろん、いつも通りボールになっても全然構わない。単純に外角のストレートで外したのと違うから、バッターに聞くと次の球の予想はバラバラに近くなる。『内角ストレート』というヤツもいれば、『もう1球フォーク』というヤツも出てくる」

このように同じ1球外す行為でも、まったく違う効果が出てくるのだ。

このあと、スライダーで打ち取ったとしても0—2からフォークを投げたという事実は相手に大きな印象を与える。

「強いイメージが残るから『フォークあるぞ』とベンチに帰って報告しますよね。それに、**日本人の感覚でいえば、0－2から投げてきてるのは勝負球。ボールを要求しているのに、勝負にきているという錯覚に陥らせることができる。使えないボールを相手のバッターに勝負球としてインプットできるわけです。**本来の勝負球はスライダーなのに、スライダーか、フォークか、はたまたまっすぐかと思わせることができる。二択はきついですけど、三択にまで持っていければ、勝負になると思うんですよね」

スピードもキレもないうえに迷いもなければ、気持ちよくフルスイングされて終わりだ。そういう打球は、たとえ打ち損なっても外野の前に落ちるもの。いかに迷わせて、タイミングを外すか。思い切りスイングさせないか。

「ブルペンでストライクが入らないボールが出てきますが、それを『そんなボールいいよ』というのをやめてほしいですよね。フォークもがっちり挟んだら（ストライクが）2割、スプリットみたいに浅く挟んだら3割になるかもしれない。3割の可能性にかけるスプリットのサインも、確実にボールを投げてくれるフォークのサインも必要だということです。

打率は3割。高校野球なら4割まで考えられますけど、それでも6割は失敗する。ピッチャー有利で進んでいきます。相手がイーブンまたはそれ以下であれば、オーソドックスな配球でいいと思いますが、**弱者が強者に立ち向かっていくのであれば、いらないボールをなんとかインプットさせ**

ておいて、使えないボールをここ一番でバッターが考えてくれるような細工をしていく。ストライクの入らないボールをいくつも持つ必要はないと思いますが、1つ持ってるとボールになる確率が高いのでいいんじゃないかなと」

その意味で言うと、ナックルなどの特殊球やカーブよりもフォークのほうが使い勝手があると山本監督は言う。

「例えば、10球放ってるけど、8割ボールのカーブをインプットしないことはできると思います。でも、フォークは厄介。抜けてるフォークではなく、ワンバンになるフォークというのは、いつ届いてくるかわからない類のボールじゃないですか。挟んで投げればいいという単純な球種ですし、手が小さくても、人間は野球のボールを挟めないことはないと思うんです。『こんな球、ストライク入らないだろ』と頭にあっても、ベースのラインにワンバンしてくるとなると、外し切れないですからね」

いかに的を絞らせないか。どうやって三択を作るか。絶対に低めにしか投げない叩《たた》きつけるフォーク。ストライクのいらないフォーク。弱者なら、試してみる価値はありそうだ。

配球するにあたり、忘れてはいけないのは投げるのは投手だということ。「この打者は内角が打てないから」と内角を要求しても、内角に投げ切れない投手なら逆に甘くなって痛打されてしまう。どうすれば、投手が本来の自分の球を投げられるようになるか。そう導くために自チームの投手を観察することは欠かせない。

「毎日、目を皿のようにしてブルペンからピッチャーを観察することが大事ですね。意識して見てみると、いろんなことが見えてきます。あるしぐさをすると球種を変えるとか、何球何を投げたら次は何を投げるかとか、3球変化球を続けるうち、2球目までは気にしないのに、3球目が決まらないともう1球投げるとか……。しぐさを見て、『次スライダーだろ?』『何でわかるの?』というぐらいになるのが理想です。

試合でも同じ。社会人時代、いいまっすぐを持っているのに、どうしても力む傾向のピッチャーがいました。勝負どころでまっすぐを要求すると、必ず高めに外れたり、ワンバンしてしまう。ところが、あるときカウント0—2から内角のまっすぐでボール球にしろというサインを出したら、ものすごくいい球が来て、見逃し三振を取れた。同じ状況でもう一度試してみたら、また来た。よく観察すると、**『ボールにしろ』という指示だから、本人は勝負にいってない。だから力まずに思ったような球が来ているんですね**」

使える発見をしたからといって、うっかり投手に話してしまわないようにも注意したい。

「高校生ぐらいだと、うれしくてつい話してしまいがちですが、こういう情報はピッチャーに言ってしまうと意味がなくなります。外せと言っているけど、実は勝負していると思ったら、やはり力んでしまうものですから。**軽々しく自分の意図を言わないことも大事。黙っておくからこそ、引き出しが何倍にもなるわけですから**」

あくまで主役は投手。投手が力を発揮できるよう、手を尽くし、最大限の配慮をするのが女房役である捕手なのだ。

「**配球を決定づけるのは、バッターの弱点でもなく、キャッチャーの頭でもなく、ピッチャーだということ。**このバッターは内角が弱いからといって、そこに投げられないピッチャーに無理やり投げさせても、甘くなったり、デッドボールでリズムを崩してしまうだけ。ピッチャーのことをまったく考えてないですよね。

そのピッチャーでも、**声のかけ方や構え方、サインの出し方でうまく内角に放れるツボがあるかもしれない。それを探してやることこそがリードなんです**」

弱者が勝つために

その70

相手打者も予測がつくような配球では気持ちよくスイングされてしまう。精度の低いボールも効果的に使って、相手から見て二択ではなく三択になるよう工夫をする。

その71

打者の弱点や捕手の頭で配球は決まらない。投げる投手主導で考える。毎日自チームの投手を観察し、どうすれば本来の力を発揮できるかを探してあげることこそがリード。

最後に、山本監督から弱者でも戦える捕手の基準を示してもらった。

「**スローイングでいえば、（二塁送球が）2秒0台にはなりたいですよね。なおかつ、ベースのライン、タッグできるラインぐらいには投げられるように。低投処理は永遠の課題ですけど、両打席のホーム寄りのラインプラスボール1個分ぐらいの幅まで止められるようになればいいと思います。それを踏まえて、目配り、気配り。いかに自チームのピッチャーのことを考えた工夫ができるか。**

そこから入っていけば、いろんなところに広がってくると思うので、まずは自チームのピッチャーの傾向を把握していくことが大事だと思います。

一流のピッチャーを二流のバッターが打つのはすごく難しいですけど、二流のピッチャーでも一流のバッターは抑えられると思います。どこの高校でも、全員が一流のバッターではない。3～4人いる一流どころと4打席どう対戦していくか。16打数5安打ぐらいまでに抑えられれば勝機があるんじゃないかと思います。策はあるので、立てていく。**1から10まで監督が指示することもできますけど、それでは限界があります。指示プラスアルファでキャッチャーが持っている引き出しから出しながら勝負していく。**それが大事だと思います」

2秒1以内で二塁送球できる肩。ラインに投げる正確なコントロール。ベース付近のワンバウンドを後ろにそらさない技術。投手に気を遣える性格。目配り、気配りができる観察眼。求められるものは多いが、それだけやりがいのあるポジションでもある。捕手が弱いだけで相手になめられる。

上から目線でこられる。それでは勝ち目はない。

「あのキャッチャー、面倒くせぇんだよな」

相手にそう思わせる嫌な捕手になって、自信を持って強者との戦いに臨もう。

第7章
走塁

〝走塁のスペシャリスト〟加古川北・福村順一元監督が語る

相手にプレッシャーを与える走塁術

福村順一

ふくむら・じゅんいち

東播磨高（兵庫）監督。1972年4月20日、兵庫県生まれ。東播磨高－天理大。現役時代は投手、内野手。大学時代には、阪神大学野球リーグでベストナインを獲得。社《やしろ》高部長・副部長などを経て、2003年、加古川北高監督に就任。東西2校出場となった08年夏、同校を初の甲子園出場に導いた。11年センバツでは、8強進出。14年４月に、母校・東播磨高に異動した。指導方針は「野球を通しての人間形成」。保健体育科教諭。

ひとめでわかる。このチームが何を意識しているのか。何に取り組んでいるのか。それが、姿勢に表れていたからだ。牽制《けんせい》をもらった走者は、野手が投手に返球する際に一歩出る。凡打、安打にかかわらず、ボールが投手に返るまでは次の塁へ行く姿勢を見せる。「ボールが空中にあるときは常に次の塁をうかがうチャンス」。そんな意識が伝わってきた。

決して足の速い選手が多いわけではない。それでも彼らは走った。走るイメージを印象づけた。そして、破ったのが大阪桐蔭（大阪）、金沢（石川）、波佐見（長崎）。藤浪晋太郎（大阪桐蔭―阪神）、釜田佳直（金沢―東北楽天ゴールデンイーグルス）、松田遼馬（波佐見―阪神）といずれも150キロクラスの速球を投げる投手にことごとく土をつけた（大阪桐蔭を破ったのは2010年の秋季近畿大会）。その3試合、打ったのは4安打、8安打、5安打。奪った点数は2、4、2。11年センバツの8強入りは、走塁へのこだわりによってつかんだものだった。

打てぬなら、走ってみせよう加古川北。

無名の公立校から躍進した〝走って魅せるカコキタ野球〟。なぜ走塁なのか。スタートになった敗戦とは。走塁のこだわりを中心に福村順一監督に語ってもらった。

福村監督にとって、忘れられないチームがある。

加古川北の監督になって3年目に入る05年秋から率いたチームだ。

「今振り返っても、このときの戦力が一番あります。層も厚いし。このチームで勝負やと思った代でした。自分自身、未熟やったと痛感させられましたね」

特に印象に残るのが秋の県大会2回戦の飾磨《しかま》戦。7対8の乱戦で敗れた試合だ。投手が簡単に四球を出し、攻撃も攻め切れないという内容だったが、それよりも福村監督が悔いるのは、それまでの準備について。加古川北としては地区大会で初優勝し、初めての県大会。8月のお盆の時期から行われる地区大会が終わり、9月半ばから始まる県大会を迎えるまでの間が問題だった。長期休暇中と平常時では当然、練習時間が大きく違うが、それ以上に影響することがある。

「雰囲気ですね。野球部だけで生活しておれば、雰囲気、秩序というのは保てるんですよね。管理もできるし。ところが、**学校が始まると、学校の雰囲気に流されてしまう。授業が6時間あれば、6時間は（目が）行き届かないわけですから、本人の素の部分や甘さが出てきてしまう。こっちの意図する動きができなくなってしまうんです。コンディションというのは、身体のこともそうですけど、それよりも、ものの考え方とかのコンディション。学校の中に入ると、意識のない子はがたっと動きが落ちますから**」

なぜ、そこまで急激に変わってしまうのか。それには、こんな理由がある。

「基本的には、私立と公立は何も変わらないと思ってます。それを思った時点で負けですから。ただ、一番の違いは何かといったら、目的意識の差だと思います。そこに行っている選手がその学校に何をしに行っているか。私立はそれが明らかですよね。東洋大姫路や報徳学園なら、『野球部に入って、甲子園に行って、全国優勝目指すんです』となる。でも、カコキタは『野球がんばんねん』

と言う子もおるにはおるんですが、違うんですよね。私立は他のクラブの子もみんなある程度（目指すものを）何か持っている。クラス分けも体育コースとか、そういう分け方になってますよね。明らかにちゃんとした目的意識のもとでやってます。

進学校なら、『勉強頑張る』の頑張り方が中途半端じゃないですよね。シーズンになれば休み時間も参考書を開いている。そういうのならいいんですけど、普通の公立というのは、勉強も頑張ろう、部活動も頑張ろう、学校生活を楽しくやろうという感じですから、いろんな誘惑だらけ。さまざまな欲が渦巻いているんです（笑）。いろんなことがありすぎて、振り回されてしまうんですね」

05年は地区大会のあと、県大会までの間に体育祭があった。そこで3番・ショートの選手がケガをしてしまったのだ。女の子もいて盛り上がり、張り切りすぎたのが原因だった。

「個人がしっかりしてれば何も問題ないんですよ。だけども、地区で初優勝して、いい気になっていた。『オレら勝てんねん』と調子こいていた。**わずか2週間ぐらいのことですけど、子供らは3日あれば十分落ちますから。やっぱり、人間としての芯の部分が育て切れなかったですよね。**当時をふりかえると、早く結果出したいというのもあるし、勝てばいいと思っていた。ホンマに勝つとはどういうことかを勘違いしてました。ダメな指導者の典型になりかけていたと思います」

夏休み中から、「私生活からきっちりしろ。野球に集中しろ」とは言っていた。だが、それは自分のため。子供ではなく、親や周りに対して言っているだけだった。

「『あいさつをしろ、言葉遣いをちゃんとしろ、自分のことは自分でしろ』と言いはしてるんですけどね。ポーズだったんかなと。冷静にふりかえると、自分自身が本質の部分をわかっていない。『カコキタの監督はあいさつをちゃんとさせてる』と（周囲に言われるため）。子供ら向きじゃなくて、対外的ですよね。そのときのメンバーの写真を見ると、帽子のかたちなんかひどいんです。それを見て見ぬふりをしていたんじゃないかと。

誰と野球してんねやという感じですよね。子供らと面と向かってやってなかった。だから帽子や顔（まゆ毛）の変化に目がいかない。でも、口ではそういうことを言っているという。自分に力があれば、あのチームは勝たせてあげられた。逆にいえば、あれがあったから自分自身が変われた。あのチームを境に野球のスタイルを変えました」

とにかく選手たちと向き合う。接する時間を多くする。自分が勝ちたい、自分の評価を上げるのが目的ではなく、子供たちが勝てるように、成長するために。そう意識が変わった。意識が変われば、当然、それまでとやり方も変わってくる。

長期休暇中との差を少なくするため、平常授業の日でも野球部で集まる機会を増やした。朝練で集まり、昼休みに集まり、意識を保つミーティングをする。〝要注意人物〟には10分間の休み時間にも呼んで面談をすることもあった。藤井宏政（元阪神）が「いつのタイミングで集合させられるかといつも思ってました」と苦笑いでふりかえるほど、ことあるごとに野球部で集まる機会を設けた。「コンディションで一番大事なのは、体調面よりもそこだと思うんです。（集合の回数は）実績のないときは多かったですね。県でベスト16、8になると入ってくる子も『ええ加減な気持ちでできない』という心構えで入ってくるから少しは楽になりますけど」

子供たちと向き合うようになったことで、試合前の準備もやることが変わった。意識が相手ではなく、自分たちのチームにいくようになったのだ。

「それまではすごくデータを集めてました。ビデオもそうですけど、自分で観に行ってストップウオッチ片手に何秒とやってました。相手ピッチャーのクセはどうか。球速や変化球の曲がりはどうか。**スキル的なものばっかり気にしてました。勝つためには、スキルを育てるのが大事やと思ってた時期でしたね。だから、勝負してるのは子供たちとじゃなくて、外なんですよ。相手とゲームしてるのに外ばっかりでした。**

今ももちろん自分なりに分析はします。雰囲気も見ます。でも、**相手よりも、自分たちの力をどう出させるか。**『こういうことに気をつけて、こういう野球をしていかなアカンよ』と。相手うんぬんじゃなくて、そういう声をかけます。もちろん、一人ひとり性格が違うので、その子が奮起するような言い方をする。ガッと言ったほうがなにくそというヤツもいますしね。性格で声のかけ方を変えようと思ったら、子供らをちゃんと見てやらないとダメですよね。親、相手チームじゃなくて、彼らとしっかり向き合ってやる。そうやって向き合ったとき、『本当にこの子らは社会に出たときに困らへんかな』と考えたり、まゆ毛一つにしても、『お前、それ社会人になったときおかしくないんか』と頭ごなしにアカンではなくて、ニュアンスを変えられるようになりましたね」

自分たちの持っている力をフルに発揮するにはどうしたらいいか。自分たちのやるべきことは何なのか。矢印を相手ではなく、子供たちに向けることでコンディションを整え、万全な状態で試合に臨む。これを最優先事項にしたのだ。心のない選手は試合で力を出せないと痛感したことで、技術重視の考えを改め、心の指導に割く時間も多くなった。飾磨戦の敗戦をきっかけに始めたのが、ひまわりやマリーゴールドなどの花を育てること。グラウンドわきの花壇に名札を立て、責任を持たせた。

「ものを育てる面白さ、大変さに気づいてほしかったんです。でも、そう思いながらもやらせてるだけでしたね。花の苗から自分で段取りして、『こうやぞ、ああやぞ』とやっていた。まだ甘いですよね。次の年からは自分らで買いに行かせました。自分のお金で買って、育てろと。そうすると育て方が違いますよね。**学校生活でも野球部が率先して委員長をやるとかありますけど、やらされてるんではなく、自分でやるように芯の部分が変わらないとダメですよね。**

やっぱり、野球ばっかりになったらアカン。『球道即人道』と言いますけど、うまいこと言うなと思います。高校野球がなんでこんなに人気があるのかといったら、子供たちが純粋に野球に取り組む姿が人々の心を動かしてるからだと思うんです。それが勝ちたい、勝ちたいばかりになってしまうとダメですよね。僕は子供らに『プロの高校野球の選手になれ』と言っています。プロならお金もらいますよね。でも、『お前らはお金じゃなくて、人生で生きていく術《すべ》を野球から勉強せなアカンで』と。そのためには、誰が何と言おうとやりきる。トップレベルを意識したことをやりきらなければ物事というのは覚えられないよと」

野球でもスタイルを大幅に変更した。力のあった代が引退した06年の秋から、走塁を前面に出すようにしたのだ。

「どうせ打てないんやから、どうせアウトになるんやから、それやったら思い切ってやろうかと。力があるとヘタにできるからそんなん……となるんですけど、力もないし、勝ち抜くにはそれしかないと割り切ってくれたので移りやすかったですね」

11年発行の拙著『弱者の心得』で北大津（滋賀）の宮崎裕也監督（当時）が話してくれたように、弱者には個性が必要だ。個性がなければ、相性も生まれない。嫌がられることもない。その意味でも、何かに特化することは大きかった。

「**チームとしての必殺技を身につけさせたかったんです。**ウチの子らは何をしてもそこそこなんですよ。怒られることはない。かといって、ものすごく褒められることもない。だから、何かで一番になりたかった。じゃあ、何があるかと考えたとき、**行きついたのは走ることは誰でもできるということ。**足が遅い子でもスキを見て盗塁はできる。それで『走塁で日本一を目指すぞ』と。それまでは『あそこでバント？　盗塁はないやろ？　エンドランはないやろ？』とそういうことばかり（気にしていた）。それじゃあ、県大会は勝てません。思い切ってスタイルを変えていかんと、また悔しい思いをしますから」

このままではダメだと悟ったからこそできた、腹をくくった大改革。子供たちと向き合い、矢印を内側に向けて、個性あるチーム作りをする。これが加古川北の出発点だった。そして、そのきっかけとなったのは力のあるチームでの敗戦。あの経験が教訓となって、福村監督も、チームも新しく生まれ変わった。

弱者が勝つために　その72

技術があっても心がないチームは勝てない。特長のないチームでは相手に嫌がられることもない。指導者は選手と本気で向き合い、自ら動ける心を作る。そのうえで個性となる必殺技を身につけることが必要。

走

塁に力を入れるにあたり、まず福村監督が求めたのは全力疾走だった。常に全力で走ることで相手に重圧を与える。だが、福村監督はただやみくもに全力で走ることは好まない。それよりも、走る姿にこだわった。走る姿を見た人がどう思うのか。その姿がどう映るのか。

「やらされてるというのがありありというのは嫌いなんですよ。そこから始めることも大事です。でも、最終的には子供らが必要やと感じてするようにもっていかないと。よく言うのは、『意欲、意識のある選手というのは走り方が変わるやろう』ということ。攻守交替でダーッと行くのも美学かもしれませんけど、イチローみたいにきれいに走る。『一生懸命頑張ってます。見てください』ではなくて、『不快感を与えない走りを身につけよう』と」

走る姿を見ればその人の心がわかる。〝走姿顕心〟をテーマにスタート。ウォーミングアップ代わりのベースランニングから始まり、一日中走塁練習に割く日を作って、走塁への意識を高めていった。走塁について、福村監督がこだわる点をいくつか紹介する。

【一塁走者】

リードする位置は各塁ともに基本的にライン上。ベースとベースの外野寄りのラインを結んだところに取る。帰塁するときや盗塁したときにタッチから少しでも逃げられるようにだ。

一塁走者のリード幅の基準は二塁ベースまで「よーいドンでスタートして3・5秒以内の場所」。3・5秒とは投手のクイック、捕手の二塁送球、野手の捕球、タッチがスムーズにできてクロスプレーになるタイミングだ。

リードする位置は各塁ともに基本的にライン上。ベースとベースの外野寄りのラインを結んだところに取る。

「それを基準にして、ピッチャーの牽制（のうまさ）で広げたり、狭めたりします。足が遅い子については大きくなりすぎてしまうので、（可能な範囲で）最大限取って、スタート、反応に磨きをかけるようにします。リードのかたちでピッチャーをだますこともあります。左足に（体重が）乗ってたらピッチャーはワンウェイ（※投手が動いたら100パーセント戻る片側リード）と思いますよね。でも、実はスピードスケートのような感じでスタートが切れるんです。同じように、右足に乗っていて戻ることもできます。左ピッチャーのときは動きながらリードしたり、かけひきですね」

【二塁走者】

これまではアウトカウントに関係なく、ショートが牽制に入りにくくするために二、三塁間を結ぶラインよりも5メートル後ろに下がった位置にリードしていたが、それを変更。ライン上にリードするようにした。走者は左足をライン上、右足はラインの内側に置く（下の図参照）。進みたい方向にやや背を向ける変則的なかたちだが、これは二塁手がベースに入る動きを自分で見るためだ。ショートの動きは、一塁コーチャーが指示する。

「いろんなチームが走塁に対する対応をしてきているので変えました。立つのはライン上でも手前の位置。思い切って前に立たすのは、この位置からベースへ帰る場所が、ピッチャーが牽制で放ってくる場所やからです。ここに帰ればセカンド、ショートは入りにくいし、捕りにくい。ベースの幅、38センチ分前に出るので、〝38センチの勇気〟と言っています」

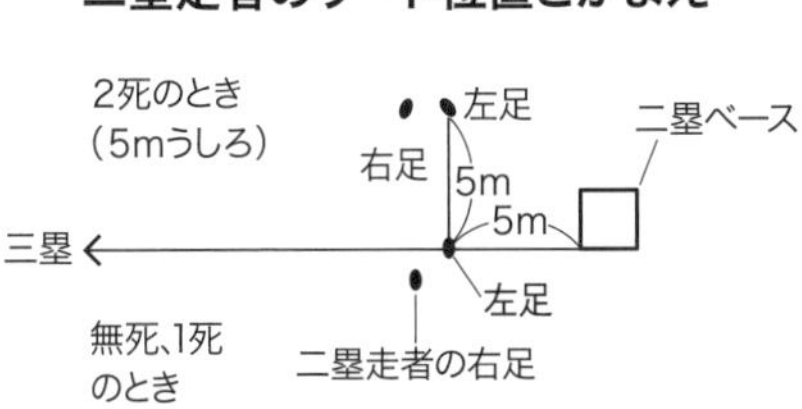

二塁にいれば、常に三盗を狙うのが福村野球のスタイル。ライン上にリードすれば、最短距離で三塁を狙えるというメリットもある。ベースからのリード幅は基本的に5メートルだが、相手が牽制のうまいチームや工夫してくるチームの場合は、4メートルに狭める。

ちなみに、2アウトの場合だけはライン上ではなく、ラインから5メートル下がった位置にリードする。この位置から走ったほうが三塁ベースが回りやすいのが一番の理由だが、もう一つ、ショートが守る位置を後ろに下げる目的もある。

「ショートが三遊間の深い場所で捕れば内野安打になりますから。それを狙います」

ライン上から下がることを活かし、リードも工夫する。

「二塁ランナーの場合は横の揺さぶりだけでなく、縦の揺さぶりをやっても面白いんですよね。遠近法です。ピッチャーは後ろに立たれたり、チョロチョロされると嫌。牽制のうまいチームにはそういうこともします」

【三塁走者】

14年からルールが変更され、右投手の三塁への偽投が禁止になった。これにより、三塁走者の動きを大きく変更。右投手の場合は大きなリードをとれるようになった。リード幅の目安は4・5メートルから5メートル。ホームへの最短距離を考え、できるだけラインの近くでリードをする。二塁走者のときと同様、やや左足を引くことで、三塁手の動きを見やすくする（P223の写真参照）。

「偽投がなくなったことによって、三塁ランナーのかけひきの選択肢が増えましたよね」

大きなリード幅から、投手が足を上げたらホーム方向へ動く姿勢を見せる。第二リードで出る距離は2メートル。

第一リードと合わせるとベースからの距離は7メートルにもなるが、アウトになることはない。

「ピッチャーがホームに投げたらストップしてバックします。こうすると、キャッチャーは結構三塁に投げたがるんですよね。それで外に外させてボールを稼ぎます。2アウト三塁だったら、そういうことでプレスをかけていって、フォアボールをもらう動きをしてやるんです」

左足を少し引いてリードをとる三塁走者。

もちろん、左打者の場合や捕手が強肩の場合はリード幅や第二リードの幅を調整するが、基本的にはこのスタイルだ。

「ただ、ずっとはやりません。ずっとやるとキャッチャーが『(アウトにするのは)無理や』となるので、ときどきやったり、やらなかったりもします。なんでもかんでもやるんじゃなくて、ケースバイケースですね」

これだけ大きく出ることができれば、ゴロ・ゴーでセーフになる確率が上がるが、それだけではない。ホームスチールを狙えるようになった。

「左ピッチャーで一、三塁なら、足が上がった瞬間にスタートを切って、一塁ランナーが牽制をもらえば、そのまま行ったら結構セーフになります。思い切ってスタートの段階で出られるから、右ピッチャーでもホームスチールがしやすくなってますね。ゆったり足を上げるピッチャーとか、振りかぶりそうなピッチャーとかは行けます。それをやるには、サードがベースから離れてることが条件になってきますけど。こういうことをしていると、『もしピッチャーから牽制が来たらどうするの』と言われますけど、そのときはホームに行っちゃったらいいんです。打てないんですから、そうでもしないと点は取れないので」

【走者の意識】

とにかく積極的に先の塁を狙う。前の塁でアウトになるならOKという考えだ。投手から牽制をもらった走者は、野手が投手に返球する際に一歩出る。内外野問わず打球が飛んだあと、野手から投手に返球される際に走者は一歩出る。返球を受けたセカンドが投手に近寄って行ってトスするときも同様。万が一、悪送球になったり、投手がはじいた場合に次の塁へ走れるようにだ。走者二塁で送りバントのケースで、打者がボール球を見送った場合なども、すぐさま帰塁するのではなく、捕手の返球がそれたときなどに備えて離塁したまま様子をうかがう。一、三塁で投手が一塁へ牽制球を投げれば、三塁走者は本塁方向へ2～3歩出る。ボールが空中にあるとき、これから送球されようとするときは、とにかく準備を欠かさない。

「それがウチにできることですからね。逆にそういうことをしなかったら怒ります。『なんでチームでやろうとしてること徹底せえへんねん』って。練習試合ではどんどんやらせます。だから、ようアウトになるんですよ（笑）。でも、そういった**経験をすることによって、どれぐらい出られるなどわかってくる。**それを含めて練習なんです。ライナーゲッツーも基本的にはＯＫ。それじゃなければ前に行けないので。だから、**我慢しないといけないんです。文句言うたら走らなくなりますからね。**自分の中で信念があったたし、子供らにもその根拠を話してたんで我慢できましたね」

やりはじめはそれでもいいが、しばらくすると完全にアウトのタイミングでも「前の塁でアウトになれば怒られない」という考えで暴走する選手が出てくる。そこは注意しなければいけない。

「何でもＯＫではなく、根拠を持って行ったものに関しては『ナイスラン』。何も考えていないものは『それはアカンやろ』と。だから、『今のはなんで行ったんや？』と聞きますね。**子供らには『決めつけるな』と言います。『～だと思いました』というのは決めつけですよね**」

外野フライが上がる。アウトと思って戻る。それは決めつけだ。アウトになる可能性は高いが、万が一、落球した場合に備えて走る準備をしておく。それが求められる姿勢だ。「行けると思いました」と言うのなら、なぜそう思ったのか。打球の強さ、相手の外野手の捕球姿勢、肩の強さなど、根拠を示さなければいけない。決めつけからは観察眼や判断力は養われないのだ。

もう一つ、大事なことはしっかりと決め事を作ること。例えば、加古川北の二塁走者にはこんな決まりがある。自分より右側の打球は基本的にすべてＧＯ。サードの真正面だけはストップ。サードが少しでも三遊間に動けばＧＯだ。

「ウチの場合、連打は続かないんですよ。それだったら一本でホームにかえろう、しかもレフト前でもかえろうと。ウチに脚力ある子がいるかといったらいないですし、レフト前でかえるにはいち止まってたら無理なんですよね。（三塁ゴロで）もし止まったら、挟まれたらいい。挟まれたら粘って、バッターランナーを二塁までやればいいんです。だからバッターは全力疾走。一生懸命走れと。ランナーはバッターランナーが来たのを確認したら、安心してアウトになりなさいと」

二塁走者はインパクトからホームを踏むまで６・８秒を切るのが目標。あくまで、レフト前でもセーフになる基準を目指す。

「セカンドからちゃんとかえる練習をしてなかったら送りバントをしても意味がないですよね。プロと違って高校野球は外野が前なので、二塁ランナーのスタートにこだわらないと２死二塁でも点が取れませんから」

弱者が勝つために　その73

弱者には連打は期待できない。レフト前ヒットでもホームにかえれる走塁を意識して練習する。

【ベースの踏み方】

０・１秒でも速く走るため、福村監督が最もこだわっている部分だ。理想は90度に曲がること。

ふくらまず、最短距離を走る〝直角ベースランニング〟を目指している。

「塁間は27・43メートルですから、1周を直線距離にすると約110メートル。実際には遠心力が働き、どうしてもふくらんでしまいますから、ダイヤモンドというより、円を走っていることになります。でも、そのふくらみを最小限に抑えて、いかに直線的にロスなく回れるか。そこに挑戦しています。

回るときはベースの角に近い辺（側面）を踏むんです。つま先がちょっと（進行方向内側の角に）かかるぐらい。つま先が次の塁へ向くように入る。つま先が向けば、基本的にひざも上体も進行方向に向きますよね。普通にベースの角を踏んで回ろうとすると、一塁を回るときならつま先は右中間あたりを向いている。進んでいきたい二塁ベースのある方向とは違いますからね」

ふくらみを最小限に抑えて回るためにはこんな工夫をする。

「ベースを踏む直前に、右へあえて逃がします（P228の写真②参照）。こうすることで、直角に曲がりやすくなります。これに加え、まっすぐ来ている力が加わっているので、意識して身体を中に入れます。腰だけを意識するとダメなので、身体を預けながら目をダイヤモンドの中に向ける。ベースは固定されているので、スパイクの刃をかけて陸上のスターティングブロックのように使えればいいですよね」

スターティングブロックのようにして加速をつけるためにも、ベースは強く踏むことを意識づけている。ベースを踏むのは左足。ベースを踏む前に右へ逃がすのは、左足で踏めるようにするため

直角ベースランニング

ふくらまず、最短距離を走る。理想は90度に曲がること。ベースを踏む一歩手前の右足を外に逃がす（写真②の丸囲み部分）。

直角ベースランニング、足の部分のアップ。ベースの角に近い辺（側面）を踏む。

でもある。

「小学生や走塁がうまくない子は右で踏んだほうが速いんです。でも、ベースを蹴って勢いをつけるのは左足のほうがいい。なのでウチは左足にしています」

【スライディング】

滑ったあとにすぐ立ち上がれるように、お尻はつけないで滑る。ベースに近い位置から滑ることでタッチに負けない力強いスライディングができる。また、審判への印象もよくなる。

ベースの踏み方、回り方とスライディングが一緒になった練習もある。

三角形にベースを置き（距離は塁間より短め）、一塁を回り、二塁ベースにスライディング。す

スライディング

滑ったあとにすぐ立ち上がれるように、お尻はつけないで滑る。写真からも、お尻が汚れていないことがわかる。

ぐに立ち上がって三塁へ走り、スライディング。さらにまたすぐに立ち上がり、指示者の合図によってゴー、バックをする。一塁ベース内側にはマーカーを置き、回る際に見るようにする（P231）。

「**回るときは意識して身体を中に入れますが、中へ入れるときに腰だけ意識したらダメなので、目線を内側に落としてマーカーを見るようにします。できれば右目で見る**」

ベースの踏み方に加えて目を向けることにより、なるべくふくらむのを防ぐ。三角形にするのも、鋭角にすることによりふくらまないように意識づけるためだ。

【考えろ！】

基本的に盗塁はいつでもスタートしてOK。グリーンライトだ。どうしても走ってほしいときだけサインを出す。

「盗塁失敗はバント失敗と一緒。盗塁が成功したときのほうが勢いが出る」

センバツ8強に進出した11年のチームは、打順関係なくレギュラー全員が秋の公式戦12試合で盗塁を記録した。投手の井上真伊人も3盗塁だ。盗塁数35、1試合平均盗塁数2・92はともに出場32校中トップの数字。全員に走る意識が徹底されていた。

「**チームとして大事にしてることはピッチャーも必ず入れます。入れないと機能しない。**プロ野球じゃないし、勝負は1回しかないんで、ここというときには井上だって走りますよ」

では、なぜそうなったのか。それは足だけで走っていないからだ。

三角ベースランニング

三角形にベースを置き、一塁を回り、二塁ベースにスライディング。すぐに立ち上がって三塁へ走り、スライディング。さらにまたすぐに立ち上がり、指示者の合図によってゴー、バックをする。ベースの踏み方、回り方とスライディングが一緒になった練習だ。

「**子供らに言うのは考えろということですね。**オレの言いなりになるなと。面白くないじゃないですか。スチールを成功したいなら、練習でやってきたものを出したいなら、勝ちたいなら考えろと。**一生懸命練習でやればやるほど、試合で試したいと思うはずなんです。それがないということは、何も考えずに練習をしているということ。**他のスポーツに比べれば、野球は監督の采配が大きなスポーツだと思うんですが、グラウンドの中に入ったら最終判断をするのは選手。だから自覚を持ってやってもらわないといけない」

この意識が如実に表れたのがセンバツの2回戦・波佐見戦だった。初回1死三塁からタイムリーを放った3番の柴田誠士が、次打者の初球に二盗、2球目に三盗に成功。3回には9番の山本貴紀、9回には2番の武田勇樹がいずれも二盗を決めて合計4盗塁。直接得点にはつながらなかったものの、最速148キロの豪腕・松田に足で重圧をかけた。2球続けて走った柴田をはじめ、躊躇《ちゅうちょ》なく走れた理由は松田のクセを見抜いていたから。セットポジションで左肩が沈む動作があれば本塁へ投げる。これを選手たちで見つけ、試合までの練習でも投手にあえて左肩を沈ませたり、沈ませなかったりしながらスタートする練習をくり返していた。松田を打つことは難しい。だが、走るのならどんな投手にもチャンスがある。「どう足を活かすか」という視点に立ったことがクセの発見にもつながった。

「ええピッチャーやと思っても、『走塁で（球場を）沸かしたろう』と思ってるから見えるんですよね。特に柴田は目立ちたいヤツでしたから（笑）」

もちろん、このクセは福村監督も気づいていたが、選手たちで見つけたことに意味がある。

「生徒はほっといてもらうのが一番なんですけど、教師って、こうして、ああしてとやりたいんです。**指導も一緒で、『こうやぞ、ああやぞ』と言いながらよくノックを打ちました。でも、それは自己満足なんですよね。答えをすぐ言うでしょう。こうしたらええぞ、ほらできたと。そのときはできるんですよ。でも、これって何も考えてないですからね。忘れるんですよ。**

ちょっと引いて見てやることって大事ですよね。今は考えない子が多いですから。家に帰ると『ただいま』と言って荷物を置く、座る、ごはんが出てくる、食べる、お皿が引かれる……何も考えんと生活できるんです。『自分のことは自分でせえ』といくら強制しても、親が『疲れとるんやからそんなのええよ』ですから。**考えさすこと。こっちはガッといきたいのを待ってやることが必要かなと思います**」

もちろん、ゼロから考えるのが難しければヒントや方向性は示してやることも必要だ。だが、基本的には考えさせる。何を見て、何を感じ、どう考えるのか。言いたいことを我慢し、待つことで嗅覚を養わせる。そして、グリーンライトで走る勇気を与えてやる。このスタイルが、決して足の速くない選手も含めて全員が盗塁を記録することにつながっている。

弱者が勝つために その74

自分で考えずにやらされたこと、教えられたことはすぐに忘れる。指導者は教えすぎず、自分で考える環境を与え、考えるまで待つことが必要。

《三塁走者ゴロ・ゴー》

ボールを使わず、打者のスイングする動作に合わせてスタートを切るイメージ練習は、毎日30分かけて行う。それと練習試合を含む実戦形式の練習で、インパクトに合わせてスタートを切る通常のゴロ・ゴーは練習を重ねている。だが、警戒されるようになった近年はシフトを敷かれて成功率が低くなった。そこで、センバツではこんな〝荒業〟を見せた。

波佐見戦の8回1死三塁。打者・宇治橋佑斗への2球目に三塁走者の小田嶋優がスタート。宇治橋がセカンドゴロを打つ間に生還した。インパクトから三塁走者がホームを踏むまでのタイムは2秒60。野手が完璧に処理しても絶対にアウトにできない速さだ（ゴロ・ゴーの三塁走者の甲子園基準は3秒20）。1対0から貴重な追加点をもぎ取ったこの作戦。エンドラン、またはスクイズで打者がサインミスしたように見えたが、真相はこうだった。

「宇治橋には（打席に入る前に）『2球目はなにがなんでも振れ。バットに当てろ』という指示を出しました。そう言われてますから、サインは見てないんです。小田嶋にはスクイズのサインを出しました。宇治橋は自分の仕事をしたと思っている。小田嶋は『なんでやねん』と思っている。小田嶋は『こうだ』と思ったら突っ走る子なんで、それでも行くんです。

スクイズだと外されると思いましたし、普通のゴロ・ゴーはアウトになると思ったんです。ましてや球威のある松田君ですから小フライもある。結果的にはエンドランのかたちですよね。サインミスと言われてますが、ギャンブルです。それしか点は取れないと思った」

福村監督がこのサインを出せたのには背景もある。長谷川滋利（元シアトル・マリナーズなど）を生んだ宝殿中など加古川周辺は中学軟式野球が盛ん。軟式野球では三塁走者とのエンドランは珍しくない。小田嶋にとっては、中学時代から慣れている作戦でもあった。だが、当然この策はリスクが高い。この場合は打てる球が来たが、ワンバウンドのボール球が来る可能性もある。

「スライダーや落ちるボールなどワンバンを振ってもいいんです。ワンバンならキャッチャーはひざをついて捕るかたちになりますから戻れる。それでアウトでもしかたないという考えです。リスクを背負ってでも攻めるのがウチの野球。勝つためにリスクを背負うのは当然です」

【ＪＫ＝準備・確認】

走塁を必殺技にしている以上、それを最大限に活かすためのＪＫ（準備・確認）は欠かせない。ＪＫによって得た情報や知識があるかないかで、走塁も大きく変わってくるからだ。その意味で、大きな成果をあげたのが大阪桐蔭戦だった。１対０とリードして迎えた６回。１死三塁から井上のサードゴロで本塁を狙った三塁走者・渋村涼亮が憤死。２死一塁となり、チャンスはついえたかに見えた。だが、次打者の柴田への４球目。前の打者から登板した大阪桐蔭・中野悠佑のスライダーはワンバウンドとなり、捕手が後逸。ローボールスタートの準備をしていた井上は一気に三塁を奪った。

「中野君はスライダーピッチャー。荒れるからワンバウンドは多いよ、そうなれば行けるよと話していました。実は、（近畿大会出場が決まり、会場の）紀三井寺球場に１人で行ったんです。管理人さんに無理を言って、グラウンドの中に入れてもらいました。**足を使うチームなので、外野のクッションの跳ね方、転がり方はすごく気にするんですが、一番気にしたのはホームベースからバックネットまでの距離がどれぐらいあるか。広いと2つ行けますからね。20メートル弱でした。問題は素材です。甲子園のようなふかふかのラバーだと結構跳ね返ってくるんですが、紀三井寺はオール金網なんですよ。金網ということは跳ねない。それを頭に入れてたんで、『一塁側に跳ねたら2つ（進塁を）狙え』と言っていました**」

結果的に、ここで三塁まで行ったのは大きかった。中野が投じた次の5球目のスライダーは再びワンバウンドとなり暴投。三塁から井上が悠々とホームインした。ミスからの追加点は大阪桐蔭に大きなダメージを与え、2対0で逃げ切りに成功。まさにJKの勝利だった。

「**最低限、自分たちの特長を活かすための情報は必要ですよね。この他ではグラウンドの土の硬さ、芝の跳ね方。特に外野の芝生の長さは気にします。**いつも球場の人をつかまえて芝生の長さを何センチにカットしているかを聞きます。だいたい、夏で1・1か1・2センチらしいんです。短ければ転がるんですよね。転がるということは、外野がいつもの感覚だと、後追いになって抜けやすい。それをランナー（の頭）に入れておく必要があります。エンドランがかかっていたとしても、転がりが速いから簡単には次の塁に行けない可能性がありますからね。逆に芝生が長くて転がらないとなったら、ポテンヒットで一気に次へ行ける。そういう練習もしています。春先は長いですし、特に1試合目は夜露で水分が含まれているケースがありますから、『芝が滑ってるからスピンかかるよ』

と。カーンという（いい）当たりや無回転になるような詰まった当たりは伸びる可能性がありますよね。

打球判断は球場によって変わってきます。この球場はどういう球場か。紀三井寺なら海に近いので、甲子園のように風のいたずらがある。レフトに上がったら流されるんです。そういうことを頭に入れておくと、ハーフウェイの位置なんかでも簡単に決めつけなくなる。外野をじーっと見て、完全捕球（の体勢）に入ってから後ろに流されたら、なるべく早くベースに戻って次の横着なプレーはないかをうかがう。行けそうなのに行けなかったプレーなんかは、ケース練習で同じプレーを何度も再現させます」

必殺技は持っているだけでは意味がない。出さなければ、できなければ持っていないのと同じなのだ。だからこそ、使うのに有利な材料を仕入れ、準備をする。

「**準備が無駄になるかもしれません。でも、準備して無駄はいいじゃないですか、準備せずに後悔するよりは。**走塁というのは、ただ単にスチールするとかじゃないと思うんですよね。1つでもホームに近いところへ行くためのもの。だから全力疾走もあるし、ふくらみの少ないベーランも必要になってくる。活かすための情報も必要になってくるんです。子供らには『お前らアホなことやってんねんで』と言います。100回に1回あるかないかのプレーのために何時間も割くわけですから。人が『アホちゃうか？』と言うような練習もする。でも、それをどうやりきるかが大事だと思ってます」

いくらやっても、やりすぎがないのがＪＫ。相手のカバーリングのチェックも含め、使える情報はすべて準備する。確信を持って走れるかどうか。思い切りや勇気はＪＫから生まれる。

弱者が勝つために
その75

必殺技は使わなければ宝の持ち腐れ。積極的に使うために必要な情報を仕入れるＪＫは必須。

一、三塁の攻防――。

高校野球において、勝敗を分ける場面だ。甲子園に初出場した08年夏。それまでは県大会8強止まりだった加古川北が殻を破ったのも、このケースでの守備だった。準々決勝の市川戦。2死一、三塁の場面で一塁走者がスタート。捕手が二塁送球するのを見て三塁走者もスタートしたが、ショートの藤井が素早い送球でホームで刺した。多くの公立校では、ダブルスチールを成功されるか、二塁送球ができずにフリーパスで二、三塁にしてしまうことが多い場面。これをアウトにしたのは大きかった。

「一つの基準として、兵庫でベスト16に入るには、一、三塁の攻防をちゃんとできないとダメだと思ってます。できなかったらラッキーで16、精度が高ければ8の壁を越えられる。走るチームだからこそ、守る術を持たないといけないし、走るからこそ、そういうことをやられるとショックが大

きい。私学に1点差で負けることが多かったこともあって、一、三塁にはすごくこだわりました。あのときは練習通りきっちりアウトにしてくれました。（一、三塁の重盗は）奇襲作戦ですよね。ウチと市川の伝統と歴史を考えたら、（07年の）センバツに出てる市川のほうが上。それが、本来ならウチのような格下がやるべき作戦をやってきた。そこでウチがきっちり取れた。勝てたことに加えて、これで私学がちょっと認めてくれたという思いがありましたね」

このプレーに関して、福村監督がこだわってきたのは大きく2つ。

1つは、二塁ベースカバーには1人しか入らないということだ。一、三塁で一塁走者がスタートするとオートマチックに二遊間の2人が二塁ベースに入ることがほとんど。ショートがベースに入り、セカンドがベース前のカットできる位置に入る。だが、加古川北ではそれはしない。

「**セカンドは中に入れません。セカンドが動くことによって、エンドランが嫌なんですよ。**（一、二塁間、三遊間ともに）スカスカでしょう。せめてセカンドは残しておこうと。打者によって、逆に打つのが得意だったらショートを残すこともあります。両方入ることはありません」

このやり方を採用する場合、条件になってくるのが捕手の肩。短い距離でカットしてくれるセカンドがいないため、二塁ベースまである程度は投げられなければ厳しい。

2つめにこだわったのは正確さだ。

「肩が弱ければ弱いで、ワンバンでいいんですよ。（送球が）低いのでランナーはスタートを切れない。キャッチャーに言うのは、ただ投げるだけじゃなくて、まず三塁ランナーを見なさいということ。必ずランナーと目を合わせて、目でしっかり抑えながらピッチャーのカットできる高さに投げなさいと。ピッチャーは三塁ランナーが早く動けば捕ります。動いてなかったら捕らない。捕るマネはします。

キャッチャーに求めるのはラインに投げること。セカンドベースの上にさえ放ってくれたらいいんです。外野の返球も同じことを求めるんですが、ぶれちゃうとプレーできませんから。ツーバンでもいいから、一番はラインに投げること。自分がされたら嫌なことを人にするなというのと一緒ですよ。相手がプレーしやすいようなプレーをしなさいと。勝ち負けや、アウトセーフの差というのは、タッチの差ということが多いんです。ここ一番の勝負のときというのは、ちょっとでもそれたらセーフ。それで今までやってきたことが崩れてしまうんです。だから練習ではそこにこだわってやります。**（プレーを）成功させるには速さ、強さが大事かもしれませんけど、正確さでしょうね。よくキャッチャーの肩をストップウオッチで計るじゃないですか。2秒を切ったら速いと言いますけど、〝グラブtoグラブ〟だったら練習すればそこそこにはなりますよ。でも、〝グラブtoタッチ〟でしょう。そこで初めてキャッチャーのスピードって出ると思うんですよね。いくら肩が強くたって、バラバラにそれてたら全部セーフですから。もちろん、セカンド・ショートのタッチ練習もいりますよね**」

このときの捕手・久保佑介は〝グラブtoグラブ〟で2秒を切る強肩。ショートも育成で阪神入りした強肩の藤井。2人の強肩とこだわりの成果がここ一番で表れた。

2死からは重盗が多いが、1死までだとスクイズも多いのが一、三塁。ファーストが一塁ベースについているため、セーフティースクイズが最も多いケースでもある。

「まずはピッチャーに簡単にスタートを切らせないことを求めます。三塁ランナーが優先という意識を持たせる。三塁ランナーが動いたら、キャッチャーの洞察力でウエストという訓練をしないといけない。あとは（スライダーなどバントのしにくい低めの変化球を投げる場面が増えるため）低めにコントロールできるかどうか。キャッチャーのワンバン捕球技術とフットワークも必要になりますから、そこも鍛えます」

厄介なセーフティースクイズ封じも何度も練習する。

「ランナーはスタートしないんですから、ファーストの動きを鍛えれば普通のセーフティースクイズは防げると思います。基本的にファーストはバッティングはいいけど、守備は鈍いという子を置きますよね。でも、理想は動けるファースト。できるだけそれに適した子を置くようにします。**ピッチャーのフリーフットが着いたぐらいからバッターはグリップを落とすと思います。この段階でファーストが思い切って前にスタートを切ればいいんです。**ランナーがスタートを切る普通のスクイズならセーフですけど、セーフティースクイズは転がってからGOのチームが大半ですから、ファーストがちゃんとスタートを切ってくれたらおそらくアウトになります。**もちろん、そこでグラブトスやバックトスが出てきますから、それをメニューとしてやることは重視します。サード側に転がった場合、ランナーは勇気がいるんですね。**サードが出ますよね。ピッチャーが捕って、そのままタッチもできますから。

ウチがやる場合はランナーのスタートが早いんです。だから、どっちを取るかなんですよね。それだとサイドウエスト（※捕手が立ち上がらず横に外す）をされるとアウトになるので、キャッチャーの動きのわかるネクスト（バッターズサークル）にいるバッターが指示を出す。三塁ベンチのときは、一塁のランナーコーチャーが注意するようにしています」

重盗、スクイズともに挟殺になるケースも少なくない。「最近は遠くに投げる力があってもショートスローができない子が多い」。挟んだ走者を必ず殺すための挟殺プレーの練習も欠かさない。

スクイズにするか、セーフティースクイズにするか。思い切ったプレーをするか、慎重なプレーをするか。どちらにも必ずメリット、デメリットがある。それを頭に入れて、割り切ってプレーすることが大切。一、三塁で簡単に点をあげてしまうチームは勝てない。それを肝に銘じて、くり返し練習する。思い切ったプレーをする。これが間一髪を分けるポイントだ。

一方、攻める側としても一、三塁での攻撃は練習に時間を割いている。センバツの金沢戦ではこのケースから2点を奪った。5回2死一、三塁では打者・宇治橋がカウント0―2と追い込まれたところで一塁走者の佐藤がディレード気味にスタート。捕手の偽投で三塁走者の小田嶋が飛び出すが、迷わず本塁に突っ込みサードの悪送球を誘って生還した。

7回は1死一、三塁でセーフティースクイズ。宇治橋が外角低めのストレートを空振りするが、三本間の真ん中やや手前まで来ていた三塁走者の井上は、捕手が三塁に送球した瞬間に本塁へスタート。クロスプレーとなったが、捕手が落球して追加点を奪った。

「あのプレーは練習試合で味をしめて、ずっとやってたんです。**成功体験が大きいですね。**キャッチャーも低い球だとあわてて一発で放るんですよ。『よっしゃ、出てる』と距離感が見えてないんです。**こっちが思い切って行くと相手も焦ってミスにつながりやすくなる。だから選手にはいつも『あきらめるな。同じアウトになるにしても前に行け。大胆な選択をしろ』と言ってます。**わずかな可能性があるんやったら、それをやる。それをやる場が練習であったり、練習試合。その積み重ねだと思います」

一、三塁の攻防を制す者が試合も制す。加古川北躍進のカギはこの場面にあった。

弱者が勝つために その76

一、三塁の守りで簡単に進塁、得点を許すチームでは勝てない。正確さにこだわるとともに、タッチやグラブトスなど考えられる細かいプレーの練習も怠らず準備をする。

金沢戦で井上が迷わず突っ込めたのは成功体験があったから。そして、その成功も失敗も経験するのが練習試合だ。福村監督がチームを作る過程として重視しているのが練習試合。その数はとにかく多い。センバツに出場したチームの秋の試合数は、なんと76試合だ。7月27日から11月28日までの間にこの数。8月6日から14日までは9日間連続で17試合を消化している。秋の地区予選が始まるお盆前までは、試合をしていない日を探すのが難しいほど。ちなみに、戦績は51勝19

敗6引き分けだ。

「練習試合は練習ですから。1日4試合することもあります。練習で盗塁するじゃないですか。それを今度は実戦にはめ込まないといけないんです。**走塁を確立させるには、試合をしなければ思い切って試せないし、覚えられない。**相手に失礼になるかもしれませんけど、練習試合は負けてOKです。負けることによって気づくことが結構ありますから。よくピッチャーの肩が壊れると言いますけど、違うんです。それがピッチング練習なんですよ。そういう意識の持たせ方だと思うんですね。練習試合でも全部が全部勝つと言ってしまうと、ストレスがかかってくるのでケガにつながる。『試していいんだよ』とか練習というイメージでやっていくと、痛めないですし、それが投げ込みにもなるんです。部員は2学年で50人ぐらいいますし、ピッチャーも7人ぐらいはいるので、ずっと主力を使わなくても休ませながらできます。野手が投げることもあります。ストライクさえ投げられれば試合になります。

2年半の期間の中では基本練習を大切にしますから、この時期は試合をすることによってこういう野球をするんやというのを植えつけるんです。試合をすることによって試合の流れのつかみどころを覚えることもできる。どこを目指すかといったら、（翌年の）夏の選手権のための練習試合なんですよね。夏は体力的にも試合をやっているほうが楽なんです。ピッチャーのやりくりとキャッチャーをうまいこと休ませることを考えればいい。野手は試合に出ない子たちは基礎練習です。休ませながら、見て覚える。暑い中、ノックを受けたりするほうが大変でしょう。子供らは試合に出たいですし、そうすることによって野球をする喜びも出てくる。実戦ができるのは11月いっぱいまでですから、そこで出た課題をまとめて3カ月でやる。冬はいくらノックを受けてもバテませんしね。だから冬の練習がすごく大事。ゆっくり反復練習できますから。1年生に関しては早く冬が来てくれと思うほどです」

投手であれば、打撃投手でつかんだ感覚を実戦で試す機会。野手であれば、どこまでオーバーランできるのか、どのタイミングで走ればセーフになるのかなど、どんどん走って走塁の感覚や判断力を磨く機会。実戦では、ノックではできない想定外のプレーが起こる。そのときにどう対処すればいいのか。学びの宝庫というわけだ。積極的な走塁も実戦での成功体験があればこそ。練習試合重視、実戦重視のチーム作りが、投手のかけひきのうまさ、野手の思い切りのよいプレーにつながっている。

力のあるチームを勝たせられなかった経験を教訓に、子供たちと向き合い、走塁という武器を手に入れたことで無名校を全国ベスト8にまで押し上げた福村監督。自らも無名の公立校出身の指揮官が考える、弱者にとって必要なものは何だろうか。

「もちろん、練習です。努力です。でも、それだけじゃ片づけられない。**工夫すること、いかに粘っこく子供らと向き合えるかだと思います。みんないろんな言い訳をします。でも、勝ったら選手のおかげ、負けたら指導者です。**子供らは一生懸命してるんですから、僕らは考えるし、工夫する。発想力ですよね。子供らと向き合って、彼らでもやれる方法を探すことが一番大事かなと思います。

ウチはそれがたまたま走塁だった。何でもそうですけど、こだわりを持たなかったらダメだと思います。勝つにしろ負けるにしろ、アウトになるにしろセーフになるにしろ、走塁が武器と思ってやってきた。そのおかげでここまで来たと思います。

僕は監督には覚悟が必要だと思います。自分の時間を割いたり、家庭を犠牲にしても時間を費やす、考える。プロの監督なら結果が出なければやめて責任を取ればいいですけど、僕らは違います。じゃあ、**どう責任を取るのか。それは、チームを作り続けることやと思います。**走塁にこだわったことで一つのかたちができた。だからこそ、選手が変わっても、ある程度のかたちをつなげていく。さらに磨きをかけていく。それをやり続ける。**指導者としてのビジョンを持って、最終的にどういうチームにしていくか。そこから逆算していって、メニューを立てて、工夫していくのが大事。ビジョンがあるから我慢もできるんだと思います**」

公立である以上、俊足選手をそろえることは難しい。イズムを理解できない選手に怒ることもしょっちゅうだ。だが、あくまで目指すのは走塁日本一――。このこだわりがある限り、福村監督も、福村流・走る野球もまだまだ進化し続ける。

弱者が勝つために
その77

敗戦の責任を負う覚悟がなければ指導者は務まらない。ビジョンを持ち、工夫をして、我慢しながらチームを作っていく。チームを作り続けることこそ指導者の責任。

第8章

JK

<準備・確認>

弘前学院聖愛・原田一範監督がこだわる“ここまでやるか”のKY準備力

原田一範

はらだ・かずのり

弘前学院聖愛高（青森）監督。1977年9月23日、青森県生まれ。弘前工高時代は三塁手。高校卒業後、介護福祉士として働きながら母校・弘前工高で5年間コーチを務め、その間に日大通信教育部で教員免許を取得。2001年春、弘前学院聖愛高野球部の創部と同時に、監督就任。13年夏には、同校を初の甲子園出場に導いた。事務職員。

この言葉を心に留めてやってきた。

「計画や準備を怠るということは、失敗を計画しているようなものなので、計画や準備を怠らないように、それを実行するように意識していました。準備イコール結果だと自分はとらえています」

発言の主は花巻東（岩手）の菊池雄星（現埼玉西武）。当時高校3年生だった球児の言葉に刺激を受け、それまで以上にＪＫ（準備・確認）を徹底したのが弘前学院聖愛・原田一範監督だ。

2000年に女子校から共学になり、01年に創部した聖愛を1年目から率いる原田監督。野球部は囲碁将棋部、地学部から転部してきた部員に女子1人を含む10名からスタートした。北海道から日本一になった駒大苫小牧のカバーリングに衝撃を受け、鵡川《むかわ》（北海道）の全力疾走に度肝を抜かれ、花巻東のベンチワークに心が震えた。いいと思ったものはすぐに導入。自分たちのものにしてきた。初めての甲子園を実現したのが13年の夏。初の大舞台で玉野光南（岡山）、沖縄尚学（沖縄）を破ってベスト16に進出した。聖愛野球部のモットーは〝声と走り〟。技術よりも、誰もができることをやりきることに重きを置いてきた。

「声と走りこそ、雰囲気作りに必要なもの。それに、全力疾走、カバーリング、ベンチワークといったものは、うまい下手ではなくて、誰でもできること。そういったことに加えて、ベースタッチやプレー前のＪＫなど、『誰もができることをパーフェクトにやろう』を合言葉にしています。当たり前のことができていなければ、流れは逃げていく。取れるアウトを取れなかったり、全力疾走を怠ったり、カバーリングを怠ったり、サインミスをしたり。ボーンヘッドをしたら流れは来ない。

当たり前のことを当たり前にちゃんとできるか。当たり前のことをできないのは三流、当たり前のことを当たり前にやるのが二流、当たり前のことを完璧にやるのが一流だと思います」

年々進化している聖愛の準備力。まさに、〝ここまでやるか〟のKY精神で徹底されている。すべてやりきるのは容易なことではないが、一つひとつは決して難しくない。小さなことでも見落とさず、やりきることができるか。聖愛のスタイルには、弱者が学ぶべきヒントが詰まっている。

弱者が勝つために その78

計画や準備を怠るのは失敗の計画をしているようなもの。どんなときも計画と準備は怠らない。

その79

誰もができることをパーフェクトにやる。

徹底した準備。これこそが、原田監督のこだわりだ。

「常々言っているのは5つの準備ですね」

5つとは、「心」「体」「技」「作戦」「道具」。それぞれ具体的に説明してもらった。

【「心」の準備】

心の準備を整えるため、聖愛で毎日行っているのが朝礼だ。

「どういう準備かというと、家で何があろうが、寮で何があろうが、どうであれグラウンドには持ち込まない。いい練習をするために、朝礼でワクワク状態を作ろうと」

1人の司会者が仕切り、進めていく居酒屋・てっぺんと同じ朝礼スタイル。10年夏の甲子園に出場した八戸工大一（青森）がやっていると聞いて興味を持ち、DVDを見て、実際に東京のてっぺんに足を運んで朝礼に参加して導入した。練習日はもちろん、練習がオフの日でも、朝8時から全員でグラウンドで朝礼をしてから登校している。

「朝礼にはたくさんのメリットがあるんですよ。一番はワクワク状態を作れることですが、人前で話ができるようになりますし、人の話を聞く力もつきます。

あとは司会能力ですね。朝礼は司会のスピーチから始まり、『今日の語り』で指名した人のスピーチについて感想を言わないといけない。監督からひとこと、部長からひとこともらったあと、それに対しての感想も言わないとダメなんです。最後のアファメーション（※「私は～になる」「私は～をした」など自分自身で前向きな断言をくり返すこと）も自分のオリジナルで言わないとダメなので、みんな最初の司会はボロボロですね。

それから、司会者が『はい』と言って一人ひとりを指名しながら、『はい』と返事の訓練もするので、テンポやリズムもよくなります。空間認知能力というんですかね。周りが見えない、自分がどこにいるかわからない人は自分が当てられたところで『はい』と言えなかったりするんですよ。自分ではないときに『はい』と言ったりもする。ボケッとしてる子なんかはそうなんです。朝礼では、『チームで一番声を出します』とか自分が今日やることを宣言して、次に隣の人を『○○の笑顔いいね』とか褒めてあげる。終礼では今日自分でできたことを自分で褒めてあげて、隣の人に『○○をしてくれてありがとう』と言うんですが、これもリズムよく進むので、機転が利かない人は言えなくなっちゃいますね。毎日やるのですごく効果がある。対応力、機転も利くようになります」

新チームでは全部員で行うが、3学年そろい人数が多くなるとAチーム、Bチームに分けて行うこともある。1カ月に一度程度は司会が回ってくるため、自然とできるようになってくる。

「甲子園出場後は栃木から日帰りで朝礼だけを見に来る方がいたり、周りの反響は大きいですね。そういうこともあってか、津軽弁で『おじょまない』というんですが、人前で物怖《ものお》じしない気持ちが作れるようになりますね。野球に関していえば、積極的な心が作れる。大舞台で活躍するための心の準備になっていますし、野球以外では引退した3年生が進路のための面接練習をすると上手にしゃべれるので評判がいいですね」

弱者が勝つために その80

人前で話す力、人の話を聞く力をつける。

〈試合前の「心」の準備〉

聖愛が試合当日、試合前にわざわざ時間を割くことがある。それが、『タイムライン』だ。スタート地点から15メートルの距離を取り、5メートル間隔でコーンを置く。1つめのコーンは3回まで（序盤）、2つめのコーンは6回まで（中盤）、3つめのコーンは9回まで（終盤）を表している。実況、解説を務める2人の司会者の話に合わせて、選手たちは投げる動作、打つ動作、守る動作などイメージトレーニングをしながらゆっくりと次のコーンまで歩いていく。

「試合って、勝つ試合しか想定しないですから、3つしかパターンはないと思うんですよ。優勢で勝つ試合、接戦で勝つ試合、劣勢で勝つ試合。この3つを想定して歩きます。1試合めは優勢の試合です。司会者が『先発は赤川です。快調に飛ばしてます。相手打線はストレートについていけません。攻撃も相手ピッチャーを攻略しています。ランナーは準備してきた通り、クセを見て走ってます。完全に聖愛ムードです』というような感じで進めていくんですけど、優勢の試合で一番気をつけないとダメなのは、勝ったと思って気を抜くことですよね。5回コールドで決められない、7回コールドで決められないとかがあるので、緩みがちになっている気持ちを『全力疾走を怠る人も出てきました。気が緩んできました。それにみんな気づいていました。キャプテンがそれを締めました』など司会者があらゆる想定をしてしゃべります。『それで気持ちを締めて、最後は5回コールドで勝つことができました』という感じで歩いていきます」

優勢の試合が終わると、今度は接戦の試合。またスタート地点に戻ってきて司会者が初回から話し始める。

「司会者は前日に私と打ち合わせをします。私が『こんな試合を想定してる。こういうふうになるだろう』と言うので、司会者はその通り考えられることをどんどん言っていく。接戦の試合は我慢

弘前学院聖愛の『タイムライン』。5m間隔で置かれたコーンがそれぞれ試合の序盤、中盤、終盤を表す。2人の司会者の話に合わせて選手たちはイメージトレーニングをしながら次のコーンまで歩いていく。

比べですよね。シーソーゲームですよね。打撃戦の接戦もあれば、投手戦の接戦もあるので、それをイメージして『赤川が打たれていますが、こっちの打線も打って打撃戦です』、『山下がぴしゃりと抑えていますが、向こうのピッチャーも緩急をうまく使って投げています』みたいな感じで進めていく。接戦は我慢比べ、人間力の勝負ですから『人間力でいうと、ウチはこういう取り組みをしてきました。負けるわけがありません。接戦をものにしました』と。

次は劣勢の試合ですが、『劣勢で大事なことはあきらめないこと、食らいついていくことです。いくらリードされても、みんなはこれをチャンスだと思っています。この試合に勝ったら絶対に強くなるとみんな信じて、前向きに顔《がん》晴《ば》っています。最後は大逆転勝利をおさめました』みたいな感じですね」

時間はかかるが、すべての展開をイメージして試合に臨む高校生はなかなかいない。全員でやる機会を作ること、**すべてを想定内と思える準備をすることは大事だ。**

「12年から始めたんですけど、これはいいと思います。甲子園でも（試合前の待機場所である）室内練習場でやりました。これをやっておくことによって、ぶれないですよね。どうなっても想定内と思えるので」

13年夏の青森大会では準々決勝で八戸学院光星、準決勝で青森山田を破ったあと、決勝で進学校の弘前に苦戦。7回表まで3対3の展開に本来のプレーができなかったが、「タイムラインをやってなければ、もっと焦ってダメだったかもしれないと思います」。

イメージトレーニングにこれだけの時間を使うのはもったいないと感じるかもしれない。だが、それでもやることが聖愛のこだわりであり、強みなのだ。

「ウチは練習量では絶対に光星や山田には勝てないので、こういうところで勝たないとダメかなと思います。光星は『どこよりも練習してる』というプライドを持ってやってる。それなら、量で対抗してもダメだなと。

試合前は時間がないのでもったいないですけど、毎回やってます。時間がなくてカットしてしまいがちなところで、これをやる勇気は必要だと思います。究極のことをいえば、野球だけじゃなくて、人生においても、いろんなイメージをしておく。それによって、どんなことも想定内と思えるのかなと思いますね」

試合中、高校生がもっともテンパる原因は経験がないことに遭遇することだ。初めてのことが試合中に起こるとパニックになる。イメージで〝疑似体験〟しておけば、その可能性を減らすことができる。いいイメージだけではなく、思い通りにならない展開にどう対処するかまで考えておく。心の準備をするためには、時間を使うことが必要なのだ。

弱者が勝つために その81

イメージトレーニングの時間を惜しまない。どんな展開でも想定内と思える心の準備をしておく。

【「体」の準備】

「**力を入れているのはアップ前のアップですね。**『身体に意識を持とう』と。休日なら8時朝礼で、その後に全体アップになるんですけど、朝礼前の7時半にはだいたいみんな各自でアップ前のアップをしてます。**身体の準備をしっかりしていくと、パフォーマンスはかなり上がります。**例えば、肩甲骨が柔らかい人は、肩甲骨に指を突っ込むと指が入るんですけど、硬い人は入らない。それでも、普通にしてると入らないものが、ジョッグを多くして、身体に汗をかけば、ちょっと入りやすくなるんです。そのあとに肩甲骨のエクササイズをやると、より入りやすくなる。それで初めてケガせずに投げられる準備が整いますよね。社会人のチームなんかを見ると、練習1時間前に来てアップをやってますよね。ケガしたら（選手生命が）終わりなんで、シビアだと思います」

全体で行う通常のアップも基本的にはフリー。だが、神経系のチームダッシュは必ず全員でやる。

「視覚、聴覚、視聴覚ですね。合図を見てダッシュ、音を聞いてダッシュ、その両方ですね。指示者が1人でじゃんけんをして、勝っている方向にスタートとか、笛の音が短かったらそのままスタート、笛の音が長かったら反対側にスタートとかバリエーションがあります。2人組でじゃんけんをして、負けたほうが逃げて勝ったほうがタッチするようなものもあります。これは毎日勝負するという意味もありますね」

ダッシュはトレーニングとして練習後にもやる。

「試合日から逆算して、瞬発系、肺を大きくするミドル系などメニューを変えて調整します。試合前日はショートダッシュでコンディションを整える。その前の日は瞬発系やジャンプ系。その前の日はしっかりしたダッシュ、さらにその前の日はミドル系です」

ショートダッシュは10メートル×5本、20メートル×5本、30メートル×5本。通常のダッシュは30メートルの加速走、30メートル×10本、50メートル×10本。ミドル系のダッシュは制限タイム設定ありの200メートル×9本。そのときによって変更はあるが、これが基本だ。

「**ダッシュの本数は野球のイニングを意識するために9本にしてます。**1本目じゃなくて1回という意識ですね。たまに延長もあったりします。ダッシュをしながらでも初回の入りと言ったり、2回だと言ったり、5回で前半戦ラストだと言ったり。特に200メートルの場合は精神的にもきついので、5回が終わったらグラウンド整備だと言って必ず3分間のインターバルを入れるんです。生徒はそこで集合して、『前半こうだったから後半はこうしていこう』と話し合う。その後に6回だと言って走るんです。冬のランメニューはかなり追い込むので、『8回が終わって○点差』とやると、選手は燃えてやりますね。」

13年夏の甲子園に出場したときの捕手・和島（光太郎＝出場時は2年生）は、1年生のときは試合中にパニックになって全然ダメでした。彼が1年の秋に光星学院（現八戸学院光星）に3対0から逆転されて負けたんですけど、2アウト満塁からサイドスローの小野（憲生）に初球、インコースのまっすぐを要求したんです。デッドボールのリスクがすごくあるじゃないですか。それで、デッドボールですからね。それが、2年生になったらかなり余裕が出てきたんです。『どうして成長したと思う？　人間的に成長したのか、技術的によくなったのか。何でこんなに余裕が出てきたのか？』と聞いたら、『冬のランメニューで試合を意識して自分を追い込んだので』と言ったんですよね。やっぱり、試合をイメージさせることが大事かなと」

ダッシュやトレーニングというと単純に身体を鍛えるだけと思いがちだ。だが、そこで試合をイメージさせることによって、疲れてきたときの後半の踏ん張り方や、仲間への声のかけ方などもわかってくる。試合につながる練習になるのだ。こうすることによって、身体の準備だけでなく、メンタルの準備もしていると言える。

弱者が勝つために その82

ウォーミングアップの意識を高める。

その83

ダッシュやトレーニングをただ身体を鍛える場にしない。本数や回数、途中にインターバルで選手間のミーティングを入れるなど、試合をイメージさせる。

【「技」の準備】

〈「投」の準備〉

「いろいろありますけど、一番はピッチャーだと思います。ピッチャーは登板日に合わせて逆算して、投げ込みの日、ノースローの日をそれぞれ作っていくんですけど、**ブルペンでは必ずバッターを立たせますね。**たいがい、ブルペンだとただ投げる感じじゃないですか。みんなワインドアップとかノーワインドで。そうじゃなくて、ランナーなし、ランナー一塁、ランナー二塁、ランナー三塁、それぞれ右バッター、左バッターを立たせて練習してます。ストライク能力の低いピッチャーだと、どうしても2ボールからの練習、カウントを稼ぐ球の練習が多くなります。それも、ランナー一塁、二塁、三塁でやる。本当の試合のシミュレーションですね。**フォームを確認したければネットスローとかキャッチボールでやればいいんであって、ブルペンは試合、勝負だということでやってます**」

練習のための練習はしない。ブルペンをいかに試合に近づけていくか。そこにこだわれば、やれることはいくらでもある。

「ブルペンではピッチャーが投げたい球を要求して投げますよね。でも、試合ではそうじゃないじゃないですか。だから、**必ずキャッチャー主体でサインを出してやります。**ピッチャーによっては、ストレートのあとのストレートはいい球を投げるけど、変化球のあとのストレートとか、ストレートの後の変化球とかだとうまくいかないということもありますよね。それはピッチャー中心で練習してるからです。しかも、右バッター想定でずーっと投げて、終わったら左バッターでずーっと投げてとなったら、やっぱりジグザグ打線には対応できない。だから、必ずキャッチャーが指示を出して、試合で困らないようにという準備はしてますね」

当然、球種が多い投手ほどやるべき準備は多くなる。スライダーしかない投手なら①ストレート↓ストレート②ストレート↓スライダー③スライダー↓ストレート④スライダー↓スライダーの4つの組み合わせしかないが、これがスライダーとフォークを持つ投手なら、①〜④に加えて⑤ストレート↓フォーク⑥フォーク↓ストレート⑦スライダー↓フォーク⑧フォーク↓スライダー⑨フォーク↓フォークと組み合わせは倍以上に増える。試合でフォークは連投しないというのなら⑨は練習しなくていいが、そうでなければすべての組み合わせで練習しておかなければいけない。

弱者が勝つために その84

練習のための練習はしない。常に試合を想定して練習する。

〈「打」の準備〉

「バッティングは5カ所でやるんですが、右の本格派、右のサイド、左と全部のタイプのピッチャーの練習をします。もちろん大会が近くなって相手のピッチャーがわかれば、それに絞って練習しますけど、それまではどんなピッチャーでも打てる準備です。マシンも2カ所で使いますが、県内に140キロ以上投げるピッチャーがいるので、150キロを打ちますね。打てなくても、見るだけでもいいという感覚です。あと、県内に背が高い投手がいれば、自分のチームの背の高いピッチャーに投げてもらって練習します」

打撃練習というとフリー打撃を連想する人が多いだろう。だが、聖愛では単純に打つだけの練習はしない。必ず状況や課題を設定して打つようにしている。

「**まずはストレート待ちでストレートを打つこと。次は変化球待ちで変化球を打つこと。その次がミックスです。ミックスのときは状況が入りますね。**ランナーなしで出塁するバッティング、ランナー一塁で逆方向に打つバッティング。そこにエンドランも入ります。カウント3—1からのストライクだけを打って、ボールは打たないというエンドランも入ります。ランナー二塁ならランナーをかえす一本を打つ練習。ランナー三塁だったらゴロ・ゴー、エンドランの練習をします。必ず状況を入れる。要するに、打つ練習ではなくて、勝つ練習。気持ちよく打つ練習はないです。バットも、よほど試合前でない限り、竹バットです」

この練習を始めたきっかけは、盛岡大付(岩手)の澤田真一元監督にアドバイスを受けたことだった。

「まずバッターはストレート待ちでストレートを打てないと話にならない。次に変化球待ちで変化球を打てること。そこまできて、初めてミックスだと。ミックスというのは、ストレート待ちで変化球を打てること。もっとレベルが高くなると変化球待ちでストレートを打てるようになること。その段階があるんだと」

かけ算の九九を覚えるのにも2の段から暗記するように、物事には段階がある。だが、野球の練習でそれをやると、どうしても遠回りしているような気がして難しいことからやろうとしてしまう。

それでできれば理想だが、2の段がわからない人は4の段も8の段もわからない。正解したとしても、それはたまたま。正解が続くことはない。基礎となる簡単なことを確実にできるようになって初めて次の段階へ行くことが大事なのだ。

「打つ前に自分で状況を宣言してやらせたこともあったんですけど、そうすると意識が低いせいか、ただの自己満足のバッティングになるんです。難しい状況じゃなくて、2アウト二塁とか、自分が気持ちよく打てる状況しか設定しなくなってくるんですね。だから今は、何分ずつとちゃんと時間で区切っていろんな状況での練習をさせてます」

弱者が勝つために

その85

上達するためには近道はない。段階を踏んで、一つずつ課題をクリアしていく。

その86

気持ちよく打つ練習はいらない。勝つ練習をする。

〈「守」の準備〉

どのチームも練習をやっているように感じるが、意外と盲点なのが守備の準備。聖愛もボール回しにこだわり、わざとファンブルして拾ってすぐに投げる、ぐるっと回転してのボール回しなど、バリエーションに富んだメニューをこなしていた。だが、14年秋の東北大会準々決勝で守備が乱れて鶴岡東（山形）に1対3で敗退。原田監督はこれで考え方を変えた。

「小倉（清一郎＝元横浜部長）さんから『平塚学園（神奈川）の八木（崇文）監督のノックはうまい。あそこは守備がうまくなる』と聞いて、八木監督にどんなノックをしてるか訊いたんです。そしたら、『気持ちよく打つ練習じゃなくて、勝つための打撃練習をするのと同じです。**守備も気持ちよく捕る、投げる練習じゃない。試合で勝つ練習。ノックは全部ランダムでドライブ回転の打球を打ちます**』と。私は気持ちよく捕らせて、気持ちよく投げさせていた。試合前のノックはある意味ショー的な感じでした。それも一つの策略ではあったんですが、試合で勝つノックはしてなかった。それ以外のものは『試合で勝つ練習だ。気持ちよくやる練習じゃない』と言ってやってきたのに、ノックだけは違ったんです。

それ以降、どうしたら試合に近い打球を打てるかと工夫しました。究極は普通の金属バットで打ちました。バットが重いんで、打球が行かなかったですね。今は金属のノックバットで打ってます。これだとスイングが速くできるんで、速い打球が行きます。ボールの上を叩《たた》いて、できるだけドライブ回転で守備が捕りにくいように。守備側と勝負する意識でノックを打ってますね」

もちろん、基本をおろそかにしているわけではない。ゴロの捕球姿勢などかたち作りの練習もやっている。そのうえで、ランダムノックをやるのだ。

「かたち作りも大事です。基本練習は基本練習で必要だと思います。でもそれは、ダイヤモンドに入ってやるんじゃなくて、サイドノックなどでやればいい。ダイヤモンドに入ったら勝負、試合で勝つ練習だということ。仕分けですね」

ノックは走者なしから始めて、走者が出たら継続。打つだけでなく、送りバントやセーフティーバント、バスターエンドラン、外野へのヒットも長打もある。試合と同じく、どんな作戦で、どこにどんな打球が飛ぶかはわからないようにしている。

「**こっちは守備側との勝負なので、一番ミスの起こりやすいポジションに、一番ミスの起こりやすいような打球を打ってやるという感じです。完全に勝負ですよ。**試合って、バッターとの勝負じゃないですか。バッターは弱点を突いてセーフティーとかもやってくるわけですし、理にかなってると思います。バッティングや走塁はこのやり方を実践してできているので、これをやっていけば試合に強い守備になるんじゃないかと思います。

これまでも1カ所打撃のときは同じようにやってたんですけど、それだと飛んでほしいポジションになかなか打球が行かないじゃないですか。もちろん、1カ所打撃は1カ所打撃でありだと思います。実際の試合は1球も飛んでこないこともありますから。1カ所打撃は来るか来ないかわからないところに飛んできて、正確にプレーしないといけない。常に来ると思って準備しないとダメなので、気持ちの準備の練習になると思います。とにかく自己満練習じゃなくて、勝つ練習。これがキーワードだと思います」

弱者が勝つために その87

ノックから勝負をする。

【「作戦」の準備】

「普段からサインプレーだとか連係プレーだとか、普通の戦術の準備はしてますけど、**試合が近くなると、相手のデータを参考に、ミーティングで終わらせずに必ず練習しますね。**例えば、ピッチャーで『こういうクセがあるぞ』と言うだけじゃなくて、必ずグラウンドでピッチャーに再現させて『こうなったらゴーだ』という練習をします。相手バッターの攻略法も、そのバッターを想定してのブルペンになりますね。それも何回も確認します。

これは八戸学院光星の仲井（宗基）監督の言葉なんですけど、『答え合わせ』ですよね。**まずはビデオを見て、データの紙を配って答え合わせをする。実際にそのデータで練習して答え合わせをする。次の答え合わせは試合に入ってからです。**ピッチャーのクセだったら、実際にランナーが出て、『ほら来た』と答え合わせをする。それだけ答えが合ってるから、パッとスタートを切れるという感じです。もちろん、答えが合わなかったらダメだと割り切って捨てる準備もしておかないとダメですよね」

ビデオの映像や文字で見て「わかった気」になっていることは実は多い。指導者はクセを見抜いているのに、選手がそれを使えないということは多々あるのだ。せっかくの情報を活かすためには、面倒だがグラウンドで再現しての確認が欠かせない。たとえわずかな時間でも、一度やっておけばイメージがつかめる。いざ試合で、というよりは思い切りがまったく変わってくるはずだ。

データ活用で言うと、強豪校や強打者を相手にする場合、事前に打力や打球方向を研究して大胆なシフトを敷くことが多々ある。だが、意外とシフトを敷いたときの準備をしていないチームが多い。聖愛もこれで苦い経験をした。甲子園で3季連続準優勝したときの光星学院（当時、現八戸学院光星）を相手にした12年春の県大会のことだ。田村龍弘（現千葉ロッテ）、北條史也（現阪神）ら強打者がそろい、聖愛外野陣は長打警戒で深めの守備をとっていた。

「ロングシフトを敷いたら、フライがことごとく野手の間に落ちたんですよね。よく考えたら、シートノックでそんなフライの練習はしてないんですよ。それ以来、シートノックのときから外野を下げたり、ちょっと左右に寄らせてみたりするようになりました。これは練習試合で試せばいいというもんじゃない。ノックからやらないとダメですね。連係プレーもだいぶ変わってきますから。特にバッターに応じてポジショニングを変えるチームはその練習をしないといけない。ただの定位置のノックだと、これは練習のための練習ですよね。試合のための練習ではないですよね。そういう意味では、**練習というのは、本番の練習というよりも、本番のシミュレーションであるべきかなというように感じますね**」

シフトが大胆であればあるほど、内野手と外野手の間の距離は変わる。「いつもならここにセンターがいる」という場所に誰もいないこともある。シフトを敷けば、自分のカバーする守備範囲が変わる。当然のことながら、外野手の投げる距離も内野手が中継に入る場所も変わる。試合で突然その状況が来て、できる選手は多くはない。普段からシフト別の守備、中継プレーを準備しておかなければいけない。

「『試合で必要なのは対応でしょ』と言う人もいます。でも、私は試合で対応する準備もしていかないとダメだと思います。対応するためにも、対応する準備を普段からしていないとダメかなと。例えば、試合ではいきなりケガするとか、アクシデントが結構あるじゃないですか。そういうのも対応する準備かなと。試合のときにウチが必ずやってるのは、先発のように2人のピッチャーを作らせること。先発・○○、アクシ・○○（※アクシデントの略）と作らせるんですよ。究極はプレーボール初球で手にボールが当たって投げられなくなったときに、準備不足でしたということがないように。**アクシの鉄則は、先発が初球降板しても行ける準備をしておくこと。**プレーボールのときはもう肩ができてないとダメ。1回作ってしまって、あとは試合の状況を見て、ベンチに戻るなり、作るのを緩めるなり、また作り始めるなりする。1回トップまでもっていかないとダメだというようにしてますね」

弱者が勝つために その88

「わかった気」で終わらせない。答え合わせを怠らない。

その89

練習では本番のシミュレーションをする。

〈試合中の「作戦」の準備〉

試合で困るのは、控え選手のJK不足だ。イニング、点差、打順を見て、代打がありそうか、代走がありそうかを考えることができるか。代打や代走が出た場合、代わりに守備につく可能性はありそうか。監督に言われなくても準備ができていないといけない。

「バットボーイをしてる子が代打で出る可能性もある。エルボーガードをつけてバットボーイをしてますよ（笑）。結構、ベンチのレベルは高いと思いますね。**言われる前に代走はヘルメットをかぶって準備してるし、盗塁をしそうな連中は、全員で構えて二盗、三盗のタイミングをはかってますね。**角度的に、向きが一塁ベンチだと一塁ランナー、三塁ベンチだと二塁ランナーの想定に入りやすいんですよね」

試合に出ている選手も準備の意識は高い。**打者ならベンチで相手投手に合わせてタイミングを取る。登板中の投手なら、打順が近いときのベンチ前キャッチボールはエルボーガードやフットガードをつけて行うなどだ。**いつでも試合に入れる準備をすること。審判に急《せ》かされるなど、準備不足で自分のペースを乱されないようにすること。選手としてベンチ入りしている以上は、これが最低限の責任だ。

この他、**アウトカウントの間違いによるボーンヘッドを防ぐため、打者、走者ともに監督のサインを見るときは一球一球、自分の指でアウトカウントを確認する習慣をつけている。**グーなら0アウト、指1本なら1アウト、指2本なら2アウト。当たり前のことだが、バカにするととんでもないことになる。それをわかっているからこその徹底だ。

弱者が勝つために
その90

フェアグラウンド外でできる準備も100パーセント怠らない。

試合中に行う具体的な作戦の準備もある。聖愛では、相手のクセなど気づいたことがあればベンチ内のホワイトボードに記入し、全員でＪＫ（情報共有）できるようにしている。この習慣は現在も変わらないが、甲子園に出て変化した。

「甲子園ではホワイトボードの持ち込みがダメだと言われて、スケッチブックにしたんですよ。画用紙ですけど、これ、めちゃくちゃいいです。ホワイトボードと違って、あとに残る。そのときの情報をとっておけるんです。次に当たることがあれば、見られますよね。キャッチャーのセカンド送球はどうだったとか、低投処理能力はどうだとか。相手のサインなどは全部記憶できないので、文字として残ってればかなりいいですよね」

試合中はベンチキャプテンが気づいたことを記入し、これを〝作戦ボード〟として活用する。そして、この情報を有効活用するためにはベンチキャプテンの役割が重要になる。

「（攻撃開始前の）ゲームミーティングに先頭バッターとネクストバッターは絶対に参加できないじゃないですか。例えば、**ゲームの中で相手のクセやサインがわかったという場合、伝わらないですよね。なので、ベンチにいる人の中でそれを伝える人も作ってます。**ベンチキャプテンが、『一塁ランナーのときのピッチャーのクセがわかった。次のイニングはこれをゲームミーティングで伝えるから、先頭バッターとネクストバッターに伝えて』と指示する。それを伝令みたいな感じで伝えに行く。ベンチでわかってるだけではダメ。彼らがランナーに出たら、わからないとダメなので。これはかなり大事ですよ。**情報が伝わってないがために、走れるのに走れず、取れる点を取れずに負けたらそのミスですからね。**野球は1点差で勝ち負けのゲームがたくさんあるじゃないですか。そんな高度なことではない。**伝えるか、伝えないかの差で試合が決まるんです**」

この他、**ベンチキャプテンを中心に行うのが、ストライクゾーンの確認だ。**審判や天候、試合の進行具合や試合時間によってストライクゾーンは変わる。外が広い審判とわかっていて、終盤になって見逃し三振をしているようでは勝てる試合も勝てない。

「先攻の場合はバッターが必ずベンチキャプテンに審判の傾向がどうかを教えます。ただ、右バッターと左バッターで違いますからね。右はこう、左はこうと分けています。後攻の場合はキャッチャーが初回に必ずベンチキャプテンに伝えることになってます。試合が長くなったりすると、後半になると変わってくることもあるので、そのときはまた修正して伝えますね」

終盤に代打が見逃し三振などJK不足の典型だ。防げることは防ぐ。準備の意識が高くなれば、おのずとやるべきことは増えてくるのだ。

弱者が勝つためにその91

ベンチにいる選手ごとに役割を決め、ベンチキャプテンを中心にJKを徹底する。

〈監督の準備〉

監督の采配が勝敗を決めることは少なくない。だが、意外と采配の練習をしている指導者はいない。選手と同じで、監督も普段から公式戦を想定しておく必要がある。

「練習試合の考え方はいろいろあると思います。例えば、ピッチャーの成長のために球種を限定することもありだと思います。ただ、私は基本的に監督はガチンコ勝負をするべきかなと思います。もちろん、相手にもよりますけどね。**采配も選手起用もタイムのかけどころも本番を想定する。練**

習試合から本番想定のガチンコで何回やるかだと思いますね。聖光学院（福島）の斎藤（智也）監督が『春の大会も全力でいく。全力でやった試合でないと、本当の課題は出てこない』と言ってましたけど、**本気の勝負でなければ、本当の課題って出てこないと思うんですよね。**本気で勝負して、本気で采配するから選手の代えどころとか、タイムのかけどころとか、作戦だとかがわかる。失敗して、あとからスコアブックを見て、『こうしとけばよかった』となると思うんですよ。その積み重ねが最後の夏に経験値として出ると思うんですよね。

練習試合といったら、たいがい監督の采配どうこうじゃなくて、選手に課題を与えることを優先してるチームが多いですよね。もちろんそれも大事ですけど、監督が監督力をつけるには本気の采配をしないとダメかなと。監督も、最後の夏の大会で勝てる采配をするための準備が必要かなと思いますね」

練習試合では怒鳴り散らして、公式戦になると一切怒らないという監督もいる。だが、これは監督自身がわざわざ「いつもと違う」状況を作り出していることになる。監督がいつもと違うのだから、選手は「今日は特別な日」と感じ、いつも通りのプレーがしづらくなる。課題を設定する練習試合だけでなく、公式戦想定の練習試合をいかに作るか。監督自身が成長するためにも、忘れてはいけない準備だと言える。

弱者が勝つために その92

練習試合は選手たちのためだけのものではない。監督も本気で采配をして、監督力をつける。

【道具の準備】

「これは単純ですね。一番ダメなのは、試合中にグラブの紐《ひも》が切れるだとか、紐が長くて審判に注意されるだとか、そういうことがないように準備する。あとは、当たり前の話ですけど、持っていく道具を忘れないということ。アンダーシャツの数はもちろん、雨が降りそうなときはユニフォームは当然のこと、ソックスの替えまで持ってくる。ユニフォームの下は持ってますから。ソックスは試合中は我慢したとしても、帰りのバスの中でそのままだとダメなので。

以前はノックバットを自分で管理してなかったんですよ。生徒が管理していた。生徒が忘れて、竹バットでノックを打ったこともありました。それ以来、自分で持っていくようにしましたね」

自分の物はもちろん、ヘルメットや飲み物など、チームで使う物を忘れると試合に影響するだけでなく、チームの雰囲気が悪くなってしまう。近年は自分の物だけ、自分が係になっている物だけ忘れなければいいという高校生が増えているが、それではいけない。**道具の準備を担当する選手が忘れていても、気づいた選手が持っていくように習慣づけることが必要だ。**

「生徒が忘れ物をして、腹が立つ思いをしたことはいっぱいあります。ただ、人間なんで、3年間絶対に忘れ物をしないってことはないんですよね。大事な試合だったとしてもありうることだと思うんですよ。なので、**監督自身がある意味、忘れ物があるのは想定内としておく。そこで腹を立てるようじゃダメなのかなと思います。**もちろん、あとから注意することは大事ですけどね」

チームの雰囲気は監督の言動一つで決まると言っても過言ではない。夏の大会の大一番を前に、たかが忘れ物でムードを壊してしまっては、それまでの苦労が水の泡になってしまう。公式戦のときこそ、想定内の幅を広げて、精神状態を一定に保つ。これもまた、監督に求められる準備なのだ。

弱者が勝つために その93

しょせんは高校生。JK不足は起こりうる。常に目くじらを立てるのではなく、ときには目をつぶることも必要。

5つの準備の他にも、忘れてはいけない準備がある。それは食の準備だ。身体作りとしての食はもちろん、試合でベストパフォーマンスを発揮するための体重管理の意味もある。

【食の準備】

「ウチは週に1回、体重、体脂肪測定をやってるんですけど、**体重の管理は個々に応じて、パフォーマンスが上がるか、下がるかを基準にしてやってます。特に注意するのは遠征に行ったとき。**宿舎での朝食、夕食はごはんの量を調整できるので、制限したり、増やしたりできるんですけど、昼は弁当になりますよね。弁当はみんな同じで固定されてるじゃないですか。だから、あまり食べちゃいけない人がいっぱい食べてしまったり、もっと食べなければならない人があまり食べなかったりということがある。そのせいで、遠征帰りの体重測定は結構波があるんですよ。**ウチは健康管理指導部というのがあって、指導部の子たちが増量弁当、普通弁当、減量弁当というのを選手から聞いて、太**

田先生（淳部長）にそれぞれいくつか個数を伝えて用意するようにしています。中身を変えたり、普通の弁当におにぎりを1個プラスしたりしてますね。とにかく週に1回の測定数値をバロメーターにしてます。遠征がないときでも、夏休み中に1日練習が続いたりしたときには、体重が減ったりします。そのときは健康管理指導部が考えて、ごはんを炊いて、練習前や合い間に食べるようにしてますね」

高校野球ではよく「身長マイナス100」が目標体重と言われるが、全員にそれが当てはまるかといったらそうではない。

「結局は自分なので。タイプにもよりますしね。自分で一番動きやすい体重、体脂肪を設定して管理するのが理想。もちろん、こっちからの提案もあります。『自分は細いほうが動きやすい』という人でも、どうみても全然ボールが行かなくなってしまったり、打っても飛ばなくなったりしたら、『あと○キロぐらい増やしたほうがいいんじゃない？』と言いますね。中には**体脂肪率がひとケタ台の子もいるんですよ。それはどうかと思いますね。やっぱり、バテますよ。目安としては、野手が12～13パーセント、ピッチャーは18パーセントですね。**ウチは自宅生も多いので、食の管理に関しては親御さんにも協力してもらわないといけない。なので、年に2回、栄養士さんに栄養講座をしてもらって、調理実習をやります。そのうちの1回は3月にやるんですけど、そのときに3リットルのタッパーの新しい弁当箱を一人ひとりに支給して、そこに調理実習でお母さんが作った料理を詰めて、練習帰りに生徒がその弁当を食べるというイベントもしています」

弁当箱自体は全員が同じものを使うが、体重によって中身は変わる。目標体重が異なるだけでなく、同じ量を食べても、太りやすい体質の子や太りにくい体質の子もいるからだ。

「以前は誰でも彼でも『これだけ食え。食べ終わらないまで練習はしない』とやってましたけど、今から思うと無謀でしたね」

走塁が持ち味のチームだったが、体重増量計画を進めた結果、走れない選手が増えてしまった。チームの特長が消えてしまっては本末転倒。生徒一人ひとり個別の管理が必要なことを実感したことも、現在のやり方になるきっかけになっている。

弱者が勝つために その94

全員一律の食事量やノルマはナンセンス。選手個々にあった体重管理をする。

食といえば、日常生活だけではない。試合前や試合中の食も重要だ。聖愛ではどんな準備をしているのだろうか。

「11時半、12時、12時半開始のお昼の試合がありますよね。しっかり食べればいいのかどうか、これがすごく微妙なんですよね。そこは普通の弁当じゃなくて、うどんと炊き込みごはんとかを軽く摂って、試合に入ります。そのときは試合後に小さい弁当を食べるようにしてますね。

ベンチには必ず補食として、もち、はちみつレモン、熱中症対策の黒糖、バナナを持っていきます。もちは腹もちがいいんです。これらを自由に食べてますね。細い人、体脂肪の少ない子はバテやすいので、結構食べてますよ。**食の準備は体の準備にもなりますけど、これは気持ち、心の準備**

にもつながりますよね。これだけやってるんだから、後半になったら負けねーぞとか、後半になったら絶対に力を発揮できるというような気持ちも作れると思います」

前の試合が長引いたり、自分たちの試合が延長戦に入ったりして、食後、時間がたってしまうこともある。空腹では力が出ない。そんなときのためにも対応できる食の準備。考えられるあらゆる準備をどれだけやることができるか。食の準備もまたメンタルの準備になっている。

弱者が勝つために その95

試合中の食の準備を怠らない。

【「戦う」準備】

どれだけ意識を高く準備をしているつもりでも、すべて水の泡になってしまうことがある。それは、プレーする選手自身に戦う準備ができていないときだ。言うまでもなく、アップをするのは自分のため。ケガをしないために指先までしっかり伸ばしてやることができるか。たとえ試合に出なくても、チームの勝利に少しでも貢献しようと道具の準備ができるか。すべては、やらされるのではなく、自ら行動できる人間になれるかどうかにかかっている。小さなこと、面倒くさいことにどれだけこだわり、どれだけ本気でやることができるか。高校野球は、接戦になれば人間力勝負。技術以外の部分で勝敗が決まる。そのときのための準備ができているか。

「自分力ですね。自立です。自分のことを自分でできるか。自分たちの練習は自分たちで考える」

聖愛では、練習メニューは選手たちが決める。体力的につらい練習でも、勝つために必要だと思えば、自分たちでメニューに入れる。素振り一つ、ティー打撃一つでも、どうやるかによって狙いや効果はまったく変わってくる。勝利への意欲がメニューに表れると言ってもいい。

「もちろん、練習の中でわざと困難を与えて、困難突破力をつけさそうと仕向けてやることもあります。ランメニューでわざと無理なタイムを設定して、それを『突破してこい』とかですね。**自分力をつけるには、もちろん我慢することも一つですし、周りに流されずに、周りに影響されずに、自分を見失わずにやれるかどうか。だからやっぱり自立・自律だと思うんですよ。それは普段の積み重ねでしかない。習慣ですから。人間の95パーセントは習慣で生きている。毎日、毎日、楽なほうか、大変なほうか、どっちかに積み重ねていってるんです。今の自分というのは、過去の自分の積み重ねでできている。未来の自分は今の積み重ねで作られていくんですよね。**

ということは、人間は変われるはずなんですよ。ビハインド力、困難突破力がない自分が作られていくのは、普段楽なほうに流されて、そういう積み重ねをしてるから。たとえ今がそうだったとしても、流されずに、今がチャンスと思って踏ん張って、毎日を積み重ねていけば違う自分になっていく。そういう訓練しかないですよね。**もちろん野球も大事ですけど、それ以上に普段の生活が大事だと思います。『生活は人間を陶冶《とうや》する』と言いますけど、24時間あって、特に平日なんて野球をやってるのは4時間ですから。あとの20時間のほうが人は作られますよね**」

グラウンド以外もすべて野球につながっている。日常生活から、いかに自分を鍛えることができるか。行動を変えることができるか。グラウンドでは誰も助けてくれない。〝ここ一番〟の土壇場で頼れるのは、自分自身しかいない。

接戦になれば人間力勝負。自分力をつけるため、日常生活から妥協しない自分を作る。

こだわればこだわるほどやるべきことが見つかる。やりすぎはないし、終わりもないのがJK。それをどこまでやりきることができるか。

「自転車のマナー講習にみんなで行ったときに、こんなことを聞かれたんです。『車の事故には3つの要素・原因があります。1つめが認知。2つめが判断。3つめが操作。どこが原因で事故が起こると思いますか？』と。そしたら、認知と判断で9割。ハンドルを切りすぎたとか、操作ミスは1割だと。野球も同じだと思ったんですよね。認知と判断は野球でいえば、状況把握と状況判断。操作は技術だと思うんですけど、**結局、ミスの原因は準備の部分ですよね。認知は準備。その準備があるから、的確な状況判断ができる。これさえ間違わなければミスを減らすことができる。ホント、JKがすべてですよね。**仕事でもほとんどのミスがJKのミスですよ」

日本一の準備の意識でJKを徹底してきた聖愛。とことんこだわってきた結果が、チーム強化につながり、甲子園にもつながった。

最後にもう一度、原田監督の準備への想いとは――。

「いろんな経営者、成功者の本を読んでも同じですよね。結果重視じゃなくて、プロセス重視。**結果はコントロールできないですけど、準備はコントロールできる。結果は思い通りにいかないですけど、準備は思い通りにやれる。それこそ、誰でもできることだと思うので、そこに集中するのは当然かなと思います。**仕事をしていても、ホント、失敗はＪＫ不足の失敗ばかり。**ＪＫを徹底することは、成功するうえでの世の中の原理原則だと思いますね。**負けたときに一番悔いが残るのは、やっぱり『やっとけばよかった』と思うこと。これだけは防ぎたいですよね。そういう意味でも、**できるかできないかではなくて、やるかやらないかだと思います。今準備できること、今やれることに集中する。これしかないんじゃないかと思います**」

緊張する。平常心が保てない。自信が持てない。

これらはすべて、ＪＫ不足が原因だ。圧倒的な準備をして、漏れがないかが確認できていれば、「これだけやったんだから」と自然と開き直ることができる。準備をやり尽くした人間だけが、肩の力を抜いて本番を迎えることができるのだ。そして準備とは、能力は関係なく「誰もができること」。誰もができることをパーフェクトにやりきったとき、勝利は向こうからやってくる。

弱者が勝つためにその97

結果は思い通りにならないが、準備は思い通りにできる。誰でもできる。今準備できること、今やれることに集中する。

第9章

監督

今治西・大野康哉監督が指導論を公開

生徒と本気でかかわる「手作りのチーム」

大野康哉

おおの・やすや

今治西高(愛媛)監督。1971年9月10日、愛媛県生まれ。今治西高－筑波大。現役時代は二塁手で、高校では主将、大学では副主将も務めた。川之江高コーチ・部長、伯方《はかた》高監督を経て、2005年4月より母校・今治西高監督。06年夏の甲子園では16強。07年夏の甲子園では8強進出。指導方針は「練習は嘘をつかない」。保健体育科教諭。

おそらく、全国にたった一人だけだろう。練習中は決して座らない。選手たちがウォーミングアップをしていても、キャッチボールをしていても、常にグラウンドに立っている。

冬場のトレーニングメニューになっても、選手たちの中に入って声をかけている。ベンチにどっかりと腰を落として見守るだけの監督が多い中、驚くほど精力的だ。監督自ら声を出し、動き回っているから選手も気を抜けない。練習中は常に張りつめた雰囲気が漂っている。決して手を抜かない〝手作り〟のチーム作り。それが大野康哉監督のモットーだ。

2005年の大野監督就任以来、今治西は06年夏からの4季連続、07年からの4年連続を含むセンバツ6回と春夏合わせて11度の甲子園出場。06年以降の7年間は春夏いずれかの甲子園に出場している。とはいえ、決して素材に恵まれているわけではない。その間にプロ入りしたのは熊代聖人（現埼玉西武）だけ。140キロを記録したエースも熊代一人だ。県立の進学校ながら、なぜそれだけ勝てるのか。チーム作りのこだわりとは。大野監督の言葉には指導者へのヒントがたくさんつまっている。

当たり前の基準が違う。

これを合わせることが、どれだけ大変なことか。高校野球の監督として1年目に大野監督はそれを実感した。今治西から指導者を志して筑波大に進学。大学を卒業して最初に赴任したのは川之江だった。通算6度（当時は5度）の甲子園出場を誇る名門で2年間コーチ、1年間部長を務め、監督になるために転勤希望を出した。新しい赴任先は瀬戸内海にある小さな伯方島《はかたじま》にある伯方高校。

生徒数約170人の小規模校での監督生活は、野球人として初めて経験することばかりだった。部員は9人。学校内で野球に関心を持つ人もいない。当然、期待する人も応援する人もいなかった。

「周りから関心を持たれていないんです。野球部に求められるものや望まれるものがなかった。今治西や川之江なら『甲子園に行ってもらいたい。学校のリーダーとして引っ張ってもらいたい』というのがあるんですけどね。

部員もたくさんいるのが当たり前だったから、いないのを経験したこともなかった。**野球をする者として、部員がいないというのがどれだけつらいことなのか。指導者だけでなく、選手にとっても心細いことだと思います。**それを思い知らされましたね。それまではいい環境でしかやったことがなかった。今までやってきた野球とのギャップ。今になって、これが自分の大きな財産になっていると思います」

いくら野球をしたくても、監督をしたくても、最低9人の選手がいなければやることはできない。部員9人なら、1人でも欠ければ試合は無理だ。野球ができるのも、監督ができるのも、試合ができるのも当たり前ではない。当たり前に感謝ができるようになった。

だが、甲子園を目指すのが当たり前だった大野監督と伯方の選手たちとでは意識の差が大きすぎる。当然のことながら、彼らの行動は大野監督を驚かせることばかりだった。ノックをするときも、打撃練習をするときも、グラウンドにラインを引かない。雨の日になると「今日は雨なんで」とユニフォームすら着ていなかった。

グラウンドにラインを引く。練習するときはたとえ雨でもユニフォームを着る。野球人として当たり前であるはずのことが、彼らには当たり前ではなかった。それが、若い大野監督には理解できない。当時の教頭で、のちに愛媛県高野連会長を務める宇和上正に思わずこうこぼした。

「伯方の子はラインも引かずに練習するんです。こんなことは初めてです」

だが、返ってきた言葉は大野監督の期待に反するものだった。

「君はそのことを教えたのか？　教えてできないのは選手にも責任がある。でも、教えてないのにできると思ってるのはお前のおごりや」

教頭はさらに続けた。

「今治西でやって、川之江から来たかもしれんけど、監督としては始まったばかり。お前の指導力は指導者として一番下や。伯方の選手も高校野球では下のほうだし、それと一緒ぐらいのもん。いい勝負やから頑張らんかい」

カチンときそうな言葉だが、大野監督にはスーッと入った。怒りを覚えるどころか、妙に納得した自分がいた。

「できるようになるまで根気強く教えていかないといけないなと。ラインを引けなんて、こっちは当たり前と思ってるから言ってもないんですよね。やってきた環境が違うんだから、できなくて当たり前だなと。ただ、そういうことを経験したから、今は教えてやらないとわからないもんだと思ってる分、言わんでいいことまで言いすぎるんですけどね（笑）」

そんな選手たちに「あれをやれ。これをやれ」と言っても始まらない。当たり前の基準も、目標も違うからだ。彼らを動かすにはどうしたらいいか。それは信頼を得ることだった。多くの監督は「○○をやれ」と指示するだけで、自らはやらない。生徒に用事を頼んでおいて、「ありがとう」も言わず当たり前だという顔をしているのもよく見る光景だ。それは監督と選手の関係だから成り立っていること。一対一の人間として考えれば、信頼を得られるはずもない。だが、大野監督は違った。自ら行動することで、やるべきことを示したのだ。当時の大野監督には、こんなエピソードがある。

ある冬の日の練習。雪が降り、特別に寒い日だった。選手たちは「寒い、寒い」と言いながら、ポケットに手を突っ込んでいる。それが気に入らなかった。「全員集まれ」と選手たちを集合させると同時に、こう言った。

「バケツに水汲《く》んでこい‼」

水が運ばれてくると、その水をバケツ2杯、勢いよく頭からかぶった。

「誰だ！　寒そうにしとるんは‼」

その後はそのまま1時間ノックを打ち続けた。

「みんなマジか⁉　という顔をしてましたね（笑）。寒い日にそんなことをすると、どんなに我慢しても足が震えるんです。足ががくがく震えながらノックしました。キャッチャーに転がしたら、捕りにいかないで僕の足を見てるぐらいでしたから（笑）」

監督がそこまでしてやってくれたら、選手たちもやらないわけにはいかない。選手たちは大野監督の言うことをスポンジのように吸収していった。6年間指導し、6年目の春には地区予選で今治西、県大会準々決勝で川之江を破って準優勝。9人だった部員は、大野監督の自宅に8人が下宿するなど28人にまでなった。父の病気でやむなく退部した選手を除けば、退部者は1人だけ。試合には島からの応援団もかけつけるようになり、最後には「転勤しないでください」と島民から署名が集まるほどだった。口だけではなく、自ら行動で示す。本気度を表す。そこに選手たちは惚《ほ》れたのだ。選手たちから信頼を得るとともに、当たり前基準の差もなくなっていった。

「あのときの選手たちが応えてくれたからこそ今がある。そっぽを向かれてたら、指導者として終わってたかもしれません。指導者こそ、生徒に育てられますよね」

この伯方でのスタートこそが大野監督にとっての教訓であり、原点。すべての礎《いしずえ》になっている。

弱者が勝つために
その98

選手ができないのは教えていないから。当たり前だと思うことでも、知らないもの、わからないものと思って指導する。

選手からの信頼を得る――。この点に関して、大野監督は特別にこだわる。監督をすることができるのは当たり前ではないからだ。

「**選手に認めてもらえて僕らは監督ですから。認めてもらうために努力しないと、どんなに選手に『認めろ』と言ってもそれは無理でしょう**」

この考えがあるから、大野監督の行動は徹底している。試合中はもちろん、練習中も「一生懸命やっている選手に申し訳ないから」とベンチに座らない。トレーニングのメニューでも、つきっきりで叱咤《しった》激励する。選手たちに罰走を命じれば、自らも一緒になって走る。

「徹底してるとか、そんなことじゃないんです。当たり前ですけど、(選手とは)年齢が離れていきますよね。甲子園に行っていることもあり、選手たちは入ってくる前から『今西の大野監督や』と見てしまっている。あるとき、誰かを呼ぶのに『おい』と言ったんですが、その瞬間、全員がこっちを向いたんです。えっと思いましたね」

年齢、実績から選手たちは監督を「すごい人」と思いすぎている面があると感じた。監督と選手の距離が遠すぎてはいけない。それ以来、練習中に腕を組むのもやめるようにした。

「腕を組んでる姿だけで威圧感を与えてるなと。クセなんで、どうしてもしてしまうんですけどね。でも、そんなことも気にするぐらい、選手に対しては自分から歩み寄っていかないと。選手が上がってくることはできないので。だから、トレーニングのときも、できる限り全員に声をかけたり、身体を叩《たた》いたり触るようにしています。**実績があるから監督として認めてもらえるのではなくて、一緒にやってるから認めてもらえるというふうにならないといけない。いくら『オレはこんなことをやってきたんやから認めろ』と言ったって、それは前の話であって、今の選手には関係ない。今の選手に認めてもらわないといけないですから**」

練習の合間や食事の時間などにはギャグを飛ばすこともある。「ウケなくて困る」と苦笑いするが、コミュニケーションを取ることを重んじている証拠だ。練習中も含め、積極的に声をかけることで、距離感をなくし、選手一人ひとりの存在を認めるようにしている。

「選手は何に失望するかといったら、試合に出してもらえないからではない。監督に見てもらえないことが一番つらいんです。僕は毎日、3年生全員に声をかけるようにしています。そうすると、ベンチ入りできない選手が『僕は打たなくていいので、レギュラーに多く打たせてください』などと、チームが一つになっていく。それがチームの力になるんです。**プレーするのは選手ですから、選手たちが監督を信じてくれなければ、いくらいい戦術を立てたところで何の役にも立たないと思います**」

そんな大野監督がいつも心に留めている言葉がある。それは、高級ブランデーならぬ「指導者のVSOP」。「V」はバイタリティ（Vitality＝活力）、「S」はスペシャリティ（Speciality＝専門性）、「O」はオリジナリティ（Originality＝独自性）、「P」はパーソナリティ（Personality＝人間性）を表す。今治西の監督になった年、福井商の北野尚文監督（当時）に教えられた言葉だ。北野監督からは、こんな話をされた。

「経験を積むにつれて、V→S→O→Pに変わる。20代から30代前半はバイタリティにあふれているから、自分で何でもやれる。間違いもあるけど、許されるし、取り返すこともできる。そこからある程度年齢がいくと、野球の指導者として『こういう場合はこうだ』という専門性が出てこないと通用しなくなる。その次に、『自分は指導者としてこうやるんだ』という独自性が必要になる。

60代などになると、怒鳴ることもできないし、怒鳴っても迫力がなくなる。身体も動かない。最後は人間性で選手と向き合っていくしかなくなるんだよ。

『手を打てば　下女は茶を汲み　鳥は立ち　鯉が寄り来る　猿沢池』というように、1つの行為で3つのことが起こる。それが高校野球の監督。それぐらい選手は監督のことを見ている。だから身を正して、見られてもおかしくないようにしないといけない」

自分の年齢によって指導者として意識することも変わっていく。口で言うことは立派でも、行動が伴っていなければ誰も信頼してくれない。常に自分にこう言い聞かせているから、大野監督は妥協しないのだ。信頼されない指揮官が、選手の力を引き出すことはできない。

弱者が勝つために
その99

プレーをするのは選手。選手から信頼を得られなければ、いくらいい戦術を立てても役に立たない。今いる選手に実績ではなく、行動で認めてもらうための努力をする。

耐えて、しのいで、こらえて……守って勝つのが大野監督のスタイルだ。ここ一番での粘り、踏ん張り。相手を嫌がらせるほどのしぶとさや泥臭さこそ、今治西の強味になっている。大野監督がチームを作るうえで最も重要視している〝しのぐ力〟。この必要性を痛感したのは、一つの苦い敗戦だった。

今治西の監督に就任して1年目の秋。県大会準々決勝で今治北と対戦した。目と鼻の先にある近所の学校だが、野球での実績や伝統は今治西がはるかに上。「今治の中で西高が北高に負けるなんてない話」という立ち位置だった。ところが、3対2とリードして迎えた6回に3点を失い逆転を許すと、8回には1死満塁から満塁本塁打を浴びて万事休す。9回に1点を返したものの、4対9で敗れた。

「自分の中で『まだこの試合はわからない』と思っているときに、満塁ホームランを打たれて負けた。ゲッツー崩れで1失点でもOKの場面。何も投げやりになる必要はないのに、なんでホームランを打たれるんだと。**苦しいときに踏ん張れないと甲子園には行けない。しのぐことが大切。しのがないと勝てない**んだと思ったのは間違いなくあのときですね。

いいときは、誰でも何をしてもいいんです。でも、高校野球は1回負けたら終わり。だからいいときにたたみかけることではなくて、苦しいときにしのげるか。だから僕はしのぐことの大切さを教えます。勝っても『勝ち方が悪い』と言う人がよくいますが、そんなのは高校野球にはない。勝つために何をするべきかを考えて、取り組んで、勝てればそれでOK。もちろん、ルール違反、マナー違反はダメですけどね」

それ以来、〝しのぐチーム、しのげるチーム〟が大野監督のチーム作りのベースになっている。

「自分たちの野球は何か。自分たちはどういうチーム作りをしていくのかと考えたときに、やっぱりしのいでいく、しのげるチームだろうと。**自分が『これをベースにチームを作っていく』と考え**

たことを大切にして、それプラスアルファで肉づけしていくのがチーム作りだと思います。その中でいいピッチャーが出てきたとか、いい打線が組めたとか、そういうときにもう一つ上を狙っていく。例えば、バッティングを勉強して、打つことは絶対負けんというチーム作りをしようと思っても、もともと打てる子が来られない学校では長続きしないんですよね。1回はいいかもしれない。そういう選手がいればね。でも、次の年はそれができなかったから結果が出なかったというのは、僕はダメだと思います」

もちろん、これが私学なら話は別だ。打撃のチームを作りたければ、打てる選手を集めればいい。だが、公立ではそれができないし、指導者の転勤もある。必然的に、確率3割の打撃よりも10割に近づける守備を鍛えたほうが、毎年チーム力が安定しやすくなる。

「負けたから違うチーム作りを目指していくという時間は公立の指導者にはないし、それだけの人材を集めることもすごく難しい。全国的な流れからしたら物足りないとは思いますけど、やっぱりしのぐチームにならないといけない。甲子園ではなかなか勝てていませんが、それでも続けて出られてるのは、しのいでいるからだと思ってます。そんなすごいピッチャーがいるわけでもないし、強力な打線があるわけでもないけど、苦しい場面をしのぐ、点をやらない。点を取られるのはしょうがないけど、やらない。そういう野球を目指してきたし、それがウチらのやるべき野球だと思っています。

やっぱり選手は集まらないですからね。来た選手で勝負しようと思ったら、ベースを揺るがして

しまうと難しい。『今年はこういうチーム、今年はこういうチーム』とそのたびに変わると、選手が対応できないと思います。もしかしたら、年によっては『このチームはもっと打てるのに……』というのがあるかもしれませんが、やっぱりしのいでいくのをベースにしていますね」

ベースを作ることで、毎年、最低ラインのレベルにまでは必ずもっていく。だから、年によっての成績の差が生まれにくいのだ。06年以降、7年連続で春夏いずれかの甲子園に出場というのは公立普通校としてはとんでもない快挙。それは揺るぎないベースがあるからに他ならない。

「自分が今治西で監督をやっている間はベースになるものをちゃんと保ち続けたい。**一度（チーム力や成績が）落ちてしまうと、しばらく上がっていけないと思うんです。ウチのような（進学校で）頑張って来てもらうしかない学校は特にですね。1回落ちたら、本当に1回じゃないんです。**もちろん、これでいいと思っているわけではなくて、上を目指すためにバッティングを磨くとか、いいピッチャーを育てることが必要です。それでも、自分のやるべきことは、とにかく甲子園を目指せるチームを作る。もう一つ言うなら、毎年甲子園に行けるチームを作る。そのうえで、あとは勝つために必要な要素を備えた選手がいるときに、いかに勝てるかだと思います」

ベースを決めるのは指導者。ベースを作るのも指導者。だからこそ、ベースを保つには指導者自身がぶれないことが大切だ。

「**自分でよく考えて、『こういうチームにするんだ。こういうふうに選手と向き合っていくんだ』と思ったら、絶対にぶれないことが大事。ぶれると選手が一番わからなくなるし、あっちに行った**

り、こっちに行ったりする時間は、公立の指導者にはないと思います。一億総監督と言いますけど、高校野球は本当にいろんな考えの人がいる。10人いて半分賛成してくれることはほとんどないと思います。打率と一緒で3割が賛成してくれたらOK。保護者、後援会、OB会、地域の方とかにいろいろ批判を浴びることはありますけど、自分がこうだと決めたら、わき目を振る時間はないんです。振り返るのであれば、転勤するとき。次の学校で出会う選手のために振り返って、方向転換すればいいと思います」

大野監督は自身のチームのことを〝手作りのチーム〟と表現する。07〜10年に4年連続センバツ出場したエースのうち、熊代以外は全員地元の軟式出身。近年は硬式の好素材を連れてきてエースにするのが全国的な流れだけに、なかなか見られないことだ。

「これを四国のレベルの低さと言われたらしょうがないですけど、そういうピッチャーを1年半鍛えて秋の大会で結果を出す。これはウチのチームならではのことだと思います。こういうチームを作りたいから、こういう選手を連れてくるというのが私立。それに比べれば、思うような選手補強はできません。ある程度軸になる選手は期待できたとしても、ほとんどは来てくれた選手でチーム作りをしていかなきゃいけない。そうなってくると、強打のチームとか、走力のチームというのは的を射てこないんです。打てない選手が集まったらどうする？　走るのが遅い選手が集まったらどうする？　と言われたら、どうにもできないですから。

じゃあ、**常にできるのは何かといったら、しのげるチームだと思います。我慢強い、耐える、し**

のげるチーム。これはどういう選手が来ても作れる可能性がありますからね。逆にいえば、それはなんとしても作らなければいけない。ときには人からおかしいと言われながらも、自分はこうやるんだと指導者が信じて、選手もそれを信じてチーム作りができたら結果は出てくるんじゃないかと思いますね」

弱者が勝つために

その100

ここ一番でしのげないチームでは勝てない。苦しい場面で点をやらない〝しのげるチーム〟を目指す。

その101

毎年安定したチームを作るためにはベースが必要。ベースを作り、最低限のラインまでチームを仕上げて、上位をキープする。常に上位にいることで、入学を希望してくれる選手も増える。

当たり前のプレーを当たり前にする。これが、試合を作るうえでの条件だ。逆にいえば、なんでもないゴロをエラーするなど、当たり前のことをできなければ勝つことは難しい。そういう意味で、大野監督はキャッチボールにこだわる。肩ならしではなく、強い球を投げる。アウトにするつもりで、思い切り投げる。捕ってからすぐ投げるクイックスロー以外は声も出さず、とにかく投げることに集中する。長い日は1時間以上もキャッチボールに割くほどだ。

「やっぱり、投げられない選手はダメですよね。投げるのに不安があるからエラーするんです。ノックでも、ノースローで捕るだけの練習だとエラーは極端に減る。次に投げなきゃいけないと思うからエラーにつながるんです」

取れるアウトは確実に取る。これさえできれば、意外と大量失点はしないものだ。余計な失点を防ぎ、最少失点で踏みとどまれるかどうか。

「試合で一番苦しいのは、打ち取った打球でオールセーフにしてしまうこと。そういうディフェンスをすると大量失点につながる。アウトは取れるところで一つずつ取っていく。大きなプレーよりも確実なプレーを練習でも試合でも求めています」

そしてもう一つ、大量失点をしないために意識しているのは大ピンチを作らないことだ。

「大ピンチを未然に防ぐ。大きなピンチになる前にいかに芽を摘《つ》んで切り抜けていけるか。これは戦い方として絶対に欠かせないものだと思ってますね。1点を取られても、もう1点をやらないという感覚です」

この思いがあるから、大野監督は無死一塁や1死一、二塁などピンチの1つ前の場面にこだわる。ここに一番集中力が必要だという考えだ。練習でも、内野のケースノックや内外野の連係プレーなどはこの設定で多くの時間を使う。ピンチを広げないためにどんなプレーを選択するのか。自分で判断できるようにするためだ。

「大ピンチになると紙一重の部分が大きくなりますよね。ラッキーやアンラッキーが出てくる。だ

から、ピンチが小さいうちにどういうプレーを選択するかが大事。大ピンチをどうしのいだかというよりは、大ピンチになる前のプレーが大事だと思っています」

試合中にクローズアップされるのは大ピンチをどう乗り切ったかになりがち。だが、大ピンチを作らないことこそが理想だ。大ピンチが続けば、投手も野手も消耗する。さすがに、これではもたない。大ピンチではなく、いかに小さなピンチのうちにしのげるか。大ピンチの芽を摘み取ることができるか。これもしのげるチームになるための条件だと言える。

そしてもう一つ。しのぐために欠かせないのが心の強さ、スタミナだ。今治北に敗れたそのオフから、今治西では冬の強化練習が恒例になっている。砂浜ランニングは名物。08年の合宿では1日4000スイング以上を目標に、朝6時から夜中の2時半まで練習したこともある。

「**しのぐためには、心の強さは欠かせない。**よく心技体と言いますけど、僕はその順番だと思っています。心があり、技があり、体力が必要だと。スイングするのも、選手に言うのは『気持ちのスタミナをつけよう』の一点だけ。1日3000本、4000本振ったからバッティングがよくなるのかというと、100本を40日やったほうがいいと思います。でも、**どんな苦しい場面も乗り越えていかないと甲子園には手が届かない。苦しいな、もう嫌だなと思ったときが勝負じゃないかと。**

もちろん、故障させてもいけないので、選手の状態を見極めながらやりますけどね。

それでも、やっぱり大きな充実感や達成感が残るような練習を積み重ねていきたい。自分の経験からしても、**試合の場面で一番苦しいのは今までやってきたことに自信が持てないことなんです。**

これは、負けたら終わりの試合を戦うときに一番つらい。自分たちはどこにも負けないことをやってきたんだという、やってきたことに対する誇り、自信が持てる練習を積み重ねていきたい。それが究極のメンタルトレーニングだと思っています」

冬の強化練習もその一環だ。過酷なメニューだが、だからこそ苦しい展開でも簡単には負けないという気持ちや自信が生まれる。その意味で、大野監督が今も印象に残るシーンがある。07年夏の愛媛県大会3回戦・宇和島東戦。0対0で延長にもつれ込んだときだ。ベンチに戻ってきたエース・熊代が誰に言うのでもなく大きな声でこう言った。

「オレはこっから投げるために今まで走ってきたんや」

延長11回、この気迫に打線が応えて2点を奪うと、その裏、熊代は三者連続三振を奪って締めた。1試合20奪三振。気持ちで投げた結果だった。

その年の県大会決勝・済美戦では1対1の9回裏、1死満塁のサヨナラのピンチに捕手の潮尚宏が一度ワンバウンドになったスライダーを続けて要求。熊代もこれに応えて後続を打ち取り、延長11回を3対1で振り切った。最後までミスを恐れない強い気持ち。逃げないで向かっていく姿勢。すべては心を鍛えていたからこそ生まれた。

「まさに、今までやってきたことの勝利でしょうね。苦しい展開でも、選手たちは簡単には負けないという気持ちを持っている。3年間の努力の中で、粘り強さ、我慢強さ、忍耐力を間違いなく身につけた。普段を大事にしてきた結果だと思います」

しのぐ強さ。しのげる心を持つ強さ。これこそが今治西の負けない秘密なのだ。今治北戦で踏ん張れなかった教訓が、甲子園常連チームになる礎になった。

弱者が勝つために

その102

大ピンチを作ると大量失点につながる可能性がある。大ピンチになる手前、小さなピンチのときにどう守るかこそ重要。

その103

しのげるチームになるためには心の強さ、自信が必要。苦しいときに「どこにも負けないことをやってきた」と思えるだけの練習や行動を積み重ねる。

想定外——。

試合において、最も怖いのがこれだ。予想もしないことが起こり、あわてて、自分を見失ってしまう。こうなるとしのぐことは難しい。だからこそ、大野監督はやるべきことを明確にすることに重点を置いている。現状を把握し、次は何をするべきかを確認する。これにより、想定外を防ぎ、大ピンチを作るのを防ぐ。そのために多用するのが伝令だ。守備時には満塁や二、三塁などピンチになってからではなく、ピンチの1つ前で送ることがほとんど。ピンチになる前なら、選手たちも冷静にアドバイスを聞く余裕があるからだ。もちろん、伝令は守備時だけにとどまらない。攻撃時の伝令も積極的に使う。3回使い切ることも珍しくない。とにかく、〝事が起こる前にアドバイスをする〟。これが、大野監督のポリシーだ。

大野監督がこの考えを持つようになったのは、指導者としてスタートを切った川之江時代。寺尾邦彦元監督からのアドバイスがきっかけだった。

「どんなに素晴らしい助言をしても、試合終了後では遅い。終わったあとにナンボ言ってもダメ。言うことがあるならやる前に言え」

指導するうえでのポイントをまとめた寺尾元監督直筆の便箋『指導者としての使命』（P298）は、今でもセカンドバッグに入れて必ず持ち歩いている。

とはいえ、初めて監督を務めた伯方時代の前半は苦い経験を何度もした。当時は、「後半何があるかわからないから」とタイムをあとに残していたが、伝令を温存した前半に大量点を取られて、流れがつかめないまま試合が終わることが多かった。そのときの教訓も踏まえ、現在は早めのアドバイスを徹底している。

「**結果が出たあとにどんないいアドバイスをしても何の役にも立たないと痛感しましたね。**それだったら、プレーをする前にアドバイス、指示をしてあげるべきだと。他のスポーツではなかなか難しいですけど、それができるのが野球というスポーツですから。監督はアドバイスのチャンスを与えられている。言ってみれば、監督と選手の間だけの秘密のアドバイスです。そういう気持ちでやってますから、場合によっては、タイム3回を折り返し（5回終了）までに全部使っている場合も

【指導者としての使命】

●何事でもわかるまで、できるようになるまで言い続けることが選手を育てるうえで大切である。

●同じミスがくり返されるとしたら、その点について中間的にもう一度、くり返し教える。「もう言わなくていいだろう」と考えずに、もうひとこと言っておこう。

●選手が変わるのでも育つのでもない。監督・コーチが変える、育てるものである。

●選手は自分の狭い経験と限られた知識の中から学んだことしかできないものと考えるべきである。

●選手の立場でいえば、自分の価値を正しく評価してくれる監督・コーチのために全力を尽くすものだ。

●試合中における選手のワンポイントアドバイスは、ピッチャーには投球の前に、キャッチャーにはサインを出す前に、野手には打球が来る前に、打者には打席に入る前に、走者・ベースコーチにはプレーが起こる前にアドバイスをして、積極的なプレーには○、消極的なプレーには×を選手に伝える。それが評価。

●先にこうすべきだと言ったうえでそれができたか、できなかったかを評価するのが指導者。プレーを失敗したあとではどんなよいアドバイスも役に立たない。

あります。今治西に来て、野球の技量でいえば伯方のときよりレベルの高い選手を預かってますけど、やっぱり高校生だから一緒です」

高校生より経験も知識もある。プレーをしている選手たちより、客観的に状況を見つめることもできる。冷静で的確な判断をしやすいのが監督という立場なのだ。迷いをなくし、想定外をなくす。そのためのアドバイスを伝令で送る。

「悔いが残るというのは、やらなければいけないことをやらないことだと思います。監督も『ああいうふうに言っていればよかった』と悔いは残さないようにしないといけない。タイムを使い切るということは、悔いはないということ。その代わり、反省はありますけどね。自分で言ったことが間違っていれば、それは選手に謝るしかない。でも、**アドバイスするのをためらって、言わずに出た結果について言ってしまうのは、評論家であってそれは監督ではないと思います。**

試合では、守りのときのほうが相当集中してます。下手したらその回で（試合が）終わってしまう可能性がありますから。間違いなく、守備のタイムのほうが先に使い終わります。3回使い終わったら？　あとは声をからしてメガホンで言ったらいいんです（笑）。**伝令では『この場面はこういう考えで守ろう』と伝える。いろんな選択肢がある中で、どれだけそれを絞っていけるかが大事。それは、選手から見るとやることが明確になっているということ。ウチのチームでは、一番大事にしていることですね**」

攻撃の伝令を送る理由も同様だ。迷いが見られるとき、やるべきことが明確になっていないと感じたときにアドバイスを送る。06年夏の甲子園1回戦・常総学院（茨城）戦では、こんなことがあった。1点をリードされて迎えた2回裏1死一塁で打者は7番・奥田尚志という場面。1ボールからの2球目を一塁側にファウルしたあと、大野監督は伝令を送った。まだ2回。1死一塁の状況からしても、通常は伝令を送るような場面ではない。

「ファウルを見たとき、腰が上がってたんです。奥田の場合、そうなっているときはダメなとき。『腰が上がってるから、ベルトの位置を変えないように腰を回せ』と伝えました」

このアドバイスが効き、奥田はライト前ヒット。このあと、相手失策と2本の安打で3点を奪って逆転に成功した。

「普通の人は出さないところでしょう。でも、自分にとっては大事な場面だった。『こいつに1本出してやらないと』と。やっぱり、3年間つきあってきてますから、こういうときはダメなときだとわかる。ダメだと思うから（伝令を）行かすんです。必要がないときには行かしません」

打ち方を観察し、このままではダメだろうという予測のもと、伝令を使った。指導者にはこの〝見通す力〟が必要だ。

「**見通しは大事ですよね。こいつがこういうプレーをしたらこうなるという予測がないと見通しはできない。観察があって、予測があって、見通しがある。先見の明がないと、チーム作りも遅れます。まさに『観の目強く、見の目弱く』。宮本武蔵ですよ**」

もちろん、守備時にも見通しができるかが大事だ。無死一塁で簡単に送ってくるのか、仕掛けてくるのか。最悪を想定したうえで指示を送らなければいけない。先入観や見た目にとらわれることなく、相手のベンチの動き、打者や走者の態度、雰囲気などを観察し、予測して次のプレーを見通す。そうしたうえで、〝事が起きる前〟のアドバイスを送るのだ。これにより、選手たちもやるべきことが明確になり、頭を整理して次のプレーをすることができる。想定外が起こりにくいことこそ、今治西の選手たちが結果を出せる理由だ。

弱者が勝つために
その104

想定外を作ってしまうと大きなミスや大量失点につながる。「どんな素晴らしいアドバイスも、終わったあとでは何の役にも立たない」と肝に銘じ、観察による見通しを立て〝事が起こる前〟にアドバイスを送る。

やるべきことを明確にする――。

もちろんこれはすべてにおいて当てはまる。練習前、大会前、試合前……。何を目的に、どうプレーをするのか。どんなことであっても、それを漠然《ばくぜん》としたまま進めることはない。必ず確認して次に進む。それが大野監督のやり方だ。

「選手にもよく言うのが、『打席に入って〝よーし、何でも打ってやる〟というのは、何も打てない』ということ。何も考えずに打席に入ると、何もできずに終わると思ってます。『ここはこうするんだ』と自分で決めて、その場面、その打席を迎えられる選手のほうが、集中力がある。次の試合をどう戦うかというのも、相手を意識したものよりは、自分たちの選手の状態を把握して、やるべきことを明確にしたほうが、監督も選手も集中できるのかなと思います」

迷ったり、何をすべきかわかっていない選手はミスをしやすい。それをなくすためにミーティングをし、試合の中でわからなければ伝令を送る。

だが、そこは高校生。いつも同じようにはできない。大野監督もこんな試合を経験している。07年センバツの常葉学園菊川（現常葉大菊川＝静岡）戦。0対0で迎えた5回にエラー、フィルダースチョイスなどで一挙6点を失うと、8、9回にも追加点を許して10失点。打線も左腕・田中健二朗（現横浜DeNAベイスターズ）の前にわずか3安打しか打てず、0対10の大敗を喫した。

「よそゆきの野球をしましたね。うまくやらなければいけない。いいプレーをしなければいけない。さすがと思われる、カッコよく勝つ野球をしようとしてしまった。自分たちの野球を完全に見失ってましたね。『オレたちはこういう野球をやろう』というのを、まったく忘れていた」

前年夏に甲子園で2勝を挙げた熊代―潮のバッテリーが残り、上位進出が期待されていた。意識が自分たちではなく、周りにいってしまっていた。

「周りから求められてやるか、自分たちで思ってやるかの違いですよね。恥ずかしい話です。弱かったですね」

この教訓が活きたのがその年の夏の甲子園3回戦・文星芸大付（栃木）戦。プロ注目の左腕・佐藤祥万（現広島）に対したときだった。立ち上がりから佐藤は好調。変化球のキレもよかった。そこで大野監督はこう指示を出した。

「ストレート狙いでいこう。右バッターへのクロスファイアで入ってくるインコースのストレート。佐藤にとって一番力のあるボールを狙っていこう」

選手たちに「いいヒットを打ちたい」という気持ちがあった常葉学園菊川戦は、ストレートも変化球も打とうとして失敗した。今回の狙いはストレート一本。それによって重圧をかけ、後半にどうなるか見極める。チームとしてやるべきことが決まったことで、選手たちも徹底した打撃ができた。右打者はベースから離れて立ったり、リリースの手前で三塁側に一歩後ろに下がって打ったりと内角ストレート狙いを印象づけた。

5回までは無安打9三振と完全に抑え込まれたが、6回に徹底の成果が出た。9番の武内涼平、2番の浜元雄大がともにストレートを安打して2死一、二塁の好機を築くと、3番の福岡惇も甘くなったストレートを右中間へ三塁打して同点。9回には1死から熊代が球威の落ちた内角ストレートをレフトスタンドに叩き込んで勝ち越すと、その後も3点を加えて勝負を決めた。

「積極的にいこうとしすぎて打席で自分が何をすればいいかわからなくなってしまった春の反省が夏に活きた。ウチの打線ではどちらも打つのは難しい。やることが決まっていたことで、後半勝負をものにできた試合ですね」

多くのものを求めても高校生には難しい。頭を整理して、シンプルにできることだけを徹底する。自分たちが今、何をやるべきなのか。これを理解しているか否かが、試合で力を発揮できるかどうかを決めるのだ。

選手が力を発揮しやすくするために、もう一つ、大野監督が心がけていることがある。それは公式戦、練習試合を問わず、試合ではミスをしたことによる選手交代をしないことだ。代えるとすれば戦略的な交代か、見逃し三振をしたとき。バットを振らない消極的な姿勢は他の選手に示しがつかないからだ。

「**選手のプレッシャーを取り除いてやるのが監督の一番の仕事だと思っています。選手はプレッシャーと戦ってるのに、監督が最大のプレッシャーではいけない。だから、エラーして、凡打して交代というのは絶対ありえません。**エラーして代えると、次は代えられたくないからプレーするようになる。それはよくない。ここで打てというなら、打てるようにしてやるのが指導者の役目。そういう指導者を選手たちは尊敬し、厳しい練習にもついてきてくれると思います。メンバーを決めて送り出した時点で、監督のすべきことは選手がプレッシャーなしに安心してプレーできるようにしてやること。これに尽きると思います」

監督の目を気にして安全策に走り、ミスを恐れて積極的なプレーができなくなるのが一番困る。また、試合ではミスがあるのが当たり前だ。ミスをしたあとにどう気持ちを切り替えるか。ミスを引きずってミスを連発するのか、しのぐのかが勝負の分かれ目になる。その気持ちも、ミスをしたあとのプレー経験がなければ鍛えようがない。

「怒られるのと代えられるのは全然違うと思うんです。怒られるのはまだ挽回できますけど、代えられたら挽回できませんからね。挽回できるチャンスを残してあげないといけないし、残すことで選手が発奮する。『よし、もう取り返すしかない』と思ってもらわないといけないし、思ってくれない選手では困りますよね。

経験というのはすごく大切。試合で集中力を高めるには、自分が今から何をするべきか明確であることが大事です。それが明確であるためには失敗経験が大切。こう思ったから失敗したとか、こうやったからダメだったとか。それは人によって違いますから、経験するしかないんです」

強豪校であればあるほど、実力の変わらない控えの選手がいる。代わりはいくらでもいるから交代すればすむが、レギュラーと控えの差が大きい層が薄いチームでは同じことはできない。

「伯方のときは代える選手がいなかった。その選手をできるように育てていくしかチームは強化できなかったんです。それがある意味、原点ですね。耐えるだけ。それしかないですよ」

采配ではなく、選手の力で勝つ。そのために、不必要な重圧は取り除いてやる。大野監督にとって采配とは、エンドランやスクイズのサインを出すことではなく、いかに選手が力を発揮できる状況を作るか。だからこそ、そこに一番神経を使うのだ。

弱者が勝つために
その105

監督の一番の仕事とは、選手が力を発揮しやすくすること。そのためには、やることを明確にしてあげること、プレッシャーを取り除いてあげることが必要。

私立の野球学校が全盛の時代に、公立でありながら常連校の座を保つ今治西。これには、大野監督の信念が表れている。よく言うのは「私立だ、公立だと区別を言葉にすることは、自分で限界を作っているようなもの」ということだ。

「**言い訳からは何も始まらないし、何も生み出しません。言い訳したら負けです。**公立とか私立とかそんなこと言い出したら、その時点で土俵に上がってないですよね。公立だから3点先にもらえるわけじゃないんですから（笑）。高校野球とはいえ勝負。同じ土俵で戦わないといけないのに、土俵に上がっていない人が多い。『私立は特待生があって、選手をたくさん連れてきて、環境がよくて、施設が充実してて、昼から練習してる』とか言う人がいますけど、それを自分のところで実現できないのがわかっていて言うのは時間の無駄ですよね。不満を言って、同情を買っても何もなりません。それだったら、**自分たちは何が足らないのか、何をすべきなのか、何ができるのかを考えるべき。**私学には私学の、公立には公立のよさがある。自分たちに限界があるように、私学にも限界があると思うんです」

だからこそ、私立と同じやり方ではなく、独自のやり方にこだわる。環境が違うのだから、まったく同じようにはできないからだ。

「寮のある私立は、いようと思えば24時間一緒にいられる。そういう状況と、ウチらみたいに練習が終わったら帰らせなきゃいけない、朝会うまで何をしてるかわからない状況とでは、おのずとやり方は違うはずだし、違わないとおかしいと思います」

例えば10年に春夏連覇を達成した興南（沖縄）では、寮で我喜屋優監督も一緒に生活している。朝6時に起床し、6時15分から散歩をしながらごみを拾い、気づいたことを1分間スピーチで発表している。五感を活性化することで人間力を鍛え、練習中にミーティングを重ねることで試合では伝令を送る必要がないまでに仕上げる。一方で、今治西は7時40分に掃除のために1年生が集合。全員集まるのは8時だ。伝令は攻守合わせて6回をほぼ使い切る。

「我喜屋さんがタイムを取らないのはすごい。究極ですよ。でも、我喜屋さんが素晴らしいからオレらもそうしようというのはおかしい。絶対的に時間が違うんですから。**同じことをしようとしたら、我喜屋さんが3年でやったことを4～5年はかかる。同じやり方でやるのは指導者の手抜きだと思います。10時間足りない分は、接することができる中で補わないといけない**」

その思いがあるから、練習中は選手とのかかわりを大事にする。座って眺めているだけということはない。声をかけ、背中を叩き、アドバイスを送る。自ら一緒になって走る。そうやって、選手との関係性を深めていくのが大野流なのだ。参考になる部分は取り入れるが、すべて同じにはしない。自分たちに合ったやり方に変換することを大切にしている。

手抜きをしない――。

これが今治西のタフさを養っているのは間違いない。何事もとことんやるのが大野流だからだ。例えば、5月の連休に行われる春の四国大会で初戦敗退したときはこうだった。初日で敗れたため、残りの休日のスケジュールに空白ができてしまった。そこですぐに電話し、翌日は徳島で練習試合を組んだ。大会の行われていた高知から移動し、午前、午後と別の学校で試合。試合が終わると、すぐにバスに飛び乗った。だが、行き先は未定。関西に向かうバスの中から電話をかけ続け、ようやく対戦相手が決まったのが夜の9時だった。バスの中で泊まって、朝食は「朝マック」。そこから2試合をこなした。

また、こんなこともあった。兵庫・京都遠征を組んでいた週末、西日本は台風に襲われた。近畿地方は直撃でまず試合はできない。ところが、天気予報を見ると鹿児島だけくもりだった。急遽《きゅうきょ》電話をして遠征をキャンセル。鹿児島で試合を組んで出発した。決まったのは金曜の夕方5時。夜10時に出発して朝6時半に到着する強行スケジュールだったが、貴重な週末を無駄にしなかった。まさに〝ここまでやるか〟のKY精神。ここまでできるのが大野監督の強さだ。

「正直、余裕がないんです。でも、余裕を持ってもいけないと思います。そんな時間は自分たちに残されてないですから。今やるべきことを精いっぱい必死にやるしかないんです」

バス移動の疲れや睡眠不足など厳しい状況でプレーする経験を積むことも、ときには必要。炎天下で重圧のかかる夏に強豪と対戦するときには、精神面の強さ、タフさは欠かせないものだからだ。

もちろん、この考えは野球以外にもあてはまる。平日は夜9時半まで練習。10時に照明を落とすことになっているが、それでも半分近くの選手が週2回塾に通い、2時間勉強する。06年夏のサード・崎原悠介のように、下宿している選手の場合は、10時から食事と洗濯を終え、夜中の12時から塾で勉強していたという例もある。

「野球だけやればいいのではなくて、やるべきことをやる。自分たちは野球も勉強もやらなければいけない学校にいるんですから。『オレらは野球部だ』とみんなそこを削ってしまっていますが、そうではなく、自分たちがやらなければいけないことをちゃんと見極めて、取り組んでいくというのが高校野球の一部分だと思います。学力ではなくて、**自分がやらなければいけないことをやったか、やらなかったかの差。うまい言い訳。それもチーム力ですよね。逃げるクセがついたら逃げるのがうまくなる。言い訳もそうです。言い訳をしたら、言い訳するのがうまくなる**」

大野監督自身も一浪して大学に進学している。言い訳せず、勉強も頑張り、両立させる。大変だが、逃げずにやりきる。それによって、タフさが身につくのはもちろん、その姿を見ていた人たちが応援してくれる。強豪私立との差はこういう部分で埋めていくしかない。〝言い訳しない。手抜きをしない〟。これが見えない強さの源になっている。

弱者が勝つために その106

言い訳からは何も生まれない。手抜きをしていては差は埋まらない。どうすればできるか工夫し、やるべきことをやることがチーム力になる。

なぜ、ここまでやれるのか。

それは大野監督の現役時代に関係がある。大野監督の在籍したときの今治西は、3年連続夏の県大会初戦敗退（●1対8松山商、●2対3松山西、●4対5今治明徳）。学校史上、3年間夏に一度も勝てなかった学年は2チームしかなく、伝統校としては考えられない経験をした。

「負けるというよりも、勝てない。勝てないというのがどれだけつらいことか、悔しいことか。自分自身が体験しているからすごくわかっているんです。間違いなく、それが僕の負けず嫌いのもとだと思います。別にサボっていたわけではないし、やるべきことをやっていたはずなのに勝てなかった。それが根底にあるから選手らには勝たせてやりたいという気持ちがあるんです。せめて甲子園には絶対に行きたい、と」

母校監督就任1年目、今治北に負けた冬は地獄の練習をこなした。当時のサード・崎原はこうふりかえる。「ことあるごとに『隣の学校やぞ。恥ずかしくないんか』と言われました」。練習試合で満足いく戦いができず敗れれば、３試合目をお願いすることもある。変則ダブルヘッダーだったあるときは、先に2試合を終えていたが、他校同士の３試合目が終了するまで待って、リベンジマッチを申し入れた。10年のセンバツで三重（三重）に負けたときは、「年下の監督に負けたのは初めて」と三重まで練習試合に出かけた。10年秋に敗れて5年連続のセンバツ出場を逃したあとは、夏の大会まで１日も練習を休まなかった。とにかく、負けず嫌い。負けたままでは終わらない。ここまでやる大野監督の気持ちが今治西の勝負強さの一因になっているのは間違いない。

過酷な練習も課す。強行スケジュールもいとわない。選手たちに不満が出ないかと不安になるが、それがない。それは、選手への愛情にあふれているからだ。大野監督が高校生だった3年間は監督が毎年代わった。その寂しさを味わっているから、親身になって選手とかかわる。一緒になって汗を流す。伯方から転勤して初めてやったことは、顔写真に名前を書いて選手の名前を覚えること。

時間があれば、選手たちに声をかける。もちろん、どんな選手であっても悪口は決して口にしない。

「今まで、自分のところの選手の悪口を人に言ったことはありません。本人の前で足りないことを無茶苦茶に言うことはありますけどね。伯方のとき、『選手がいてくれて監督や』という気持ちが強かった。『あいつはレベルじゃない』なんて言うのは、指導者のエゴだと思います」

　練習では、レギュラー、控え関係なく全員に指導する。

「必ず全員に同じことを伝えて、教えます。やる者とやる機会がない者、やれる者とやれない者には分かれますけど、知識として入れてやることは大切。分け隔てなく教えています。特にウチは将来指導者になる人が出てくる可能性が高い。自分ができなくてもわかっていないといけない。わかっていてできれば一番いいですけど、技量がないから『お前らにこれは早いんや』ということはしません」

　レギュラーは特別ではない。もちろん、監督も特別ではない。そこには、同じチームの一員という考えがある。06年のチームのときは、練習試合で如水館（広島）に敗れたあと、如水館のグラウンドから三原駅までの8キロを選手と一緒に走った。11年の秋の愛媛県大会決勝で敗れたときは、今治市内のインターから学校まで12キロの距離を走った。監督が苦しそうに走る姿を見て、途中、異なる知人が3度、「車に乗っていきや」と声をかけたが、それを断り、完走した。厳しいことを要求する分、自分も厳しいことに挑む。そんな姿が選手たちを惹《ひ》きつけている。

「走れといった以上、自分も走る？　それはそうでしょう。選手だけ走らせるなんてしたら、選手が認めてくれないと思います。『何で走らんといかんのや』と思っても、一番後ろから監督が走っ

毎年恒例となっている冬場の砂浜トレーニング。監督自ら動き回り、常に選手たちに声をかける。

てたら、『あいつも走りようけん、しょうがないな』となりますから」

では、なぜそうするのか。それは〝一体感〟を生むためだ。選手と監督が同じ方向を向き、同じ価値観を共有して徹底し、チーム全体で一丸となって相手に向かっていく。弱者が強者に挑むために絶対に欠かせないのが一体感。練習でも、それを生み出せるように意識している。

その一つが、全員で1球に集中するノックだ。投手はマウンドに上がり、走者もつけたケースノック。ノックに入れない者も全員が周りから見守り、声をかける。一つのプレーに対する評価をする。やみくもに数をこなすのではなく、ワンプレーごとに止めて、やるべきことを確認しながら進める。全員が試合で起こる可能性のあるミスを把握し、試合ではどうプレーするべきかを考える。

「一つのものに全員がかかわる。練習で何をしているのかわからないというのが、選手にとって最も寂しいことだと思うんです。試合に出られなくても、ノックやバッティングに参加できなくても、誰もが今日一日の練習の目的を理解し、同じ意識で臨む。試合前同様、練習前にも必ずミーティングをして、その日の狙いを明確にさせています」

試合での準備という意味に加え、時間をかけることで、チーム内の価値観を一定にするのが目的だ。さらに、このメニューにはこんな狙いもある。

「試合で選手がプレッシャーを感じるとよく言いますけど、何に対してなのか。僕は対戦相手や観客ではなく、仲間に対してだと思ってるんです。もし自分がミスをしたら負けてしまうかもしれない、みんなに迷惑をかけたらどうしようと。でも、一体感のあるチームなら、メンバーをみんなが納得して気持ちよく試合に送り出し、エラーが出ても気にするなと仲間を思いやることができる。そういう雰囲気だから個々が力を出し切れ、チーム全体の力も大きくすることができるんです。ウチの選手は、仲間に対するプレッシャーは持ってないと思います」

一体感を生むには、上級生の姿が大きく影響する。そのため、大野監督は「演じられる役割を探り、最後の生き場所を見つけてあげる」ことに時間を割く。ベンチ外の選手にはコーチ役を命じるなど役割を与え、それぞれの責任をまっとうさせる。最後まで献身的にチームを支えようとする姿が、プラスアルファの力を生み出すと信じている。

「下級生に『自分たちはこうやってチーム作りをするんや』と、先輩の姿を見せるんです。今は親の背中を見て育つ子供が少ないと思うんですよ。親は親、子は子、先輩は先輩、あいつはあいつ、オレはオレ……それが通ってしまいますから。でも僕は、**チームスポーツである以上、先輩たちの姿を見せてやるのは一番大事なことだと思っています。試合のときだけを見て、泣いたり笑ったりするのではなく、普段を見てほしい。毎日を見てほしい。『背中で覚える』なんて死語ですよね。死語だけど、高校野球の世界ではありだと思います。背中を見て育つ環境がないだけで、ある。（試合に）出ている者も、出ていない者も、上級生はどれだけ苦しい中で目標に向けてやっているか。下級生もみんなが理解するべきだと思いますし、それが一体感を生むことだと思います。逆にいえば、それ以外に一体感を生むことなんてない**」

先輩の姿から学び、感じる。それが、グラウンドにいる選手だけでなく、スタンドにいる選手も一体となって戦うことにつながる。結果的に、能力以上のものを引き出す。

「**目に見えない力は絶対にあります。理屈じゃないことがあると思いますし、あると信じてやらないといけない**。理屈に合わないことって、人が言うとくさいんです。めっちゃくさい（笑）。でも、高校野球の監督って、くさい言葉が言えなくなったら終わりですよ。いまどき青春ドラマみたいに『夕日に向かって走れ』なんて聞いたことないけど、僕らの世界ではあるんです。それがあってこそ高校野球。高校野球なんて、ありえないことの連続ですから」

平成に入ってから、公立校で7年連続で春夏いずれかの甲子園に出場を果たしたのは今治西だけ

（5年連続は福井商＝福井、鳴門工＝徳島、鳴門＝同が記録）。まさに、ありえないことを成し遂げている。そんな大野監督が、弱者を率いる指揮官にとって必要だと考えるものは何だろうか。

「**カッコよく言えば負けたくない気持ちですけど、正直に言うと、負けることに対する不安ですよね。人というのは、『このままでは負けてしまう』と思わないと、工夫とか、新しいことは絶対にしないですよね。**『これでは負ける』と感じたときに、初めてどうしようか考えるんであって、こうやれば勝てると思っている指導者は成長しない。**負けを恐れるというのは、指導者にとって大切な能力の一つだと思います。**もちろん、恐れすぎてはいけませんけどね。ある意味の臆病さ。これがなければ絶対に成長しないと思います」

小規模校の苦労を知り、負ける悔しさを知る大野監督しかできないオリジナリティあふれるチーム作り。それによって生まれる、根幹がぶれない〝しのげるチーム〟。やはり、ベースがしっかりしているチームは違う。土台が安定し、チーム全体に一体感が出てきたとき――。弱者が強者と戦う資格が生まれる。

弱者が勝つために その107

目に見えない力が働かなければ弱者に勝ち目はない。大きな力になる一体感を生み出す日々の積み重ねこそ、土壇場でのチーム力になる。

あとがき

高校野球が、変わってしまった。

『高校野球　弱者の戦法』を出版したのが2010年。以来、10年足らずで大きく変わった。一つは、野球の変化。食事トレーニングと称して無理やりごはんを食べ、体重を増やす。筋力トレーニングをして、がっしりした身体を作る。金属バットを利用し、技術よりも力で打球を飛ばす。パワー重視の野球だ。その象徴が17年夏の甲子園。48試合で大会新記録となる68本塁打が飛び出した。投手は思い切り投げ、打者は思い切り打つ。細かい作戦は減り、かけひきも少なくなった。選手個々の能力頼み、個人競技に近い感覚になっている。

もう一つは、中学以下の環境の変化。中学校の部活動としての軟式野球は活動時間を制限され、野球専門ではない先生が顧問を持つことも少なくない。そのため、本格的に野球をやりたい子はシニアやボーイズなど硬式野球のクラブチームを選択する。部活動よりも〝習い事〟の感覚が強くなり、能力のある選手は強豪チームから声をかけられて進学することがステータスになる。以前からこの傾向はあったが、野球人口が減ったことによって、より顕著になった印象がある。周りの大人も野球をやりたい子には強豪を勧め、勉強をやりたい子には進学校を勧める。野球も勉強も頑張りたい子にとって、行きたい学校が少なくなっている。

その結果、どうなったか。野球強豪校は部員が１００人を超え、それ以外の学校は部員確保すら困難になった。かつて甲子園経験のある公立校でも、1学年10人程度ということが珍しくない。明らかな二極化。これにより、番狂わせがほとんどなくなった。その証拠に、公立校が勝てなくなっている。夏の甲子園で最後に優勝したのは07年の佐賀北（佐賀）。ベスト4ですら09年の県岐阜商（岐阜）以来出ていない。春のセンバツを見ても、最後に優勝したのは09年の清峰（長崎）。16年に高松商（香川）が準優勝を果たしたが、伝統校で実業学校の高松商は公立では比較的選手を集めやすい学校。公立普通校にとっては、甲子園ベスト8が精いっぱいの状況だ。この傾向は地方大会も同じで、夏の甲子園は聖光学院（福島）の11年連続を筆頭に明徳義塾（高知）8年連続、作新学院（栃木）7年連続など長期にわたり地方大会を連覇する学校が増えた。その他の都道府県も、代表の座を2～3チームで独占しているのがほとんどだ。

強豪同士の戦いも見ごたえがあるが、それだけでは物足りない。やはり、弱者が強者を破る〝番狂わせ〟があるからこそ面白い。野球はその確率が高いスポーツでもあるからだ。だが、今は弱者にもかかわらず強豪と同じ野球を目指したり、勝つことよりも「思い切り投げて、思い切り打ってダメならしょうがない」という野球をしたりするチームが増えている。それが残念でならない。

弱者と自覚するならば、弱者の戦い方がある。弱者らしい工夫の仕方がある。それをまとめたのが本書だ。過去4冊出版した〝弱者シリーズ〟の中から、特に重要な項目をピックアップ。弱者のための総集編になっている。本書の内容に本気で取り組めば、たとえ強豪相手でも初めからあきらめることはなくなるはず。戦う準備はできるはずだ。結果はコントロールできないが、準備するかしないかは自分次第。いくらでもコントロールすることができる。

本書に掲載されていない分野では、相手の分析方法や継投策のポイントは『機動破壊の解析力』で、強豪校の戦い方の傾向や対策については『超強豪校』（ともに、竹書房刊）で詳しく説明している。あわせて参考にしてもらえれば幸いだ。

初めからあきらめていては何も得ることはできない。本気で勝とうとするからこそ、負けたときに気づきが得られ、成長することができる。

失敗はいくらしても構いません。チャレンジしてください。ダメなのは失望してしまうこと。希望を失い、行動をやめることです。どんな失敗をしても構いません。それが、次にチャレンジする希望を得られるものならば。希望があるか、ないか。それを決めるのは自分です。たとえ勘違いであっても、自分から土俵を下りない限り、希望はなくなりません。行動し、挑戦し続けてください。

「この本のおかげで勝てました！」

本書がヒントやきっかけになり、番狂わせの知らせが全国から届くことを祈っています。

２０１８年７月

田尻賢誉

【著者略歴】

田尻賢誉（たじり・まさたか）

1975年12月31日、兵庫県神戸市生まれ。埼玉県立熊谷高校－学習院大学。ラジオ局勤務ののち、スポーツジャーナリストに。高校野球をはじめ、野球の徹底した現場取材に定評があるほか、中高生、指導者、親たちへの講演活動等も行っている。『機動破壊の解析力』『高校野球は親が9割』（以上、竹書房）、『やる気にさせる 高校野球監督の名言ベスト66』（ベースボール・マガジン社）、『高校野球・地方大会 奇跡の決勝 勝敗を分けた理由』（KADOKAWA）など、著書多数。

野球選手・指導者必見の無料版メールマガジン「タジケンの高校野球弱者のためのJK＋TY」のほか、無料版以上の情報が満載の有料版メールマガジン「タジケンの3K（気づき、共感、感動）＋JK（準備、確認）＝革命」も配信中。

無料版QRコード　有料版QRコード

装幀：二宮貴子（jam succa）
本文デザイン：木村ミユキ
DTP：三協美術
協力：日刊編集センター
編集協力：小川誠志　矢島規男　小倉優子　松本恵
編集：岩崎隆宏

＊本書は、日刊スポーツ出版社より刊行された『高校野球 弱者の戦法』（2010年５月刊）、
『高校野球 弱者の心得』（11年６月刊）、『高校野球 弱者の教訓』（12年７月刊）、
『高校野球 弱者の発想』（15年８月刊）をもとに、加筆・修正・データ更新し、
新たな写真・図版等も加え、再構成したものです。

高校野球 弱者が勝つ方法

強豪校を倒すための戦略・心構え・練習法

2018年7月25日 第1版第1刷

著　者　田尻賢誉
発行者　後藤高志
発行所　株式会社 廣済堂出版
〒101-0052 東京都千代田区神田小川町2-3-13 M&Cビル7F
電話　03-6703-0964（編集）
03-6703-0962（販売）
FAX　03-6703-0963（販売）
振替　00180-0-164137
URL　http://www.kosaido-pub.co.jp

印刷所
製本所　株式会社 廣済堂

ISBN978-4-331-52176-2　C0075